政治心理学经典译丛·编委会

编委（以姓氏拼音为序）

陈定定 丛日云 冯惠云 韩冬临 韩召颖 贺　凯 胡　勇 季乃礼 林民旺
刘　伟 刘训练 蒲晓宇 乔　木 尚会鹏 石之瑜 谈火生 唐世平 王　栋
王二平 王丽萍 王正绪 魏万磊 萧延中 谢　韬 熊易寒 尹继武 张传杰
张警吁 张清敏 郑剑虹 郑建君

主编　尹继武

政治心理学经典译丛

同一性

Identity | Youth and Crisis

青少年认同机制

〔美〕埃里克·H·埃里克森 著
孙名之 译

中央编译出版社
Central Compilation & Translation Press

译丛总序

这是一个智慧的年代，一位先哲如是说。起初，智慧或许只是一丝火花，飘落于人的头脑中。那些消失在茫茫脑海中的智慧之花，只有少数是幸运的，它们在智者的敏锐扑捉下，经叙事和言说，流传于世。于是，思想的世界才有了经典。政治心理学，作为一门系统的学科，至今不过百余年。论说时间，论说影响，自然难以与传统人文学科并肩。所以，何谓政治心理学的经典，何以成为经典，自然成为知识叙述时不可回避的问题。

虽然政治心理学晚近才得以兴起、发展与繁荣，但我们看到，借助于心理学学科的迅速发展，同时在波澜壮阔的政治形势推动下，政治心理学的研究，产生了广泛的学术和社会影响。任何思想的盛宴，均不可脱离盛宴的主人而空谈。同理，政治心理学的奠基和发展，也离不开一批先哲，正是他们的拓荒与耕耘，才有了今日学科发展的繁荣。回首历史，我们应时刻铭记于心的是，那些思想前辈，在早先的学术研究条件下，生产了哺育后来者的一批经典著作。在学科发展史上铺下一块块砖石的前辈们，烙下了不同时代、研究阶段的特征。或汲取当时的心理学理论营养，或专注于问题领域研究，或从案例分析中归纳规律，或偏重于定性分析，或诉诸心理学实验或定量技术。凡此种种，他们对政治心理学的拓展性贡献，他们所提供的智慧和思想，是后人受益无穷的。

从华莱士第一次试图从人性的角度来分析政治非理性，到两次世界大战之间，拉斯韦尔在美国对政治心理学的开山贡献，政治心理学学科已经初现雏形。那时候，精神分析学说成为主流的理论营养，这也滋养了几位杰出的后来者，比如乔治夫妇和埃里克森等人。随后，心理学中认知革命兴起，政治心理学全面走向了认知路径。关于选举政治、政治态度以及外交决策等方面的研究，均是乘认知革命之东风，成为战后政治心理学的主流。同时，社会心理学也开始发挥影响，造就了一批研究群体政治心理的经典之作。最新、也是最为前沿的政治心理学，可能更多走向了情感和情绪研究的回归，以及进一步向实验技术的迈进。

说实话，要从形形色色的研究中，挑选出政治心理学的经典之作，亦非易事。幸运的是，我们基于若干种标准，经过反复斟酌，多方咨询，细致盘点了政治心理学学科发展中的重要著作，陆续挑选了一些名家之名作。这种选择，要么基于选择对学科发展产生巨大影响和推动的先哲及其著作，要么基于选择能够全面反映政治心理学经典以及进展的著述，同时也不排斥新锐的力作，尽管其努力尚须时间证明。由于政治心理学的学科交叉性，我想，对于何谓经典或许见仁见智，但我们所选择的著作，虽不敢称之为巨著，但大多是不同研究路径的里程碑著作，或是学科发展史上的扛鼎之作，或是学科知识谱系的典范，或是引领前沿的新著。我们意在为海内外学界，呈现一幅骨肉鲜明的政治心理学知识图谱。

理论是灰色的，生命之树常青；理论是解释过去的，而现实给我们带来希望。100年来，政治世界已是天翻地覆。纵然10年前，我们难以想象20年之后的政治世界。经典的著作，是对于当下时代和社会最为重要问题的回答。时过境迁，时代的发展，产生了新的问题，也对人的思想产生了新的冲击。经典的著作，不在于对细枝末节的精雕细琢，而在于对人性与政治关系的永恒解读。技术的变迁，可以改变世界，改变宇宙，但是它改变不了人性，也改变不了政治。所以，经典的政治心理学著作，一定是围绕人性与政治这个永恒的话题，展开自己的叙述和解释。唯有如此，经典才能传承，经典才能感受。思想家之深刻，就在于对人性的深邃洞察，当然，心理学方法的突飞猛进，为我们更为客观、全面以及深刻地认识自己，明白政治世界，提供了更为有效的技术保障。

认识自己，理解世界，这是一个永恒的主题。政治心理学的经典之作，能够给我们提供别具一格的思想启迪。相信本套译丛的出版，对于我们架构完整的政治心理学学科谱系，更好地理解政治世界中的人性，能够贡献绵薄之力。政治心理学的本土化，是一项长期的工程，我们也希冀为此提供一个良好的知识基础。当然，译作之中可能存在的纰漏及不当之处，还望读者不吝批评指正。

尹继武　谨识

中文版译序

埃里克·H.埃里克森（Erik H. Erikson，1902—1994）是一位美国精神分析医生，也是当代最有名望的精神分析理论家之一。埃里克森祖籍丹麦，1902年生于德国的法兰克福。他的母亲在他3岁时改嫁给当地的儿科医生洪伯格（Hongburg）。母亲和洪伯格都是犹太人，但埃里克森却身材高大，白肤金发碧眼，很像丹麦人。

埃里克森只进过文科中学，喜爱历史和艺术，其余各科成绩平平。他在18岁高中毕业后去中欧漫游一年，回国后攻读了一段时间艺术，再一次外出旅游。他在25岁时接受了安娜·弗洛伊德（Anna Freud）的邀请，到维也纳一家新式学校进行儿童教学工作。他在教课之余，随安娜·弗洛伊德学习儿童精神分析，最后毕业于维也纳精神分析研究所。

埃里克森在27岁时与加拿大教师兼作家詹恩·谢尔森结婚，生有二子。1933年被迫移居美国。1939年加入美国国籍后，才改用埃里克森原姓。

1933—1939年，埃里克森在波士顿开业，是该地第一个儿童精神分析医生。在此期间，他先后在哈佛、耶鲁等医学院和人类关系学院任职，并在20世纪30—40年代，随文化人类学家去印第安人居留地对苏人和尤洛克人进行调查和研究。1944年，他参加了加利福尼亚大学儿童福利学院著名的纵向"儿童指导研究"，研究的主题有人的生命周期各个发展阶段中的冲突的解决和儿童游戏的性别差异。随后，他在旧金山、堪萨斯等地任教，他的富有特色的人格发展渐成说就是在这段时间逐渐形成的。

1949年，美国正值反动的麦卡锡时代，加利福尼亚大学要求教职员进行忠诚宣誓。埃里克森拒绝签名而辞职离去，随后在马萨诸塞的斯托克布里奇地方的奥斯汀·里格斯中心工作，直至1960年。此后，他在哈佛大学任人类发展学和精神病学教授，间或外出讲学或从事科研工作。60—70年代，他的研究已深入到美国当代资本主义社会的一些棘手问题，如种族歧视、妇女作用、青少年异常行为等。他的缜密的观察和解释已把精神分析自我心理学与习性学、文化人类学、历史、哲学、政治科学和神学等联系了起来，他的声誉也超出了美国国界。美国心理学史家墨菲（G. Murphy）指出："现代弗洛伊德心理学的锋芒所向是自我心理学，而其杰出的代表人物则是埃里克森。"埃里克森的主要著作有：《童年与社会》（1950、1963）、《青年路德：一个精神分析和历史的研究》（1958）、《领悟与责任》（1964）、《同一性：青少年认同机制》（1968）、《甘地的真理：论好战的非暴力起源》（1969）、《新的同一性维度》（1973）、《杰弗逊演讲集》（1974）、《生命历史与历史时刻》（1975）。

在埃里克森的思想体系中，同一性（identity）是一个中心内容。早在20世纪30年代，他已提出了有关同一性的见解。在1950年出版（1963年修订版）的《童年与社会》中，除了提出他的人格发展渐成说外，对一些重要的有关同一性的概念如自我同一性、同一性危机、心理社会合法延缓期等已有阐述。50年代，他发表了一系列有关同一性的文章。60年代后期，他将约20年来所写的有关同一性的文章做了整理和修订，汇编成书。这就是于1968年出版的《同一性：青少年认同机制》。他在书的序言中说："本书的每一章都是近20年来的一篇主要论文的修订，再补充以大约同时所写的一些论文节录。"所以该书是埃里克森有关同一性理论的重要著作，但也因此，各章之间欠缺连续性，并不免有重复之处。他把本书与《童年与社会》和《青年路德》三书定为有关同一性的姊妹篇著作。

《同一性：青少年认同机制》一书共分八章，其中第三章"生命周期：同一性的渐成说"对他的著名的人格发展渐成说，即人的发展的八个阶段进行了详尽、系统的阐述。而前五章的其余四章均属对自我同一性理论的进一步深入探讨。他在第五章一开始即提出"要探讨几个需要花很长时间才能详尽阐述的理论问题"。他从临床的诊断、转变的分析、历史的发展、社会的进步、文化的背景以及人类学的调查等方面搜集大量资料，对他的同一性理论进行了广泛深入的探讨和论证。其中对我（I）、我的自身（self）和我的自我（ego）三者的区别和关系；对自我、集体自我和环境之间的特性和相互作用都有详尽的阐述、分析和独特的理解。他对于假种的虚假同一性和未来同一性饶有兴趣，在书中不同章节出现了重复的讨论。

埃里克森从一开始就从个人的、心理的立场去关注个人与社会之间的相互关系。面对当代工业社会的重大挑战，他一直着力于对这一问题的理论和实践的探讨。他以同一性混乱和自戮同一性的丧失来解释工业技术特别发达的美国社会中出现的一系列严重的社会问题。在著作中可以明显地看出，他对历史和社会文化问题本身更感兴趣，而不是简单地把这些问题视为心理学的附属问题。他在本书中花了三章篇幅，即第六、七、八章，探索了美国现代社会中的青少年问题、妇女地位问题，以及种族同一性问题，提出了他对当代资本主义社会中一些重大问题产生的根源以及解决途径的观点。由此有助于我们对他的理论实质的了解。

一般说来，我们对于以埃里克森为代表的精神分析自我心理学，特别是他的人格发展渐成说和自我同一性理论有初步的如下共识：

埃里克森所处的时代是一个剧烈变动的时代。他从欧洲到美国，经历了两次世界大战。资本主义世界特别是美国的经济萧条和社会运动，使得整个社会似乎都带有神经错乱的症状。他一方面深感弗洛伊德的古典精神分析已不足以应付当代社会的要求，另一方面又觉得新精神分析学派在强调社会文化因素的重要性时缺乏对精神内部机制的重视和理解。于是，他在古典精神分析的基础上，沿着安娜·弗洛伊德、H. 哈特曼（H. Hartmann）强调自我的适应性功能的路线，创立了他自己的强调自我的适应和发展的精神分析心理学，并自称在弗洛伊德理论的"磐石"上创建了以自我同一性为核心的将人的生命周期分为八个阶段的人格发展渐成说。他用心理发展渐成理论修订了弗洛伊德的心理性欲渐成理论；用兼具潜意识和意识的自我潜能补充了潜意识的力比多冲动力量；用个人和社会之间的相互作用代替了有机体与环境之间的不可避免的冲突性。凡此种种，都反映了埃里克森接受了他的时代所提出的挑战。

埃里克森的精神分析理论的范围也超越了古典的精神分析。弗洛伊德晚年的精神分析理论虽已扩展到文学艺术、宗教伦理和社会科学的领域，但埃里克森从一开始就从不同角度和不同学科领域，用不同方法搜集资料，以期建立一个完整的精神分析心理学体系。与此同时，他还不断地试图将他自己建立的同一性概念，从精神病理学扩展到正常心理学，并借此来解释包括临床治疗在内的当代各种社会问题。西方心理学家对埃里克森给予了很高的评价。墨菲除对他的人生周期发展概念有高度评价外，还认为他的多方面研究"已导致一种极其丰富的自我同一性概念，他对精神病理学、教育学，甚至整个文明的评价，都已成为一个中心问题……显示出一种一览无遗的文化倾向……并已像弗洛伊德所梦想的那样变成一种对一切有关人性东西的关注"。另一位心理学家布斯（Buss）也指出，埃里克森"用以解释工业技术发达的美国新的历史问题的一种发展心理学，乃是自我混乱和自我同一性的丧失"。

埃里克森以自我为核心的人格发展理论，在西方日益为人们所注意，被认为是精神分析发展心理学的理论，因为人们发现其中有不少合理因素和可供借鉴之处。

第一，埃里克森将人的发展中的人格结构亦即整个心理过程的重心从弗洛伊德的本我过程转到了自我过程。这就把人的发展动机从潜意识扩展至意识领域，从先天的本能欲望移到了现实关系之中。

第二，埃里克森的发展渐成说强调人在发展过程中自我与其社会环境的相互作用。人在发展过程中形成的是兼具生物的、心理的和社会的三方面因素的统一体，这是值得人们重视的。

第三，埃里克森在为各发展阶段提出特定的发展任务的同时，把解决任务视为一种两极分化的对立面斗争过程，个人便在发展任务的斗争和解决过程中，依次向不同质的下一阶段过渡。正是这种具有辩证因素的动力观点才引起了人们的兴趣和注意。

第四，埃里克森的发展学说对未来表现出乐观主义精神。他对自我具有深厚的信念，强调自我的发展具有自我治疗和自我教育作用，他的关于游戏和同一性的理论，都体现了这种乐观主义精神。

第五，他认为个人对各发展阶段特定任务解决的顺利与否，都会对个人未来生活中的具体行为模式产生相应的良好或不良影响，因而他积极主张在每一阶段都应重视家庭和社会对儿童和青少年的教育作用。

最后，弗洛伊德和埃里克森都从精神分析角度对著名历史人物进行了历史分析，弗洛伊德以潜意识的力比多为基调描述了达·芬奇和威尔逊，埃里克森则从自我同一性的发展，描述了马丁·路德和甘地的心理变化。二者比较起来，埃里克森更侧重于社会和历史的综合性，并由此而成为美国新兴学科——心理历史学（即历史心理学）的三大来源之一。

尽管如此，埃里克森的精神分析自我心理学，包括他的著名的人格发展渐成说和同一性概念，并不是建立在牢固的科学理论基础之上的，他所企图建立的整个理论体系，正如西方一些评论家所指出的，关于理论问题的阐述往往含混不清。他运用的往往是富有哲理而又颇具文学性的散文笔调，却没有把许多概念问题表达清楚。下面就他的理论中比较重大的问题加以评判。

1. 依旧是生物学化观点

从埃里克森的人格发展渐成说的描述中，人们可以看出，他的理论深处仍然保持着弗洛伊德理论中的生物学化观点。他接受了弗洛伊德的力比多说，认为人生来就具有巨大的潜意识潜能，足够使人格得到充分的发展。一切心理过程，包括自我在内，其根本的动力源于先天的能量，就连每一个阶段的发展任务的两极斗争，也源于先天的生的本能和死的本能。至于自我与环境之间的关系，乃是环境对自我的符合。埃里克森说："任何反应模式似乎都是'在生物学上给予'的，而且，任何发展上先天决定的时间表必须考虑为一系列潜能。这种潜能可以改变人与人之间调节的模式。"

显而易见，在埃里克森看来，人的行为模式决定于先天的潜能。也就是说，先天因素决定后天因素，生物因素决定社会因素，已经形成的人与人之间的调节，可由一系列先天的潜能而得到改变。这是埃里克森的人格发展渐成说的基调，是一种明显的生物学化的观点，是一种先天预成论的表现，这是值得我们注意的。

2. 个人—社会二因次发展平行论

埃里克森在对人格发展和同一性概念的理论探讨中，都强调了自我与环境、个人与社会之间的相互作用和依存的关系。埃里克森认为人的发展是一个进化过程，体现出自我发展的先天时间表，而在解决每一发展阶段的特定任务时，也反映出社会环境对自我的要求及其制约性。社会本身也是一个发展过程,随着文化的进步和积累而日趋复杂,直至现代,则表现为科学技术高度发达的工业化社会。埃里克森认为个人的生长在心理(特别是情绪)发展过程中反映了社会的历史发展;个人生长中出现的危机也反映着社会历史发展中的危机,二者直接相关,是不可分离的。埃里克森的这种说法,从表面上看,好似一幅充满辩证因素的生动画面,但我们只需稍加留意,便不难看出,他所描述的个人在每一发展阶段与之打交道的环境乃是他从哈特曼那里搬运过来的"日常可预期的环境"。这就是说,个人发展到了某一阶段,自有进化到一定程度的社会环境来与自我相遭遇,社会则通过一定的结构和组织对此时的个人施加文化上的影响,并对个人提出有利于社会本身发展的要求。如此看来,个人的成长和社会的进化原来是两个独立且平行的系统,只是在预定吻合的某一阶段才相互发生作用的。布斯也认为埃里克森并没有把社会历史各阶段描述得像心理各阶段那么完善,二者发展之间的关系也不那么精确,个人生长和社会发展之间显然是一种机械的、形而上学的并列关系。个人既没有参加社会实践活动,社会制度也只是以心理社会产物为基础的一些上层建筑。不管埃里克森强调自我有如何丰富的潜能,个人与社会又如何互相需要和彼此支持,个人对于社会的改造和创新,显然是无能为力的。

3. 乐观主义态度的实质

埃里克森在其著作中曾揭示了美国当前社会中存在的一些矛盾,也指出了那高度发达的工业化社会中一些固有的弊端和剥削现象,描述了美国青年对美国当前社会的日益不满。然而他对此基本上保持着乐观主义的态度。他明白地表示美国青少年表现的极度同一性混乱,与在儿童各发展阶段所要克服的特定危机一样,不过是个人的心理社会发展在青年期必然要发生的一种规范性危机,一般不能视为病态。他避而不谈现代资本主义生产关系乃是产生青少年同一性混乱和消极同一性的根源。他强调社会文化因素对个人人格发展的影响,却又不去触动资本主义社会赖以生存的经济基础。这样一来,他对个人发展所持的这种乐观主义态度,便从根本上起了维护和巩固资本主义社会制度的作用了。

4. 空想的未来同一性

埃里克森生活于工业发达的美国,他看到了 20 世纪 60 年代科学技术的迅猛发展，也目睹了核时代的来临。由于他不能或不愿理解生产力与生产关系之间的矛盾，看不出经济基础与上层建筑之间的辩证关系，也由于他对个人与社会之间的关系是一种个人—社会二因次发展平行论的理解以及对人的潜能所持的人本主义的观点，当他将同一性概念用来解释种族、民族、文化和社会等问题时，自然达不到历史唯物主义的科学理解。他从单纯的生产力观点或纯科学技术观点出发，在各种纷繁的社会问题中，只企求能出现一种更为广泛的同一性来统辖社会文化历史领域中的各种现实的同一性。这种未来的广泛的同一性，他认为就是"工艺技术同一性"。他也认识到，这种在核时代可能出现的更为广泛的技术同一性，可以产生巨大的建设力，也可以导致无穷的破坏力。因此，他寄希望于未来新时代的青年，希望他们在未来社会中能形成一种超意识形态的普遍的人类伦理学，与未来的人类同一性相辅相成，以收相得益彰之效。在这个思想指导下，他和弗洛姆（E. Fromm）等人一样，走上了调和马克思主义和弗洛伊德主义的道路，陷入了主观唯心主义的空想。

鉴于埃里克森的精神分析理论对于现代西方国家，特别是美国的临床心理学、人格心理学、发展心理学以及社会心理学等方面有着很大的影响，他的理论以及对现实社会生活中重大问题的探讨有不少引人注意和值得反思之处，因此，结合我国当前精神病学和心理学的研究和实践，应用辩证唯物主义和历史唯物主义的观点剖析他的研究成果，对我国心理科学的研究必将有所裨益。

周令本同志校阅了本书第一、三、五、六、七章，丁建新同志对本书大样全稿进行了复校，在此一并表示衷心感谢。

由于此书理论表达较为迂回隐晦，长句难句很多，本人水平有限，译文中错误在所难免，敬请读者不吝赐教。

孙名之
1997 年 10 月改写

序　言

20世纪20年代后期，我在维也纳精神分析研究所的一位老师保尔·费登（Paul Fedem）博士，在新概念和口误两方面都是一位既有吸引力又富有创造性的人物。当时，人们对他的"自我疆界"（ego-boundaries）这个概念讨论得异常热烈，认为它既很重要又晦涩难懂。我们这些学生多少感到有点失望，于是请求他举行几次必要的讨论会，向我们做出解释。在连续讨论了三个漫长夜晚的最后一晚，他带着一种终于被人理解了的神情折起他的论文，又问道："现在，我已经能理解我自己了吗？"

在我重读自己所写的有关同一性的文章时，也不止一次地向自己提出这一问题。我急于要申明的是，在这本书中，我并不想对同一性提出确切性的解释。一个人对这个题目写得越多，这个词就越会变成一个莫测高深的术语。人们只有在各种不同的前后关系之中证实其必不可少性，才能对它进行探索。

本书的每一章都是对近20年来的一篇主要论文的修订，再补充以大约同时所写的一些论文节录。有些论文已在一套心理学丛书中发表过。戴维·拉帕波特（David Rapaport）在该丛书的导言中说，他在10年前就已看出我在精神分析理论中所应占的地位。作为一个研究人的发展的作者，必须发表临床观察作为部分证据，在这一方面，我从未感到心安理得过，但是这个问题已被学生们和读者从我们手中拿走，差不多可以说是抢走了。因为原来专为医学界所写的一些著作，其影响已深入到课堂和书店，所以本书内容最好包括一种修订了的评论。这种好奇心主要并不是出于病态：当代学生在其搜索一种范围更为广泛的自我限定时，必定要知道人的病态和人的变异的信息。要得到足够的详情，便不能不谈到自居作用、感情移入和时间间隔。

　　其次，本领域的一些工作者为什么要收集和重印一本书中以前未曾包含的零散作品，除了收藏本能以外，还有几个新的理由。首先，单篇论文经常发展了原有的启发性，但又落后于最后形成了的理论稳固性。一个人不到把这些单篇论文汇编成书，就不能真正理解每篇论文讨论的含义，也理解不了把它们逐渐汇集起来产生了什么新的意义。在多年以后修订它们时，他将惴惴不安地听到自己对不同听众所说的不同语调，特别是他已经忘记了当时他是在对一些什么人讲话——或是在反对一些什么人。但是我已为每一"时期论文"定下了基调，并留下了整篇记录的性质。记录表明了我属于临床工作者之流，总有少量的观察萦回脑际。最初进行这类观察时，突出的印象往往是对意料不到的事物的惊讶，然而又是对长期等待的事物的确认的一种结合。基于这种原因，我就能恰当地把同一观察公之于不同背景的观众之前，希望每一次都能得到更深一层的理解。

　　最后，对于研究人的发展的作者们，有关同一性的撰写，也为他们提供了特殊客观的一课：他不能逃避按照急剧的历史变化而重新评价自己思维的必要性。事实上，我决定在一篇回顾性前言中，对本书所依据的20年来所写的材料中有关"同一性"或"同一性危机"这个独特而往往捉摸不定的名词，提出一些清楚的解释。反过来，读者也必须利用自己的历史认识，以便判断在本书全文中有什么长期的趋势似乎可以根据现代的发展肯定下来，什么观察只在其短暂背景中看来才是可信的。为了帮助读者，本书附录——"本书根据的著作"就列举了这些文章的原版出处和发表日期。要注意的是，最后一篇的日期，要早于对现代青少年的最浮夸和非暴力部分的某些新的表现形式和新的内心冒险性（由某些化学上引起的）的公开宣传。这样做也无妨，因为只有通过对一些时髦动作和古怪行为的长期观察，我们才能看清它们试图引起我们注意的旧时代信息。写这篇文章时，街头暴力行为还没有达到爆发性的程度。但是，青少年和年轻成人领袖的角色却需要引起共同的注意了。

　　如果这样的安排最后证明是可行的，那么，它得归功于琼·埃里克森和帕梅拉·但尼尔斯的准备工作。

帕梅拉·但尼尔斯是我在哈佛大学研究生命周期时的主要助手。她深入研究了最初的论文，对重复之处做了最小程度的必要删减，并且，对于她所知道的学生们的难懂之处给予了恰如其分的阐述。

琼·埃里克森经常编辑我的著作。没有人比她更能了解我想说些什么，也没有人比她更仔细地让我以自己的方式，如果需要的话，以很长的句子来表达我的思想。本书也是我们在奥斯汀·里格斯中心共同工作的那些年头的见证。她在那里还为病人们建立了一套新颖的"活动纲要"。这套纲要已经变成精神治疗的必不可少的补充读物，而且已被证明，对于严重危机中的年轻人的内心资源的检验和促进，它具有丰富的想象力。

我在每一章都表示了谢意，但是一个人对于20多年内的开业和教学、咨询和旅行的感激之情，不可能全部包容在参考书目之中。我把本书献给两位死去的朋友。我这样做不仅仅是为了哀悼他们的去世，而且是因为如同他们活在别人的著作中一样，他们也仍活在本书之中。罗伯特·P. 赖特是奥斯汀·里格斯中心医学主任，戴维·拉帕波特则是贝克郡奥斯汀·里格斯中心的研究主任。这惊人的一对在背景和外表、气质和精神风度上有着极大的差异。然而，除了各自的卓越著作以外，他们还共同建立了一个罕有的医疗和理论中心，他们无疑总有一天会成为该中心的历史名人。此外，我还体验到这两个人在工作中最长久的亲密联系。

奥斯汀·里格斯中心接受了费尔德基金会对同一性问题研究的初次资助，而在写这篇序言时，我正从事另一项任务，即第一次作为费尔德基金会研究员，写一本关于中年甘地的书。后来福特基金会以一种普遍方式资助里格斯，提供了进一步旅行和研究的机会。在小规模考察上，歇尔特·洛克基金会给予了长期的支持。最后，精神病学研究基金会对我的《青年路德》一书的撰写给予了赞助，它是本书的姊妹篇，因为本书涉猎了许多人物和时代，那本书则把本书的内容应用于一个人的生命史上。

然而从标题看，本书乃是《童年与社会》一书的继续。作为密切相关之作，所有这三本书都有相似之处，甚至有所重复。我希望这一点像族人之间有相似之处那样，能得到朋友们的谅解。

　　这本文稿的排版经过了许多人之手，但是最能干和最令人愉快的人莫过于桑图伊特的安娜·伯特了。

E. H. 埃里克森

科图伊特，马萨诸塞，1967

第一章 引 论

一

对同一性概念的回顾意味着简要地叙述它的历史。本书所要讨论的这个词的特殊意义，自它第一次被使用后的20年来，其通俗用法已变得多种多样，概念背景也变得如此广泛，以致对于什么是同一性或者什么不是同一性，似乎已到了应该做出更为明确的和最后的叙述时刻了。然而，这样一种确定性名称要具备什么样的内容，在本质上仍应以不断变化的历史涵义为转移。

"同一性"和"同一性危机"在通俗的和科学的用法上，已变成可以交替使用的词语，其所限定的事物有时非常广泛，又好像不证自明，以至于似乎已无须为它们下定义了；而有时标示的事物、衡量的内容又非常狭窄，以致失去了普通的意义，甚至可以把它称为另一种东西。可以举这个词的广泛用法为例，报纸的大字标题可以用"非洲的同一性危机"，也可用"匹兹堡玻璃工厂的同一性危机"；即将离职的美国精神分析协会主席可以把他的告别辞题目定为"精神分析的同一性危机"；最后，哈佛大学的天主教学生也未尝不可宣布：他们将于星期三晚上8时整召开一次"同一性危机"会。因此，这个词的身份似乎太变化多端了。引号与其所引入的词具有同等的重要性：每个人都听见过"同一性危机"，并且唤起一种好奇、高兴和不安的混合感，然而好在"危机"一词在使用起来时并没有像它听起来时那么致命。一个具有启发性的词已开始适宜于一种仪式化的用法了。

另一方面，社会科学家们有时企图将"同一性危机""自我同一性"

2
同一性：青少年认同机制

或"性别同一性"这一类词更加特殊化，使其符合于他们在某一时期研究的较可测量的项目。为了逻辑和试验的机动性（也为了保持良好的学术交往），他们试图把这些名词看成社会角色、个人特性或有意识的自我意象等问题，避开较难处理和恶意较多的含义——而这些往往又意味着概念的最重要含义。事实上，这些用法已变得如此难以辨别，以致几天前，一位对我在精神分析自我理论的背景下首先使用这个词的德国评论者，竟称这个词是德国《美国大众心理学》杂志的宠爱题目。

但是人们应该满意地注意到，同一性的概念化已导致了一系列有效的研究。这些研究如果不能使同一性概念变得更为清晰，至少也证明了它在社会心理学上是有益的。它也可以成为一件好事，因为"危机"一词已不再含有灾祸临头的意思，这种意思曾经有一个时期似乎成为理解这个词的障碍。它现在已被承认是指一个必要的转折点，一个决定性的时刻。在这一时刻中，发展必须向一方或另一方前进，安排生长、恢复和进一步分化的各种资源。这种看法可适用于个人的发展危机和新杰出人物出现的危机、个人治疗的危机或历史迅速发展时心理紧张的危机等各种情况。

如果我没有记错，"同一性危机"这个词，是在第二次世界大战期间的齐昂山退伍军人健康诊所，为了一种特殊的临床目的而首次使用的。由于国家的紧急状况，不同见解和不同派别的精神病学工作者，其中包括伊曼纽尔·温德霍尔兹（E. Windholz）和约瑟夫·威尔怀特（J. Wheelwright），才得以在一起和谐地工作。我们当时诊断的大多数病人，既不曾患有弹震症，也不是装病者，而是在战争的紧急状态中失去了个人同一性和历史连续性之感，他们失去了对自己的中枢的控制。就精神分析的图式而言，这种控制只有自我（ego）的"内部机构"能为之负责。所以我才说失去了"自我同一性"。① 自那时以来，我们已经认识到，同样的中枢失调，在具有严重冲突的年轻人身上，其混乱感主要是由于他们自己的内心冲突；而在混乱的反抗者和具有破坏性的少年犯罪者身上，则是与社会发生冲突。

---

① E. H. 埃里克森：《一个海军陆战队士兵的战斗危机》（"A Compat Crisis of a Marine"），见《童年与社会》（*Childhood and Society*），纽约，W. W. 诺顿，1963 年，第 38—47 页。

第一章 引论

因此，在所有这些情况下，"同一性混乱"一词具有某种诊断的重要意义，对这类失调的评价和治疗都应该有所影响。青少年患者既可能表现为凶猛或抑郁，也可能表现为犯罪或畏缩，但都是一种急性的并可能度过的危机，而不是一种可以导致对病人做出致命性诊断的恶性崩溃。在精神分析精神病学上常有这样的情况，最初常被认为是一组严重障碍的（如20世纪开始时的癔症）模型，后来本身却表明是"属于"个人发展某一特殊阶段的一种规范性危机的病情恶化的不适当延长或倒退。我们因此才知道把一种规范性的"同一性危机"归属于青年期和年轻成人期的这一年龄。

关于"同一性危机"这个词的首次使用，我说过"如果我还没有记错"这样的话，也许一个人应当记得这类事情。但事实是，一个后来才变得独具特色的词，在其开始应用时人们往往认为理所当然，而且以为别人也是如此。这不禁使人想起诺曼·里德尔（N. Reider）所举的目的在于使令人厌倦的战争日子变得轻松些的无数故事之一。他说，有一位老人每天早晨总要呕吐，但他表示不想就医。他的家人最后说服了他去齐昂山做一次全身检查。当里德尔医生谨慎地询问"你好吗"时，他迅速回答道："很好，好到不能再好了！"进一步检查身体各部位，证明这位老人似乎一如预料地正常。最后，里德尔医生有点不耐烦了："但我听说你每天早晨都要呕吐？"这位老人稍稍有些惊讶地说："当然哪，不是每个人都呕吐吗？"

我讲这个故事，并不是说因为"同一性危机"是"我"的一个症状，"我"就简单地假定别人也有此症状——当然，虽说也不无一点关系。但我要假定的却是，我对某一时期人人都发生过的某种症状给予了一个最显著的名称，那么对于患有这种急性症状的人，当然就要承认了。

根据对这些词的临床来源的判断，那么，把这个问题**病理的**和**发展的**方面联系起来，从而观察什么能使个案史的典型同一性危机从生命史的同一性危机中分化出来，似乎便有充分的理由了。然而这种对个人生命的强调，可能使"同一性"和"同一性危机"这些词在其他更广泛的用法上越发使人产生怀疑，认为它不过是对任何不允许下定义的东西的一种类比。天主教的青年教徒们可以设法集中他们的个人危机，共同分担，并在一个

4
同一性：青少年认同机制

晚上加以克服。这至少是一种幽默的说法。但是，怎么可能把这样的青年期与一个非洲国家或一个科学团体的状况联系起来呢？带着浮夸与辩解的神气，把一个国家说成是处于历史的和经济的"青年期"，并发展了一种"类偏狂的政治方式"，难道这不过是对这个词的一种比拟用法吗？一个国家既然不能称为"青年人"，难道一种典型的个人同一性危机就能由全体年轻人中的某一重要部分来分担吗？进而回到"同一性混乱"这个时髦词的用法，如果我们的一些青少年还不**知道**自己被**假定**具有同一性危机，他们会不会如此公然地表现为混乱呢？

20年来的历史似乎指出，有一些临床名词不仅为一些诊断医生所采用，而且为一些被诊断过分的人所采用了。在后一种情况下，他们是整整一部分同龄人，他们针对我们这些词做出响应，而且以浮夸的方式显示出我们一度视为沉默的、内在的和潜意识的冲突。

二

在我们努力了解对"同一性"这一名词的现代反响的意义之前，让我先对职业上和概念上的先辈们做一次回顾。今天，当"同一性"这个词经常用来表达一种喧嚣的感情外露，一种多少是绝望的"追求"和一种几乎是故作混乱的"搜寻"时，我且举出两种系统的阐述。它们都强烈主张，每当你开始意识到自己无疑具有一种同一性这一事实时，你就会感到同一性是怎么一回事了。

我的两个见证人都是我们的同一性思维赖以为基础的长满胡须、德高望重的心理学创始人。就一种**鼓舞人心的一致性和连续性的主观性意义**来说，即我想称之为同一感的东西，我认为在威廉·詹姆士（William James）给他妻子的一封信中似乎是描写得再好不过的了。①

---

① 《威廉·詹姆士信件》（*The Letters of William James*），亨利·詹姆士（他的儿子）编，卷1，波士顿，大西洋月刊出版社，1920年，第199页。

在精神的或伦理的态度上可以看清一个人的性格，在这种态度中，他有时会最深刻、最强烈地感到活力和充满生机。在这个时刻，仿佛有一个声音在内心呼唤："这就是真正的我！"

这种体验往往包括：

一种积极紧张的元素仿佛紧紧抓住了我自己，并深信外界事物完成了它们的作用，从而使之完全和谐一致，但又不想做出任何保证……如果做了保证……我就觉得态度马上变得迟钝而平淡无奇；撤掉这些保证，我就感到（假如我处于精力充沛的状态）一种深邃的、热烈的狂喜，心甘情愿，不顾痛苦地去做任何事情……虽然是一种心境或一种不能用言语表达的情绪，它本身却向我证实了是我所拥有的一切积极的和理论上决定了的最深刻的原则……

詹姆士运用了"性格"这个词，但是我却不揣冒昧地认为他是描写了一种同一感，并且用的是一种在原则上人人皆能有所体验的方式。就那些"道德哲学"时期的意义来说，同一感对于他既是精神的又是道德的，而且把它体验为好像"突然产生"的认识那样，几乎类似一种突然袭来的事物而不像某种孜孜以求的东西。它是一种积极的紧张状态（而不是一个令人气馁的问题）——再者，这种紧张状态必须创造一种"不用保证"的挑战，而不是在寻求确定的喧闹声中烟消云散。附带地说，我们应当记得詹姆士写这封信时才30岁，而且他在青年时代曾面对和明确表达了一种忠诚的和绝望的"同一性危机"。还有，他是在试验了种种文化的、哲学的、民族的同一性元素之后才成为一个美国实用主义哲学心理学家的。他在自卫的声明中使用了不可翻译的德文"ueberhaupt"一词，也许就是他在欧洲那段充满矛盾的学习年代的回响（echo）。

人们可以在詹姆士的生活史中学习到一种拖延的同一性危机，以及在新的和扩展的美国文明中出现的一种"自造的"同一性。我们在后面将多次提到詹姆士，但是为了进一步明确界限，我们现在转向一篇声明，它断言个人同一性和文化同一性的一致性根植于一种古老人类的命运之中。西格蒙德·

6
同一性：青少年认同机制

弗洛伊德于 1926 年在维也纳给布奈·布里斯协会所做的一次演讲中说：

> 使我和犹太民族联系在一起的（我有些羞于承认）既不是信仰，也不是民族自豪感。因为我是一个不信宗教的人，而且是在没有任何宗教的情况下长大的，虽然我对所谓人类文化的"伦理"标准并非毫无敬意。由于受到那些我们犹太人生活于其中的人们的可怕例子的惊吓，每当我感到一种民族热忱在心中被唤起时，我就把它当作有害和错误的倾向而加以压制。但是仍有大量别的事物使犹太民族和犹太人的吸引力成为不可抗拒的力量——许多模糊的情绪力量，它们越是强而有力，便越发不能用言语形容，以及一种内心同一性的清晰意识，即一种共同精神建设的隐蔽所。此外，我还直觉地感到，有两个在我一生艰难经历中不可缺少的特性，应归功于我的独特的犹太本性：由于我是一个犹太人，我发觉自己没有别人在动用脑筋时带有的许多偏见；由于我是一个犹太人，我做好了加入反对党的准备，而不必征得"紧密的大多数"的同意。①

对于弗洛伊德原文的翻译，一直很难找到恰当的字眼。"模糊的情绪力量"的原文是"dunkle Gefuehlsmaechte"；"共同精神建设的隐蔽所"的原文为"die Heimlichkeit der inneren Konstruktion"——并不恰恰是"精神的"（mental），接下来也肯定不是"隐蔽所"（private），但是只有体验到了这种情绪的人们才能对此深有感受，而所用来表达的字眼也只能是虚幻性成分多于概念性成分。

这些基本陈述不是摘自理论性著作，而是出自特殊的思想交流：一个晚婚男子给他妻子的一封信，一个在职业上长期孤独的观察者对他的"兄弟们"的一次演讲。但是在他们所有诗意般的自发性行为中，这些陈述都是训练有素的头脑的产物。所以，也堪称是一种近似有系统的积极同一感主要方面的楷模。天才们训练有素的头脑，当然有其特殊的同一性和同一

---

① S. 弗洛伊德：《给布奈·布里斯协会的演讲》（*Address to the Society of B'nai B'rith*），1926，标准版，卷 20，伦敦，霍格思出版社，1959 年，第 273 页。

性问题，在他们的生涯开始时，这些问题往往导致一种延长的危机。然而，在我们开始系统阐述今后怎样才能对一般人进行观察时，一定要依据这些材料。

这是弗洛伊德唯一的一次以并非偶然的方式使用"同一性"这个词，事实上，是以最主要的种族意义来使用这个词的。正如我们所料，他不可避免地指出了我称之为恶意的，然而又正是极其重要的问题的某些方面——越是重要，"它们就越难以用言语形容"。因为弗洛伊德的"内部同一性的意识"包括他那被驱散且往往是受鄙视的人们在长期受迫害历史中所保存的一种辛酸的自豪感。它固定于一种特殊的（这儿指知识分子）禀赋之中，这种禀赋已成功地从对种种机遇的敌意限制中脱颖而出。与此同时，弗洛伊德把一种无所畏惧的思想自由的积极同一性与"我们犹太人生活于其中的人们"的消极特性，即"限制别人使用其智力的偏见"进行了比较。它启发了我们：一个人或一个集体的同一性可以和另一个人或另一个集体的同一性相联系；获得一种强有力的同一性的自豪感意味着从一种更占优势的集体同一性，如"紧密的大多数人"的同一性中解放出来。从以上的主张中，我们可以察觉到一种微妙的胜利，即限制了有偏见的大多数人自由地使用他们智力的相同历史发展，却使得孤立的少数人在智力问题上表现得更加坚毅。所有这一切，我们在讨论民族关系时将再次提及。①

而弗洛伊德更不断地深入下去。他附带地承认，他必须在自己心中将一种"我们犹太人亦生活于其中的人们"所共有的"民族热忱"的倾向压制下去。其次，正如在詹姆士的个案中所显示的那样，只有研究弗洛伊德的青年期热情，才能逐步看出他是如何放弃其他抱负而赞同应用自然科学的方法于心理学的"庄严力量"这种意识形态的。顺便说一句，只有在弗洛伊德的梦中，我们才能得到他受压抑的（或者如詹姆士称之为"被抛弃的"甚至"被谋杀的"）那些"自身"的最初记录——因为在黑夜萦绕于我们脑际的是我们的"消极同一性"。②

---

① 见第八章。
② 见第四章第五节。

8
同一性：青少年认同机制

三

上面引证的两段话以及在它们后面的生活已足以建立同一性的少数几个维度，同时也有助于阐明为什么这个问题是如此普遍然而又如此难以掌握：因为我们面临的是"位于"**个人的核心之中**，同时又是位于**他的社会文化核心之中**的一个过程。事实上，这一过程建立了这两种同一性的同一性。如果我们现在停下来讲几句探索同一性复杂性的话，我们可用以下的话开始：在心理学名词中，同一性形成应用了一种反思和观察同时进行的过程，一种在所有心理功能作用水平上都发生的过程。个人就是利用这一过程来判断他自己，而他所依据的方式是：他认为别人对他的判断乃是在与他们自己，以及与对他们说来有重要意义的类型进行比较的基础上进行的；而他断定他们用以判断自己的方式，则又是依据他如何与他们以及与已经变得跟自己有关的类型进行比较而认识自己的基础上获得的。幸运的是，这种过程是、也必须大部分是潜意识的，只有在内部条件和外部情况结合起来以加强一种痛苦的或欣快的"同一性意识"的情况下，才可作为例外。

再者，所描述的过程总是处于不断变化和发展之中，在最好的情况下，它是一个增长的分化过程。当个体生长时，他越来越意识到与他有重要关系的其他人的范围日益扩大，从母亲般的个人到"人类"的范围是一个不断扩大的圈子。这个过程"开始"于母亲和婴儿作为可以互相接触和认识的两个人初次真正的"会合"①，而不到一个人的相互肯定能力衰退之时是不会"结束"的。但是，正如已经指出的那样，这个过程在青年期有其规范性危机，而且在许多方面决定于过去发生的事情，也在很大程度上决定着未来。最后，在讨论同一性时，我们不能把个人的生长和社会的变化分割开来，也不能（正如我在《青年路德》一书中表明的那样）把个人

---

① J. M. 埃里克森：《以眼对眼》（"Eye to Eye"），见《人制造对象》（*The Man Made Object*），乔治·凯佩斯编，纽约，1966 年。

生命中的同一性危机和历史发展的现代危机分裂开来，因为这两方面是相互制约的，而且是真正彼此联系着的。事实上，对于同一性形成具有原型性重大意义的，在心理方面和社会方面、发展方面和历史方面之间的交互作用，只有作为一种**心理社会相对性**才能加以概念化。所以，一个重大的问题是：仅仅是可以相互发生作用的"角色"，仅仅是自我意识的"外观"，或者仅仅是热烈的"姿态"，虽然它们可能成为今天称之为"寻求同一性"的一些占优势的方面，却不可能成为真正的同一性。

鉴于这一切，如果让人格学和社会心理学中经常等同于"同一性"或"同一性混乱"的某些名词（前者如"自我概念""自我意象"或"自尊"，后者如"角色模糊性""角色冲突"或"角色丧失"）把有待研究的领域接了过去，即使配合工作法（teamwork methods）是现时这一普遍领域内的最好研究法，那也是明显的错误。不管怎样，这些研究法还缺乏一种有关人的发展的理论，而这种理论是试图更接近于弄清其发展背景的来龙去脉的。因为同一性是绝不会在严格护卫的人格或任何静止的和无变化的事物形态中被视为一项"成就"而被"建立"起来的。

另一方面，传统的精神分析法也不能很好地掌握同一性，因为它缺乏发展的名词对环境加以概念化。精神分析的某些推理习惯，以及把环境视为"外部世界"或"对象世界"的习惯，都不能把环境看成一种普遍存在的现实。德国人种学家介绍了"Umwelt"这个词，认为它的含义不仅是一种包围着你的环境，而且也处于你的内部。实际上，从发展的观点来看，"以前的"环境永远存在于我们的心中，并且既然我们生活在一个把现在变成"以前的"持续不断的过程中，我们就永远也不会（连新生儿也是如此）作为一个从未有过环境的人去迎合任何环境。那么，为了掌握同一性，一个方法学上的前提应当是复杂得足以把环境包括在内的精神分析；另一个前提则可能是在精神分析上复杂化了的社会心理学。两者合在一起，显然可以构成一个会创造它自己历史复杂化的新领域。同时，我们应设法看到，只要假定有同一性这样的东西存在，则每一个历史事件、每一次规范性发展、每一段个案史，或传记中的每一件事都会变得更为清楚。而且，它当然也有助于我们详细地记下每一事项，仔细分析它是什么性质，为什么以及是如何变得清楚的。

但是，我们一旦采取了历史观点，就会产生一种可能性，即我所作为一大堆格言提出的问题确实与一种高度依赖于稳定的中产阶级文化背景的同一性形成密切相关。詹姆士和弗洛伊德确实属于早期工业时代的中产阶级，他们从乡村迁入城市，或者从城市到城市，詹姆士就是一个移民者的孙子。然而，他们的家庭和学习，他们学术的和临床的联系，甚至在科学发生革命的时期，也表现出在道德上和理想上的高度稳定性。很可能那些"你可以视为当然"（弗洛伊德用来表明他对道德态度的一句话）的东西也决定着你能否富有成效地从中获得机会。19世纪中产阶级中一些具有革命头脑的人物，就获得了这些机会：达尔文把人的本性和人的动物祖先结合了起来；马克思把他的中产阶级头脑本身视为阶级产物；弗洛伊德则把我们的理想和意识本身，以及潜意识的精神生活联系了起来。

自此以后，不断发生的民族战争、政治革命和道德叛乱，动摇了人类一切同一性的传统基础。如果我们希望找到对积极同一性和消极同一性的关系的根本看法的见证人，我们只有改变我们的历史观点并把注意力转向今天的黑人作家。因为，如果过去几代人的希望都落了空，又无法获得当代社会的有效资源去克服"紧密的大多数人"加之于少数人的消极意象，我们又会怎么样呢？所以，一切有创造性的个人似乎都必须接纳消极同一性作为恢复的底线。我们因而在美国黑人作家中发现了诸如"听不见""看不到""无名望""不露面"等几乎仪式化了的断言——如拉尔夫·埃利生（Ralph Ellison）所说的，是一种"历史范畴之外的不露面的面孔，无声之声的虚无"。认真负责的黑人作家们仍在不断顽强地写下去，因为写的即便承认是虚无缥缈的小说，也能对类似集体性恢复的东西做出某些贡献。① 我们将看到，这是被剥削者当中的一种普遍倾向。作为一个最动人的有关印度民族解放的自传体文献也写上了"消极的"标题（《一个无名的印度人自传》），这也绝不是偶然的事。年轻人身上缺乏文学上的反思倾向，这种深藏心中的消极同一性如果不表现为无常的暴力行为，则只能再次为好战性所吸收。这也是不足为怪的。

---

① 见第八章。

四

现在让我们忘却概念和临床分析,从20年前的流行观点来看看今天的青少年。在任何时期,青少年首先意味着各民族喧闹的和更为引人注目的部分,再加上被精神病医生注意的或在小说家笔下描写的那些安静的患病者。在年轻一代最为生动的部分中,我们目击了一种日益加剧的"同一性意识",它不仅破坏了我们对积极和消极同一性的阐述,而且也使我们对关于明显的和潜隐的行为以及意识和潜意识的假定产生了混乱。在我们看来是密切相关的东西,他们却以相对主义性的"姿态"表现出来。

现在的青少年已不同于20年前的青少年。这一点在任何历史时期,凡是年纪大一些的人都会说得很多,而且认为新鲜而真实。但是我们在此要讲的却是与我们的理论有特殊关系的内容。20年前我们还小心谨慎地暗示,有些年轻人可能多少受着潜意识同一性冲突的折磨,今天则以某种肯定的形式和毫不含糊的言词,以及一种戏剧化的外部表现告诉我们那些曾一度被我们视为内心秘密的东西。是的,他们的确具有一种同一性冲突——公然表示他们是爱德华七世时代的人。是性别同一性混乱吗?是的,当我们看到他们在街上行走时,不加细认,我们的确不能说出谁是男孩,谁是女孩。是消极同一性吗?哦,是的,他们希望成为"社会"不期望他们成为的一切。在这方面他们倒至少是"遵奉"的。至于像心理社会合法延缓期这一类想象出来的名词,他们是一定会从容不迫地进行的,而且怀着报复的心情,一直要到他们确定他们是否需要一个遵奉者世界所提供的任何同一性时为止。

但是他们所主张的东西是否便恰恰符合我们所指的意思呢?我们和我们的意思不也是随着改变同一性冲突情况的相同的事件而改变了吗?正是这个问题开辟了我们只能从此开始讨论的心理历史前景。但我们一定要开始,因为在未来的世世代代和当代世界形势中,变化的加速在此仍要继续下去,或是随着我们一道移动,并超越我们。

在一定程度上,这一点具有十分重要的意义。即那个决不牺牲成长和参加老一代厌烦地称之为"现实"的同龄集体,应该就是一个将理论转变为行动的集体,并向我们证明教学也就是行动。我们说,环境的意识形态结构正是在青年期才变成了自我的最根本的东西。因为对宇宙缺乏一种意识形态的简化,青年的自我就不能依照自身的各种特殊能力及其扩展的复杂情况来组织体验。所以,青年期是个人比在儿童早期发展各阶段中大大接近于历史时代的阶段。尽管同一性的早期前件(the infantile antecedents)是更为无意识或变化非常缓慢的,同一性问题本身却终究是随历史时期而变化的。事实上,这就是它的工作。当别人正在倾听我们临床医生讨论同一性问题或描述它的各方面时,就意味着我们进入了文化历史,或者可能变成它的工具。

因此,最初我们看到的很多解释隐晦的东西,现已表现为口号、街头示威,并大量地在有插图的杂志上出现。但是如果两性混乱现在在某些年轻人身上变成故作姿态或公然挑战,难道能说他们——作为一代人——对于性别差异的重要性有欠了解,或麻木不仁,或真的对他们的性生活有欠忠诚吗?我不是这样想的,他们所反对的传统的两性典型化,绝不意味着对性生活普遍都有好处。再者,他们似乎表现得傲慢无礼就真正是受了消极同一性的支配吗?我一点都不这样想。父母因他们的表现而感到沮丧,确实使他们获得了满足,因为这种炫耀是一种真正的宣言,坚持某种积极同一性主要不以父母型遵奉或矫饰为基础。而这种不信奉转而又是一种对兄弟般确认的恳求,从而获得一种新的仪式化性质,这种性质是一切反抗的同一性形成的似是而非论点的一部分。当然,也有一种真正消极的和可憎的炫耀,如有些骑摩托车的青少年得意洋洋地说:"你进城的时候,要尽量做出使人反感的样子。"这可能与潜在的犯罪同一性更为接近,这种犯罪同一性由于遭到好心人的拒绝反而得到了强化。

有些青少年好像确实在读我们的书,而且常把我们的名词挂在嘴上。有时他们仅只承认我们似乎理解了他们正在说些什么,而我却只不过把他们的这种说法当作恭维之词。但我仍然把这看作是弗洛伊德之所谓"由被动转入主动"这个老手法的一个方面,因此也是青少年的试验的一种新形式。这种表演似乎往往在宣称:"谁说我们是同一性'危机'而在受苦?我们正在选择它,积极地接受它,我们正在努力促其发生。"这些话同样

第一章 引论

也可以应用于以前其他潜隐的主题，也可应用于各世代所固有的矛盾心理。有一个时期我们试图谨慎地向敏感的年轻人证明，他们也憎恨他们所依赖的父母，现在他们却公然丑恶地、冷漠地向我们表明他们反对所有的父母，而我们却很难向他们证明他们实际在一定程度上也喜欢父母。我们说的这种话，很多人是早已知道的。这可能是对精神病学启发的一种新的适应形式，过去这种启发应用起来由于大部分是口头形式而较少危险性：因为自弗洛伊德早期以来，被启发的人们对他的理解所采取的应付方式是随声附和地说出他们的神经症名称，却仍然保持着神经症不变。

事实上，这种花招在过去一直是更为危险的。如果我们要写一部癔症史，我们肯定会发现，当癔症支配着精神病理学市场的时候，受到压抑的性欲作为精神病启发的后果，变得特别明显了：癔症症状减少了，取而代之的是性格问题。在弗洛伊德时代，是一种具有社会含义的神经症流行病学，到了我们的时代，却变成了一系列具有神经症含义的社会运动。这至少为联合的详尽研究揭示了许多隐蔽的问题，也可对年轻一代增加理解。这一代人正以对父母的道德背弃的观点来力图发展自己的伦理学和它自身的一种活力。

与此同时，我们临床医生必须继续保持警惕，警惕在狂热的同一性混乱中出现像在齐昂山那些日子里我们常常提及的平斯克—明斯克机制的可能性。这是犹太人机智对识破潜意识奸计所做的一个较为永久的贡献。一个人在波兰一个火车站上偶然碰到了一位商业竞争对手，便问他到什么地方去，那人回答"到明斯克"，并试图脱身走开。第一个人跟在后面喊道："到'明斯克'，你说'到明斯克去'，便以为我会认为你是到平斯克去！——你正是要到明斯克去！撒谎！"

换句话说，有些青少年似乎具有一种较为恶意的同一性混乱，正是如此。然而它有助于让我们知道，这至少是一种适合于他们年龄的危机，并且知道有些青年正在使这种危机更为公开化，因为他们知道自己被人假定有这种危机。但是，不管这种危机变成一时的风尚还是处于精神病样的情况，是少年犯罪的行为还是表现疯狂的运动，是处于创造性迸发状态或者甚至承担了暂时的社会义务，我们精神病医生都不能放松警惕。如果向我们咨询，我们只能通过努力诊断在多大范围内冲突的幼稚原型仍然支配着他的行为，以及有什么机会可以使他沉浸于某个吸引他的社会问题中，从而发现自己，以对他个人的自我强度进行评估。

五

在注意到今日的青少年时，人们容易忘记青少年身上所具有的"关键性"的同一性形成，实际上是一个**世代问题**。年长的一代必须在下一代同一性形成之前提供强有力的理想。不容忽视，这一责任现在似有被放弃的迹象——这样一来，青少年就能反抗规定得很好的旧价值系统了。

最近有一部关于马萨诸塞州列克星敦的电视纪录片。我想，之所以选择这个城市，因为它是美国人自由的摇篮。这部纪录片相当坦率地表明了"自由的"年轻美国人发生了什么，或者至少他们是如何公开行动的。但是片中几乎没有父母出现的场面。的确也出现了一个似乎把自己的家向青少年们开放的母亲，12—15个十来岁的小伙子午后聚集在她家中和花园里学习、游戏。但是再没有一句话提到另外的家庭了。父母们只出现在一个被召集的集会上，讨论十来岁的青少年，好像他们是从另一个星球闯入的。这确实是今天青少年们在"宣传工具"中被反映的方式，而我们注意到，这些宣传工具已不再满足于作为传递信息的媒介，它们已活跃而有效地使自身成为世代之间的媒介物。这有时迫使青少年在试验性"投射"的意象中被反映得多少有些滑稽可笑，从而驱使父母们更远地离开这些令人不安的事件。父母们的支持也随着父母们的愤怒而减少了。人们往往感到青少年想要排除的仿佛正是意志坚强的父母，而不是根本不值一提的父母。如果我没有弄错的话，父母们留给青少年的印象往往仍然是一些长得太大的男孩和女孩，对这个有新发明和购买力的世界感兴趣，这种想法允许他们在这个包括炸弹和避孕药的技术世界中防止世代的新意义所产生的整个可怕后果。

那么，同一性力量的某些主要的现代根源何在呢？我用**现代**这个词的意思是指现在加上**预期的未来**，因为我们必须尽力克服我们的一些临床习惯，不能认为我们只要弄清过去便算尽了自己的本分。所以我不想在此处

第一章 引论

详细讨论什么是同一性力量的传统残余物问题——经济的、宗教的或政治的，区域的或民族的——所有这一切均处于它们自身与意识形态观点的联合进程之中，而在意识形态观点中，对于技术进步的一种预期，实际上是计划的未来的想象力，将接受传统的许多力量。假如我把这类来源叫作"意识形态的"，那我正是利用这个词来表示一种观念体系的普遍心理需要，这种观念体系提供了一种令人信服的世界意象。

必须承认，只有像我们这些正在致力于弄懂个案史或传记（它们表面上往往像个案史）的人，以及像我们这些正在教授年轻的精神病医生或享有人道主义特权的青年大学生的人，才往往接触不到意识形态是机器时代产物的大多数青少年们有效的同一性资源。所有这些青少年都不需要我们，也不需要那些真正认为是我们创造的"病人角色"的那些人。而我们似乎也认为，我们的理论也不需要包括他们在内。然而，我们必须假定，无论在国内或国外，大部分年轻人在两方面是非常相似的。一是天赋相同，二是对于我们时代的技术倾向和科学方法的机会相同，他们处身其中感到自在，正如任何人在人生中感到自在一样。我从来不认为人在商业文化、农业文化或书本文化中，原则上会比他在技术文化中更少"疏远"。我相信正是我们自己追溯既往的那种浪漫精神，才使我们认为农民或商人或猎人较少受制于他们的技术。用必须共同研究的术语来说，在每一种技术学中以及在每一个历史时期，都有某些类型的个人（严格培育起来的）能把占支配地位的技术与他们的同一性发展结合起来，从而变成他们所做的东西。除了少数的上智和下愚，他们能决定**文化的巩固**（cultural consolidation），这种文化巩固保证了他们无论是联合验证还是暂时得救，都在于共同做事而且事情要做得合理——这种合理性是由"自然"的各种形式的反应所证明了的：不论是捕杀猎物、收获食物、生产货物、赚钱或是解决技术学问题，等等。在这类巩固和调节中，上百万件日常工作和事务成为了实际模型和自发的仪式化，它们由领导者和被领导者、男人和女人、成人和儿童、特权者和社会地位低下者、天资聪颖者和自愿来做这些事情的人所分享。要点在于，只有这种巩固才为某个时期的同一性形成的有效范围及其与一种直觉活动感的必要关系提供协调作用，虽然对于许多或大多数人来说，要这样做同时还要创造一些明显的狭窄性、强制的服务和有限的地位等分隔空间。这每一类巩固，由于它的可实施性（事实是"它运转着"，并仅仅因使用和习惯继续着自身的运行），也为侵占的特权、被强制的牺牲、制度化的不平等以及固有的矛盾而工作，这些都明显地变成了任何一个社会批评家的对象。但这类巩固如何在组织的人工制品中导致一种嵌入感和自然流动感，它如何有助于完成超越完善和自命不凡的某些风格，以及它如何允许人同时又限制自己的视野以致看不到那些可以破坏新获得的对世界熟悉感的东西，而把自己暴露于各种陌生性，最终暴露于对死亡和杀戮的恐惧之前——所有这一切我们都很难用深奥的心理学观点进行研究。此处应从某些新的维度来对"自我"进行讨论。

文化、文明和技术学的历史就是这种巩固的历史。革新者只在明显的转变时期才出现，他们是那些在观点上不受法则约束以致不再受现行制度约束的人；那些过分忠实或冲突太多以致看不见隐藏在日常"必需品"复杂性背后存在的简单真理的人；那些太富于怜悯心以致无法忽视被遗漏掉的"穷人"的人。而作为医疗者和理论家的我们，由于自己的医疗意识形态，能更好地理解上限和下限。因此我们往往认为，广大的中间阶层由于其本身的原因支持我们乃是理所当然的。然而由于我们希望对"正常心理学"能有所贡献，我们必须学会了解文化的技术学的巩固，因为它与人世间的俗事的关系是最密切的。

与之俱来的往往是要给成人期下一个新定义，没有这个新定义，任何同一性都是侈言空谈。成人期的问题是，作为经历了同一性时期的人如何去**照料**他对之负有责任的那些人，如何去帮助他们建立同一性。

另一个问题是，在任何时代的巩固中，什么样的"典型"成人，为了文化平稳和文化完善的风格缘故，能够而且愿意放弃自己的权利并去要求别人。根据苏格拉底这位哲学家在他那显示了雅典文化巩固组织的自辩书中的方式来看，可能不仅是为了自己，他最终宣布死亡乃是对于生存状况的唯一治疗。医生弗洛伊德则为商业和初期工业时期揭露了，不仅在他的时代，而且在一切人类历史上，伪善的道德都产生了何等重大的混乱。他在这样做时，建立了菲利浦·里夫（P. Rieff）所描述的**治疗方向**，这种治疗方向大大地超出了对孤立症状的临床治疗。但是除非我们知道了技术上的遵奉为人们做了些什么，我们是无法知道它对人们做了些什么的。普遍

第一章 引论

存在的仅仅是数目上的增加，首先将许多以前的质量问题转变为仅仅是数量处理的问题。

因此，如果大多数年轻人能以一种兄弟的自居作用与他们的父母相处，那也是因为他们共同地让技术和科学来负责提供一种自我永存和自我加速的生命方式。这似乎使得青少年甚至期望发展新的自以为是的价值成为可能。但事实是，与无限进步相联系着的价值，正因为它曲解了定向和现象，才往往与不可相信的过时观念紧拴在一起。因而，技术扩散可被视为辛勤工作的几代美国人的适当报偿。只要老式的礼仪和现有的政治机器残存着，加上它们家乡的雄辩术——与技术训练在一起——就没有感到限制扩张主义者想法的需要了。总有人希望（这种希望已变成了不言而喻的美国意识形态的一个重要部分），超级机械本性中固有的种种弊端，总会有适当的制动器和矫正方法在关键的时刻发明出来，而无须费力地注入任何新的原则。这些超级机械、组织和联系，只要它们在"运转着"，就会为正感到积极从事工作并且也是不得不工作着的所有人们，提供一种充分"巨大的"，至少也是可以适应的同一性。

因此同样的，看不出反对越南战争理由的大部分青少年，由于下列原因加在一起而振奋不已：世界大战的爱国主义、反共主义、服从征兵和军纪，以及最后因不可动摇的团结一致而产生的人们的最高感情，它来源于放弃了同样的快乐，面对着同样的危险，以及不得不服从同样讨厌的命令。但是在这一切当中有一种新的元素，它来自技术上的意识形态，使得一个士兵成为一个专家，他的武装是机械化了的，他的忠诚几乎是对一种政策和战略的非个人的技术上的服从，这种政策和战略在他手持的可羡慕的武器范围内安上了某个靶子。无疑某些"性格结构"比其他的一些结构更适合这样一种世界观，然而总的来说，每一代人都准备着在其一生中参与若干巩固起来了的态度。

但是在新的一种伦理学还没赶上进步之前，人们总感到一种危险，即技术的扩张和民族的主张可以不由已知事实和伦理学考虑所决定。换言之，不由确定的同一性所决定，而由对超级机械的范围和限制的随心所欲和不严肃的测试所决定，从而不顾及人类的良心。对一切被包括在内的人来说，它可以变成十足的奴役，这也似乎就是新的"人本主义"青少年正在努力加以制止的事，他们一方面冒着生存的危险，同时又坚持着生活起码的自我维持性质。

六

现在让我们转向我们很多人更为熟悉的同一性的意识形态的来源，也就是实际上使青少年能敏锐感觉到同一性问题的新人本主义。那些对于在技术扩张上团结一致的青少年抱着鄙视态度的人们，都是些"反战运动分子"，都是些人本主义者，他们的巩固方式也包括了相当过时的情操和理想（他们从外表上往往似乎是从一座中世纪地下城市中出现似的），然而，他们容易接受有礼貌的不服从和起源于（但绝没有结束）圣雄甘地的现代形式的非暴力的理想。① 对无思想的机械化的反对在此地与对严密组织和军事热情的厌恶以及对任何好战者存在的个性的敏锐觉知走到一起来了。这种观点和专家治国论观点必然会彼此反对而且是相互排斥的，因为甚至接受一种观点的一部分也可引起滑动，导致整个意象完形的再改变。所以这两种观点总是对立的，好像对方是敌人似的，虽然他可以是兄弟、朋友——或者像处于生命另一个阶段的自己。

20年前，我们把同一性问题犹豫不决地（因为当时这个词受到高度的怀疑）与青少年的意识形态需要联系了起来，事实上是把这种需要归之于一些青少年思想方面的营养不良。他们出生太迟，不是没有染上"那边的"世界大战的军事狂热，就是没有赶上这边的战后最初年代的激进主义。我们说过，美国的青少年是反意识形态的，他们夸耀一种"生活方式"——一种舒适的生活方式。当然，我们也害怕由技术如此广泛强化了的"唯物主义"倾向，在把一切意识形态看成政治的和陌生东西的青少年身上很难找到平衡。自从麦卡锡主义得胜以来，在所有美国人心中制造了

---

① E. H. 埃里克森：《精神分析与前进的历史：同一性问题，仇恨与非暴力》（"Psychoanalysis and Ongoing History: Problems of Identity, Hatred and Nonviolence"），《美国精神病学杂志》，1965年，第122期，第241—250页。

一种对激进思想的恐惧，创造性地将以前珍惜的同一性转变为消极同一性。因此，这种情况就更为严重了。

自那时以后，某些美国青少年在公民权利运动中和在和平队伍内已经证实了自己，证明在受到一种用之于普遍需要而深信不疑的意识形态倾向的鼓动时，他们是可以接受不习惯的艰苦和训练的。事实上，在反对无限制备战和轻率地同意加速越南战争这一类普遍性问题时，已证明青少年比许多成人更有远见，与父母一代受到麦卡锡主义洗脑而引起的恐怖相比较，他们已经恢复了父母们抛弃了的某些理想。

但是，只有在我的概念手段讨论了大多数青少年从技术扩张的一整套意识形态获得一定的同一性力量以后，我们才能从比较平衡的观点来讨论新人本主义的青少年。因为，难道不总是在一个新占优势的专家阶级——他们知道自己正在做些什么——与一个新的虔诚的宇宙神教信奉者集团——那些说到做到的人——之间的相互作用决定着一个时代各种同一性的可能性吗？后者往往深切地关怀着并且变成了这个第三集团的战士——这些人被一切有关方面所遗忘了。在我们的时代，这些人是在技术上和教育上的社会地位低下者，因为缺乏能力或机会或者由于两者都缺乏而与一切意识形态相隔绝。然而到了革命年代，社会特权阶级和社会地位低下者往往相互延伸，两者都变得与广大巩固的"紧密大多数人"相毗邻了。

在我们新的年轻人本主义者当中，更为成熟的人正在寻找人生的一种共同标准——某种可以沟通富裕和不发达的世界性同一性。对于某些可能做出无效反抗或者完全畏缩不前的人来说，在一个有社会联系的积极分子运动中，利用他们的冲突的能力无疑具有潜在的治疗价值。同时很清楚，所有这些集团的"治疗的"和政治的价值，都有赖于它们的社会潜能的生命力——也有赖于它们领袖的训练和创造性。

青少年人本主义者的抗议包括从浪漫主义的爱德华七世时代的人和奏爵士乐的流浪者到献身的"新左翼分子"，一直到在"机器"碾碎人的意志那个世界中任何地方对赤裸裸的英雄主义的自居作用。换句话说，其范围包括从反抗对一切机器的屈从直到重新规定人在一个不可逆转的技术的未来中的权利和尊严。如果他们在这些要求中显得迷惑不解，有时甚至显得古怪，我们就应当记住，正是把一个稳定的中产阶级和一个开明世界认为是理所当然的启示传统，才把一切价值推向无情的探究。现在，年轻人必须对留在这个"被启示的"和"被分析的"世界中的东西进行试验。比如，精神分析的启示假定，幼儿的性欲和倒错可以用一种有见识的判断代替旧时代的压抑，从而引起公众的注意。现在性反常行为的确与所有各种反常行为一样，必须在书本上和行为中发现它们自己吸引力的限度。所以，只有在父母把彻底的启示和旧式的道德结合起来失败的地方，相对自由的试验才能发挥它自身的矫正作用。然而我相信，青少年追求的并不是一切可允许性，而是直接面对真正有价值东西的一些新方式。

我们无疑会看到一种悲剧式的重新评价，即青少年最初企图为他们自己并由他们自己把生活加以仪式化并且反对我们，以及年长的一代面对这类刺激和挑战时过于自愿地和过快地放弃了作为支持者和批判者的重要角色。因为缺乏某些领导，年轻的人本主义者就会有误入歧途和走向灭亡的危险，每一个人或每一个团伙也都有演出严格的"意识扩张"插曲的危险。

现在可以从揣想进入描写乌托邦的理想境界了。之所以必须允许有专门化—技术学同一性以及宇宙神教信奉者—人本主义者同一性的两极分化的可能性，只是为了一个简单理由，即这种两极分化是任何时期包括一切的同一性的标志。伴随技术学和科学进步并在其中成长起来的新一代，理所当然地要在日益面临的崭新实践机会中准备去处理崭新的思想方式。这可以在新文化与社会新形式之间形成一种联结，容许专门化与新的内心自由的平衡方式的存在。新人本主义青少年将会发现某种对机器时代的适应，他们在日常生活习惯中已充分参与这一时代。因此每一团体可以将随时使之活跃的敏感性和坚定性扩散到另一团体之内，然而两极分化仍然保持着不断的紧张，并且在动力学上互相发生作用。所以我的意思并不意味着预测甚至希望使技术学的和人本主义的同一性的对立清晰度变得模糊起来，因为动力相互作用需要清晰的两极。我的意思乃是指出，青少年尽管在各方面互不相同，但要分担一个共同的命运，即世代过程本身的一种变化。我这样说，并不准备放弃我的有关人的生命周期或同一性在其中占有地位的概念，我倒是宁愿承认，在对同一性极为重要的各阶段下面再加细分，各在一定程度上对世代功能做出贡献。今天，将人们仅仅区分为父母即老的一代与未来的父母即年轻的一代这种分法，已经因为陈旧而弃之不用了。迅速的技术变化已不可能使任何成为老年一代的传统方式变得如此制度化而能使年轻一代直接步入，或者真的会以革命方式进行抵抗。比如，一些自己感觉在职业上已经过时的人和那些自己感觉还有余力可献的人，对于老年的经验是完全不相同的。由于同样原因，年轻成人期可分为较年长的或较年轻的年轻成人。不太年轻和不太年老的专家们分别进入主要的主宰者地位——各自处于其专业占支配地位的特殊阶段中的那一段有限时期。他的能力在许多方面将作为父母时期的认可而代替传统。但这也意味着年轻一代将要（或者如我作为一个大学教师的观察所证实的那样，已经）更为清楚地分为较年长的和较年轻的，前者对于后者的行为将不得不（而且急于要）进行很多的指导。因此父母的相对消退以及年长的年轻成人专家的出现作为永久的或永久变化中的权威，正体现着一种变迁，即接受这类年轻权威指导的较为年轻的青少年，将不得不对较年轻的青少年的行为担负不断增加的责任——而我们却为专家们和较年长的青少年指出方向。然而我们要做到这一点，只能承认和培养一种在较年长的青少年身上特殊年龄的伦理能力——这是同一性的真正标准。我们在完善的家长统治形式中一贯忽视甚至否认这种潜能可能要比我们用禁令来维持秩序更遭到青少年的怨恨。无论如何，未来的伦理学对于各个世代彼此之间关系的关心，要少于在一个计划中个人之间的相互作用。在这个计划中，整个生命广度得到了延伸，两性的新角色将在所有生命阶段出现；而且在这一计划中，某种选择同一性的尺度必须具有共同价值，原则上要使任何地方每个将要出生的儿童都获得保证。

由于这再也不能成为一个固定的传统，它也许不能成为老式的"运动"所关切的事。一些新的社会发明将代替这两者，但是这些发明只有在对无情变化中的关键时刻给予评价的一种新颖意义的伦理学中才能出现。

七

对乌托邦的方向已经讨论得如此之多，在总结时，我将返回到一个人的过去，而且这一次要返回到他的发展上一段非常遥远的时光，也就是社会发生的进化——并简要地回顾一下伊甸园。

人对个人同一性的需要是如何进化的呢？在达尔文以前，答案是清楚的。因为上帝用他自己的形象创造了亚当，作为他的同一性的副本，从而为所有人的个性化和信仰留下了荣耀和失望。我承认还没有提出任何更好的解释。自从亚当和夏娃被逐出以后，伊甸园当然经历了许多乌托邦式的变革——这种逐出把人的同一性和他的劳动、他和别人合作的方式以及与技术的和集体的自豪紧密地联系起来了。

有一次，一个新英格兰人在他的花园内劳动，一个牧师走过去并庆贺上帝与他共同劳动才有这样好的收成。他回答说："是啊！但是你应该看到，到时候上帝却把它全部拿走了。"在这个故事中，上帝并没有死，而是被放在他固有的位置上。每一种环绕技术状态的文化巩固都有其利用"不熟悉"创造熟悉事物的方式。有技术的和受过启示的人似乎比以前任何人更喜欢奉承自己，以为宇宙都属他所有，并且那个完全按人的形象制造出来的有试验性倾向的上帝也非常高兴地为他让路。无论如何，我听见过一些极其聪明的男人（但从来没有一个女人）宣称，在大自然中，原则上现在已没有什么东西是人所不能理解的了。"死亡也是吗？"我听到一位妇女问一位这样的形而上学专家治国论者，他带着一种莫测高深的微笑点点头。他继续说道，所以男人原则上能改变自然中或他自己本性中的任何东西以适合任何工作蓝图。这位妇女又问道："谁的工作蓝图？"回答她的又是一个微笑。因此，男人把他已经投射给（现在原则上可征服的）上天的永久同一性重新加以内化，并力求在一种制造的同一性中再造他自己。这就是今天的巩固作用的一部分。再加上男人现在也能完全毁灭（unmake）自己，因而一种全人类的同一性便成为不可避免的目标了。

然而在这一点上，人本主义者和自由主义者都不会做出复活形式。我们必须记住，它们的初始建议者并不知道已经提到过的两个对象：巨大的炸弹和微小的药丸，它们如果没有赋予人以控制生和死的能力，则肯定给予了人以有关谁将生或谁将死的决断——要求新的"政治"形式的决断。

这为我们带来了最后的前景，无论如何将有助于阐明同一性问题的全部意义，并对我们尚未明确下来的任何方法和过早的定义提供最好的论点。因为人对心理社会同一性的需要丝毫不亚于他的社会发生的进化。瓦丁顿（Waddington）曾说过，权威的接受是人的社会发生进化的特征。我得承认，同一性形成与这一点是不可分割的，因为只有在一个明确的集体同一性范围内才存在着真正的权威。

作为一个物种，人已被分为我称之为假种（pseudospecies）的东西保存下来。最初每一个游牧部落和种族，每一个阶级和民族，然后每一个宗教联合都认为自己变成了人种，而把所有其他的种族看成是某种无关的神的畸形和无理的创造物。为了强调这种特选的幻觉，每一种族都承认自己的创造，经由一部神话而后演变成为历史，从而对所获得的特殊生态学和道德表示忠诚。人们从来没有很好地去想想其他所有的种族是如何变来的，但是由于它们确实存在着，它们至少可以用来作为消极同一性的投射屏幕。对于积极同一性来说，它们虽然是最不令人愉快的，却也是非常必要的对立物。这种投射连同它们对领土的占领，便给人类以彼此屠杀为荣的理由。因而如果把同一性说成是人类进化中的一件"好事"——因为所谓好事似乎总是对生存必不可缺的事情——我们就不应该忽视这一事实，即这种有关人的区分体系的功能一直由于重申每一个假种超过其他种族的优越大大地超过了负荷。也许我们和我们的青少年转向同一性的想法，正是因为世界大战已经表明对假种的赞扬只能带来种族的末日，因此一种无所不包的人类同一性必须是世界技术学预期的一部分。也正是这种预期，将把我们青少年之间的一些多数和少数联合起来成为一个整体。但是这会使一切较老的同一性产生致命的危险。凡是"有偏见"的人们，不论他们在哪里，都会做殊死之战；而上升的民族和那些甚至是古老的，但却受到了"年轻的"民族同一性危害的民族将会延缓其发展并且危及世界性的同一性。

因此，假种乃是所有集体同一性中较为不利的方面之一。但是在危及个人的一切同一性中也有许多"假的"方面。因为人的发展并不是以同一性为始终；而同一性对于成熟的个人也必须是相对的。心理社会同一性就像人在此时此地的暂时存在所固定的那样也是必须的，而暂时的并不使其成为可消耗的。对于寻求同一性的人来说，如果诺曼·布朗（Norman Brown）建议"迷失"，而蒂莫西·利里（Timothy Leary）提出"退出"，我就会认为，说到"迷失"，一个人必须要发现他自己，而说到"退出"，一个人则必须已进入。一切想要保持幼稚的存在主义的危险，就在于它逃避世代过程的责任，因而提出一种发育不全的同一性。我们从对生命的研究中已经知道，超越了为我们同一性提供道德基础的儿童期，超越了青少年的意识形态，就只有一种成人的伦理学可以保证下一代有平等的机会去体验人类的整个周期。而仅这一点就允许个人超越他的同一性——变成他所能成为的真正的个人和真正超越一切的个性了。

我们因而认识到了同一性问题扩大了的来龙去脉。从久经战场的老兵和严重失调的青少年开始，我们已经系统地阐述了个人发展的规范性危机。从少年犯罪者和鼓吹暴力的危机中，我们开始怀疑同一性在社会发生进化的整个计划中的重要意义，而从同一性的社会疆域，我们已经设想了它自身的超越性。下一步我们将在我们观察的所有细节片断中回顾这些步骤。这样我们就至少能知道当我们开始应用这个词时我们是从何处开始的，也可能看到它还将把我们引向何方。

当我们进入到人的存在的一些中心方面时，我们只能将在某一特定时间内为了个人的、概念的和历史的原因与我们有关的东西加以概念化。甚至当我们这样做时，资料和结论仍在我们眼前变化着。特别是当我们的概念化和解释变成一种历史的自我意识景象的一部分时，特别是当理解和行动刻不容缓地相互影响着而难以形成新的传统时——此时一切关于人的思维都变成了一种生活的试验。人的自我觉知的以及他对自己的觉知的新颖性，在开始时导致头脑变成了科学化的神话，或者是对科学名词和方法的神话般的应用，好像社会科学能够而且应该在一个短时间内重复出现，而且考虑到直接的实用目标，自然科学的整个长期进步则应从自然哲学到纯粹的和应用的科学。但是作为心理社会科学的主体的人，则不能仍然满足于被分为可测量的和相关的两个范畴。回顾和讨论了20年来的工作，我们不能把它作为预期的体系加以表达，用以代替已经抛弃的体系，而只能当作一点点概念性的生活，受着某一时期的历史关联和后果的限制和加强。

第二章 观察的基本原则

一、一个临床医生的笔记

精神分析中关于自我的研究，几乎很难从说明这种"内部机构"与社会生活的关系开始。凡是共同关心一个种族集体的人，凡是一个**历史时代**的同辈人，凡是在**经济事业**上从事竞争和合作的人，无不受善与恶的共同意象所指引。这些意象变化多端，反映着文化差异和历史变化的飘忽不定的性质；在现代社会模式中，它们在每个人为自我综合的奋斗中表现了有决定性的凝结形态——在每个病人的失败中也是如此。然而在传统的个案史中，病人的住处、种族背景和职业，当有必要掩饰他的个人同一性时，都是首先要彻底改变的项目。但据认为，一个个案的内部动力学实质却并不因此而有所变动。于是正是病人背景的共同价值的性质，被认为与"表面"的关系如此接近，以致无须引起"精神分析的"注意。我在此不准备讨论这类疏忽的基本原因①，而只是从我的笔记本中提供一些观察资料，这些资料似乎表明了当代社会模式在临床上和理论上是有联系的，而不能简单地推论为"社会因素"在起作用而不了了之。②

精神分析对这些因素的普遍忽视，自然不能促进与社会科学的友好关系。反之，社会和历史学者们仍然轻率地忽视这一简单事实，即所有个人

---

① 见第五章。
② 见芬尼契尔文集中的《神经症的精神分析理论》，纽约，W. W. 诺顿，1945年。关于社会原型题材，直到"论精神发展"一章末尾才加以介绍，而且用的是否定形式："对社会模式的信仰和在某种程度上的'社会恐惧'，二者都不必是病态的。"关于超我在社会习俗中的起源问题，直到第463页的"论性格错乱"一章才予以讨论。

都由母亲所生；每个人都曾一度是儿童；个人和集体都是从保育室开始生活的；社会包含着从儿童发展到父母这一过程中的各个世代，是注定了要吸收他们一生中的历史变化并为他们的子孙继续创造历史的。

只有精神分析和社会科学站在一起才能最终地描绘出个人生活在变化多端的社会中的进程。一些杰出的精神分析学家，通常被称为新弗洛伊德主义者，在这方面已经走出了大胆的几步，但他们忽视了"自我心理学"的努力。在我看来，他们将弗洛伊德的某些概念过分适应于一种新的话题，所以我不准备应用这些术语。我在此只限于提供一组观察资料，我相信这将有助于为自我与社会秩序的关系的新公式开辟一条道路。

（一）集体同一性与自我同一性

·1·

弗洛伊德关于自我及其与社会的关系的最初公式必然有赖于当时精神分析理论的一般状态及社会学的系统理论。理论化的焦点是"本我"（id），是从内部驱动人的本能力量，而弗洛伊德在他最初的集体心理学讨论中，提到了大革命后法国社会学家勒庞（Le Bon）对群众行为的观察。这对后来精神分析讨论人的"大众"（multitudes）留下了它的痕迹，因为勒庞的"群众"乃是指那些欣赏在社会的两个巩固的阶段之间的无政府状态的情绪波动、变动不定的群氓的社会，也是不管情况好坏都听凭领袖牵着走的群氓。这种群氓是存在的，它们的定义是有效的。然而，在这个社会学模式与支配着精神分析方法的心理学模式之间有着很宽的鸿沟——亦即后者是在严格的二人之间的治疗情境中根据移情和反移情而重新建立个人的历史。由此产生的方法学上的分歧，在精神分析思想中使一种人为的过度分化永久化了。这种分化的一方面是永远将自己幼稚的家庭观念丛不断投射于"外部世界"的孤独个人；另一方面则是沉没于弗洛伊德所谓的"不明确集合"的人们之中的"群众中的个人"。然而，一个人在心理上可以是永远孤独的；一个人在"孤独"中本质上有别于在集体中的同一个人；一个暂时处于孤独状态中或者与他的分析者关在小屋中的人，已不是一个政治动物或者已经把自己从任何阶级水平的社会行动（或无行动）中脱离出来了——诸如此类的原型都是需要仔细修正的。

在这些对立作用者，即在生物学的本我以及社会学的"群众"的定义中，自我（ego）的概念首次得到了描述。自我，这个作为有组织的经验和有理性的计划的个人中心部分，受着原始冲动的无政府状态和藐视法律的集体精神的双重威胁。如果说康德把"头上的星辰"和"内心的道德法则"作为有道德的自由民的准绳，那么早期的弗洛伊德则是把他所担心的自我的位置放在他的内心的本我与环绕着他的群氓之间。

为了保护封闭的个人的不稳定道德，弗洛伊德在自我的内部创设了超我（superego）。此处，最初强调的也是加之于自我的外部负担。如弗洛伊德所指出的，超我是自我必须承受的一切限制的内化作用。它以有决定性的影响强加给儿童，首先是父母的影响，后来则是职业教育者，以及构成"社会环境"和"公共舆论"的"模糊的同龄群众"的影响。①

为这类强大的非难所包围，儿童原来天真的自爱状态据说有所妥协。他寻求可以衡量自己的模式，设法模仿这些模式以寻求愉快。凡是获得成功之处，他就获得了自尊，对于他的原初自恋和全能感而言，这并不是一种太令人满意的摹本。

这些早期的概念模式不断地决定着临床精神分析的讨论趋势和实践目标，虽然我们的研究焦点已转移到种种发生学问题，包括验证社会组织在个人发展中的建设性需要的观察。根据对自我在其他杂乱群众中消失的研究，我们必须转向幼稚的自我在社会生活中的根源问题。我们并不想强调社会组织的压力如何轻易地否定儿童，而是希望弄清社会秩序最初如何不让婴儿保持自己的活力，以特殊的方式支配自己的需要，并授予儿童一种特殊的文化方式。我们不想采纳像俄狄浦斯三位一体这样的本能"与件"（givens）作为人的不合理行为的最精简的图式，而是要不断探索各种社会形式在其中共同决定着家庭结构的方式。因为弗洛伊德在临死时曾说过："……在超我中正在发生作用的，不仅是这些父母的个人品质，也是对他们自己产生决定性影响的一切事物，他们生活于其中的社会阶级的色调和

---

① S. 弗洛伊德：《论自恋：导言》（*On Narcissism: An Introduction*），1914 年标准版，卷 14，伦敦，霍格思出版社，1957 年，第 73—102 页。

标准，以及他们所属民族的特性和传统。"①

· 2 ·

弗洛伊德已经表明性欲始于诞生之时，他也给了我们用以证明社会生活始于每个个体开始之时的工具。

这些工具可用来研究所谓的原始部族，在那里儿童训练似乎已被结合于一个明确的经济体系和一个小型的、静态的社会原型调查表之中。这类群体中的儿童训练所用的方法是，将群体中组织经验的基本方式或我们可以称之为集体同一性的东西，传递给婴儿的各种早期身体体验，通过它们再传递到他的初期自我。

首先让我们简要地引证 H. S. 麦奇尔（H. S. Mekeel）和我在 1938 年所做的人类学观察。② 我们描写了美国苏族印第安人的一个氏族如何进行再教育。苏族人猎野牛者的历史同一性与他的再教育者即美国行政机构雇员的职业和阶级同一性保持着对立。我们指出了这些集体的同一性基于地理历史观点的极端差异（集体的自我时空）以及经济目标和手段的根本差异（集体的生活计划）。

在苏族印第安人的同一性残余中，前历史的过去是一个强有力的心理社会现实，这个被征服的部族从来没有停止过他们的行动，仿佛受着一种生活计划所指引，这种计划包含着对现在的消极抵抗，而这种现在对过去经济上的同一性残余是无法重新整合的；还包含着一些梦想的恢复，梦想着未来可以回复到过去，时间又可以变成非历史的（ahistoric），猎场广阔无垠，水牛猎之不尽——可以再次过着无限离心的游猎生活。另一方面，他们的联邦教育者则鼓吹向心的和地方化目标的价值：家宅、火炉、银行往来账目——所有这一切在一项生活计划中获得了它们的意义。在这项生活计划中过去得到了克服，并为了未来的不断提高的生活水准而牺牲现在的全部满足。通向这个未来的道路，不是外部的恢复而是内部的

---

① S. 弗洛伊德：《精神分析大纲》（*An Outline of Psychoanalysis*）[1938]，纽约，W. W. 诺顿，1949 年，第 122、123 页。

② E. H. 埃里克森：《越过草原的猎人》（"Hunters Across the Prairie"），见《童年与社会》（*Childhood and Society*），纽约，W. W. 诺顿，1963 年，第 114—165 页。

改革。

作为一个集体的成员所经历的,或者作为两个集体的成员们所分享的或争辩的每一项经验,必须依其在这些并存的新计划的坐标上所占的地位而予以规定。在原始的计划中,人们与生产的资源和手段有着直接联系,他们的工具就是人的身体的延伸。这些集体中的儿童们参与技术的和魔法的追求。对他们来说,身体和环境、儿童期和文化都可能充满危险,但是他们整个都是一个世界。社会原型的调查表是小而静态的,在我们的世界里,机器远远超出人体的延伸,注定了整个人的组织要成为机器的延伸;魔术只起着中间环节的作用,儿童期变成了其本身带有民间传说的生命的一个分离部分。文明在扩展,加上它的分层作用和专门化作用,要求儿童们的自我模式以各种变动不居的、分地区的、矛盾的原型为基础。

印第安儿童在这两种计划的强迫下生活着,他们的期望往往受挫,他们的童心因而变得麻痹,当然也就不足为怪了。一个成长中的儿童必须从中获得一种有生命力的现实感,能意识到他掌握经验的个人方式,他的自我综合乃是集体同一性的一个成功变量,而且也符合集体同一性的时空和生命计划。举例来说,一个刚刚发现自己能够行走的儿童重复和完善他的行走动作,似乎不仅受着弗洛伊德所说的运动性情欲意义上的力比多快乐的驱使,或者是受着 I. 韩德里克(I. Hendrick)所说的工作原则意义上的支配性需要的推动;他还变得能意识到"一个能行走的人"的新的地位和发展状况,以及这件事的发生在他的文化生活计划的坐标中所具有的一切含义:能成为"一个迅速追逐逃跑猎物的人""一个能走得远的人""一个能站起来的人""一个可以走得很远的人"等等。成为"一个能行走的人"变成了在儿童发展中许多步骤之一。这种发展由于与身体的支配和文化的意义相符合,与功能的快乐和社会的承认相一致,因而有助于形成现实主义的自尊。这种自尊绝不是幼儿期的全能感的自我陶醉的扩展,而是逐渐生长的一种信念,认为自我能将有效的步骤整合而为一个有形的集体性未来,认为它正发展成在社会现实范围内一个组织得很好的自我。这一意义,我暂时性地称之为自我同一性。我们现在必须努力把由这一概念所包括的区域分隔开来,作为一种主观的体验和一个动力学事实,作为一种集体心理现象和一个临床研究的题目。

但是此处必须把个人同一性和自我同一性区别开来。具有一种个人同一性的意识感基于两种同时进行的观察：一个人对在时空中存在的自我一致性和连续性的知觉以及别人认识到一个人的一致性和连续性这一事实的知觉。而我所说的自我同一性，其所牵涉的不仅仅是存在的事实，而且是这种存在的自我品质。因此自我同一性就其主观性方面而言，乃是对于这一事实的觉知，即自我的进行综合的方法亦即一个人个性的风格存在着一致性和连续性；而且这种风格是与一个人在本社区内在意义上与其有密切关系的别人的一致性和连续性是相符合的。

· 3 ·

再来谈谈本我。虽说当弗洛伊德将物理能量概念应用于心理学之时，本我是极为重要的一个步骤，但作为一种进行类比的理论模式，**本能能量**根据它在一个封闭系统内传递、移置和改变固定的能量，已不足以帮助处理我们在历史和文化的背景中所观察的人的资料了。

我们必须发现社会意象与有机体力量的关系——这不仅意味着此处意象和力量如寻常所说那样是"彼此有关的"，而且集体同一性和自我同一性，社会的精神气质和自我的互相补充，提供了最大的潜能以供自我综合和社会组织的支配。为了研究这一点，我最初设法把根据临床观察所说的普遍存在于人的儿童期的创伤，与人类学家观察到的某一部落所采取的这类创伤形式进行比较。母亲乳房的丧失便属于这一类经验，这是苏族所有成员在儿童早期都"碰到"的一种"典型的"创伤体验，是哺乳的母亲对婴儿咬啮她一直慷慨提供的乳房所施的惩罚。① 据说儿童们对此反应一律是报以愤怒。部族的这种个体发生的"被逐出天堂"因此引起了一种"固结"（fixation），我们发现这种固结在苏族人的集体同一性和他们的个体发展中有着决定性关联。例如，苏族人在日光下跳舞，当这一宗教仪式进行到高潮时，男主角便以小棒猛戳自己的乳房，将小棒拴在绳索上，绳索又缚在一根柱子上，然后在一种特殊的半昏迷舞蹈中且跳且退，直到绳索绷

---

① 见《越过草原的猎人》；又见 E. H. 埃里克森：《苏族人教育的观察》（"Bhservation on Sioux Education"），《心理学杂志》，卷 7，1939 年，第 101—156 页。

紧，小棒撕裂乳房，鲜血沿着身体流下。我们在这种极端行为中发现了本能的和社会的双重意义。作为一个男子汉，他放弃了亲近母亲乳房的习惯，以此作为赎罪的代价，但是作为一个仪式的英雄人物，他也演出了一幕人所共有的悲剧。

具有同样意义的是，当一个尤罗克男人占有了妇女以后，便在蒸气浴室的火旁烘烤自己，一直要等到大汗淋漓，全身柔滑，然后挤过墙上一个小洞，跳入冰冷的河中。在以此获得新生之后，他就摆脱了妇女的危险束缚，纯洁和强壮得足以网住神圣的鲑鱼。此处也是用仪式的赎罪来恢复男性的自尊和内心的安全。另一方面，当尤罗克人完成了每年在河上筑起水堤的工程并获得足够供应整个冬季的鲑鱼以后，便沉溺于杂乱的性交以体验极端放纵后的高度松弛。一年一度地以此换取报偿。在这些仪式或动作中，我们看到了"本我"和"超我"处于矛盾的境地，正如我们在"私下的仪式"中所认出的那样，在我们的病人中也表现出冲动的和被迫的症状对立。

但如果我们要明确这两种戏剧化的极端行为之间的相对平衡状态，如果我们要问一个印第安人仅在一年周期内的日常杂务上有些什么特征，我们的描述就缺少一个适当的参照框架了。我们总是在这样的事实中寻找微小暗示，即一个人在任何时间和地点，总在情绪的和观念的瞬息万变中显示出一种永恒存在的冲突，从一种明显低的心境，通过弗洛伊德称之为某种"居间"（in-between）的阶段上升到一种健康心境的变化而表现出来。但是这种居间阶段在动力学上是否不那么重要，以至于只消指出其否定方面，只需说明在当时清楚显示出来的既不是狂躁也不是抑郁的倾向，说明在自我战场上存在着暂时休战，说明超我宣告暂时停火和本我同意停战，便能算是对它加以界说了呢？

· 4 ·

由于评估战争中士气的需要，对于确定种种"精神状态"之间的相对平衡的必要性便变得迫切了。我曾经有机会对人的努力的这种极端环境之一进行了少量的观察，这就是潜水艇生活。①

---

① E. H. 埃里克森：《论潜水艇心理学》（"On Submarian Psychology"），写给信息协调者国家士气委员会，1940年，未出版。

在潜水艇里，水手们的情绪可塑性和社会机智受到高度的考验。一个自愿到潜水艇上服役的年轻成人，他的英雄抱负和阴茎—运动期的幻想，总的说来，还没有在琐碎事务中，在他的海上日常体验的狭小空间中，以及在行动中要求他的相对盲、聋、哑的角色中得到证实。在长期极端艰苦的条件下，水手们的高度相互依赖性以及为了舒适和对生命的相互负责，很快就将原先的幻想压制下去。水手们和船长建立了一种不是由行政规定所单独支配的依赖关系，出于惊人的机智和天生的智慧，一切都被默默地安排妥帖。对于要随时调节的机器和人性的整个潜入水下的有机体，船长就变成了集体的感觉系统、大脑和良心，全体水手们也开动了他们的补充机制（如对食物的集体分配），以致他们能够忍受单调的生活并处于随时待命的状态中。对极端环境的这种自动的相互适应，最初似乎在"精神分析的意义上"明显地退化到原始的部族生活，可以追溯到一种口唇期呆滞。在精神病学讨论中，事实上，对仅仅类比的证据往往也持怀疑态度——如整个单位，水手们和职业集体主要为潜伏的同性恋或精神病态倾向所驱动，而被怀疑有明显同性恋倾向的个别人确实有时也被全体水手报以最大的嘲笑和虐待。但是我们如果再问人们为什么选择这样一种生活，为什么他们不顾难以置信的单调和有时竟是梦魇般的危险而紧紧依恋这种生活，而且归根到底，为什么他们的行为很健康，精神振奋，有时还表现出英雄主义，我们还是得不到一个动力学上的满意答复。

潜水艇上的水手、劳动的印第安人以及成长中的小孩，都和所有的人一样，当他们在什么地方工作的时候，他们会一致地觉得他们正在应付什么。这种类似的"居间状态"是我们希望我们的儿童在长大时能保持的，也是我们希望我们的病人在其自我综合功能获得恢复时所能获得的。不论何时达到了这种状态，游戏就变得更富有创造性，身心就更为健康，性欲就更为自由，工作也就更有意义了。因此我们需要能够阐明自我综合和社会组织的相互补充的概念，在不断提升的层次上培育这些概念乃是社会和个人的一切治疗努力所追求的目标。

（二）自我病理学和历史变化

·1·

一个儿童有很多的机会，以或多或少的试验方式，对男性或女性的真人或虚构人物，对习惯、特质、职业或观念进行认同（自居，identification）。某些危机强迫他做出根本的选择，但是他生活于其中的历史时代，对于某些自居作用中的有效结合，仅提供了有限的有社会意义的模式，这些片断的用途，要视对它们有机体成熟阶段的需要，对自我的结合方式和对文化的要求同时迎合的方式而定。

许多儿童神经症或犯罪症状达到了铤而走险的强烈程度，可能是一种对刚萌芽的自我同一性的防卫，用来反抗粗暴的"指导"或惩罚，在观察者看来好像是一种特别强有力的赤裸裸的本能表现，往往只是拼命求取综合和升华的唯一可能方式。所以我们可以预料到，我们的年轻病人只对能帮助他们完成或重新安排已经形成的同一性的各种前提的治疗手段做出反应。治疗和指导可以设法以更合适的自居作用代替不合适的自居作用，但是同一性方式的最初方向却保持不变。

我在此处想到了一个德国前士兵，他因为不能接受纳粹主义或者不能为纳粹主义所接受而移居美国。他的小儿子在来到美国以前还来不及吸收纳粹教义。他和美国其他大多数儿童一样，像鸭子游水般地变得美国化了。但是渐渐地，他发展了一种对一切权威的神经症般的反抗。他所谈到的"年轻一代"以及他如何谈起他们，显然来自他以前从未读过的纳粹著作。而他的行为也表现为一个无意识的希特勒男青年式的反抗。初步的精神分析表明，这个男孩对希特勒青年的仿同，其实是对他的父亲这个侵略者的自居。

正在这个时候，这个男孩的父母决定把他送进一所军事学校。我本以为他会强烈地反抗，相反，当他接过一套军服，并获得将来会有金钱、金星和军衔的许诺时，他的身上起了显著的变化。仿佛这些军事象征在他的内心组织中引起了一种突然的和决定性的变化。这个男孩现在就是一个外表带有美国原型的无意识的希特勒青年，也就是一个军事学校的男孩了。

而仅仅作为公民的父亲，现在既无危险也不重要了。

然而也就是这同一个父亲、类似父亲者有时以潜意识的**姿势**①（特别是在谈到第一次世界大战的军事业绩时）帮助这个男孩建立了军事原型，这个原型是许多欧洲人集体同一性的一部分，而对于德国人来说，少数全德意志的和高度职业化的同一性更具有特别意义。作为许多部分自居作用（part-identification）的历史焦点，军事同一性甚至在因政治发展而有欠完美的那些人身上，仍然继续无意识地起着支配作用。②

导致儿童采纳历史的或真实的人作为善恶原型的更为精致的方法，包括诸如情感、自豪、愤怒、罪疚、焦虑以及性紧张在内的情绪上的细微表露。正是这些情绪本身，而不仅仅是所用的字眼，所欲表达的意义或者所包含的哲学，为人类儿童传送了在其世界中有真正价值的东西的轮廓，也就是传送了他的集体时空和他的生命计划前景的一些变量。同样难以捉摸的是包括家庭在内的轻微的社会经济的和文化的惊恐，引起整个人退化到幼稚的赎偿和返回到更为原始的道德法规。当这一类惊恐在时间上和动力性质上符合儿童的心理性欲危机时，它们在症状的"选择"上便起了重大的作用。因为每一种神经症都同时反映了共同的惊恐、孤立的焦虑和躯体的紧张。但是如例子中所引证的，这也意味着一个症状可以把个人的倒退与历史的退化结合起来，在我们这个有罪疚感的文化中，作为一种后果，不仅产生个人倒退到早期的罪疚感情的赎罪，而且倒退到了较早历史的内容和形式以及较严厉的行为原则。凡是一个集体的社会经济地位处于危险之中，内在的道德法规就变得更为严厉，更富有魔力，更为专断和不可容

---

① E. H. 埃里克森：《希特勒的意象与德国青少年》（"Hilter's Imagery and German Youth"），《精神病学》，卷 5，1942 年，第 475—493 页。

② B. 贝特尔海姆：《极端情况中的个人和群众行为》（"Individual and Mass Behavior in Extreme Situations"），《变态和社会心理学杂志》，卷 38，1943 年，第 417—452 页。他在文中描述了自己在一所初期德国集中营中的经历。他报道了一些囚徒作为反法西斯分子，放弃了他们的同一性的各种步骤和外部表现（如姿势和衣着上的做作）而支持折磨者的同一性。他本人千方百计坚持依附历史上的犹太人同一性，从而保存了生命和健全的心智，即以不可置信的精神和理智的优越性战胜了物质上优越的外部世界。他用他的折磨者们作为一项未明言的研究计划的题材，并把这个计划安全地送到了自由通讯的世界。

忍，好像外界的危险必须被当作内部危险看待似的。在临床上应当认为重要的是，我们的病人坚持描述的他们自己的童年环境，往往是少数选择出来的时期的凝缩。在这些时期中，很多同时发生的变化产生了一种易于惊慌的气氛，"满载"着种种带有冲突的感情。

在一个经历了一系列暴力攻击和他人突然死亡之后而产生惊厥的5岁男孩的病案中，男孩关于暴力这个观念是从他有问题的家族史中获得的。他的父亲是一个东欧犹太人，在5岁的时候被其温顺的祖父母带到纽约东区，为了在那里活下去，父亲只能在自己的早年同一性上加入作为首先遭到打击的人的一些成分。他在这个小病人刚萌芽的同一性中便灌输进去了这种意象，还为此花费了很多心血。病人的父亲在取得了相当的经济成功以后，便在美国的一个小城镇主街上开了一个百货店并迁入一个居民区居住，在那里他必须改变最初那种坚强不屈的要求，转而软硬兼施地设法要给自己那趾高气扬和爱好询问的孩子输入这种印象，即一个百货商店的孩子必须有礼貌地对待非犹太人。这一种对同一性成分的再评价发生在这个男孩的阴茎—运动期，正是他需要明确的指导和新的表达机会的时期——恰巧是他父亲作为移民牺牲品的同一年龄。家庭的惊慌（"让我们温和待人否则将无立足之地"）、个人的焦虑（当我靠坚强才感到安全时怎么能温和呢）、从父亲的攻击转移向团体外的俄狄浦斯情结问题，加上因漫无目标的愤怒所引起的躯体紧张——所有这一切，彼此之间各有其特殊性，所引起的乃是短路现象，而不是应当同时支配有机体、环境、自我同时变化的互相调节，他的癫痫反应于是就变得明显了。①

·2·

我现在将转而描述在治疗成人时碰到的移情和抵抗中历史原型的再现方式。下面的摘录证明了幼儿期的同一性危机与病人的成人生命周期的关系。

一个相当好看但身体特别娇小的舞蹈家，表现出一种苦恼的症状，她必须保持躯干僵直，致使舞蹈变得笨拙难看。分析证明，她的癔症性僵直

---

① 这个个案史在《童年与社会》的第25—38页有更详细的描述。

代表一种潜意识阴茎妒忌（penisenvy），它在儿童期即被引起而且变成了她的裸露癖的内在部分。病人是一个第二代德美混血儿的独女，她的父亲是一个成功的商人，具有某种裸露癖，并对自己的健强体格感到自豪。他坚持要他的白肤金发碧眼的儿子们保持笔挺的姿势（也许已不再意识到他们是普鲁士人了），但对于这位黑发的女儿却不做同样的要求。实际上，他似乎并未考虑到女性身体的整个姿势的重要性。这种不平等的对待加强了病人与她的兄弟们竞争的愿望，并在舞蹈中表现出一种"改进了的"姿势，结果变成了对她从未看见过的普鲁士祖先们姿势的滑稽模仿。

这样一种症状的历史意义，从对用于防御的抵抗的分析可以看得出来。病人在她的意识和"积极的"思想中，常常将父亲和分析者的高大的、"北欧日耳曼民族的"体格等量齐观。使她大为沮丧的是，她发现梦想中的分析者竟然是一个矮小的、不洁的、弯腰驼背的犹太人。怀着这种劣等民族和缺乏男子气概的意象，她显然认为分析者不够资格来探索她的症状的秘密。但它也显示出了她那脆弱的自我同一性的危险，即把历史的原型——一个理想的原型（德国人，高大、具有生殖力象征）和一个丑恶的原型（犹太人，侏儒般的、被阉割的）形成了不相称的一对。病人的最后自我同一性是企图将这种危险的抉择归纳于或升华于彻底现代的笔挺的舞蹈者的角色之中——一种富于创造性的解决方式，但仍然包藏着一个裸露癖者对女性身体低劣的相当大的抗议。她的父亲的男性裸露癖，以及他的德国人的偏见，已经通过儿童期的感觉证明反映灌输到病人的心中，从而作为有一定危险程度的干扰而保存在她的潜意识中了。

我认为，这样一种分析有助于我们做出如下的概括，即潜意识的邪恶同一性，亦即自我最害怕去模仿的东西，往往是由被玷污的（被阉割的）身体、本种族集团外的人和被剥削的少数民族的意象所组成。虽然它本身表现出种种症状群，这种联结仍遍及男人和女人、多数民族和少数民族，以及某一民族的和文化的所有阶级。至于自我，在其所做的综合努力过程中，则企图将最有力的理想和有害的原型（仿佛是最后的竞争者），连同整个存在着的有关优势和卑劣、好和坏、男性和女性、自由和奴役、胜任和无能、美丽和丑陋、白色和黑色、高大和矮小等意象归纳为一个简单的抉择，以便在许多令人迷惑的小战役中制定一次大战或战略。在这一方面，那种更为与过去同源的潜伏意象在特殊的抵抗中产生了它的反动影响。我们必须对此加以研究，以便对病人的自我正在搜寻的特别选择物的历史根源有所理解。

我可以补充说，善和恶的种族集团原型与道德和性的原型的联合是任何集体形成不可或缺的部分。在研究它们的时候，精神分析完善了它的方法，同时对伴随而生的潜意识集体偏见也加深了理解。但是在我们病人的理想的和罪恶的原型调查表上，我们也许会面临着荣格根据其遗传的原型（原始意象）而获得的一些临床事实。

荣格引起争论的理论顺便提醒了我们一个基本事实，即概念性争论有助于弄清有关观察者的同一性问题，特别是原始观察的一些最初阶段中的问题。荣格在精神分析中所发现的同一感，似乎只是将他的祖先宗教的和神话的时空与他在弗洛伊德的犹太祖先中所感到的任何事物加以并列。因此他的科学背叛也导致了某种意识形态的倒退，并且最终达到了（难以否认的）反动的政治行动。这种现象在精神分析运动内部对他的发现也有其对立的反应，仿佛害怕危及基于对弗洛伊德个人伟大的自居作用而形成的一种共同同一性。精神分析观察者们选择了不仅不理会荣格的过分之处，而且对他确实观察到的普遍性事实也不予理睬。

诸如"阿尼玛"（anima）和"阿尼姆斯"（animus），即一个男人的女性"方面"和一个女人的男性"方面"的意象，在我的女病人中对"男子气概"和"女子气质"的滑稽模仿中，以及在她的更为纯真的意象中，无论如何似乎是难以否认的。自我的综合功能乃是持续不断地归纳越来越少的意象，并将一切幼稚的自居作用的断片和松懈目的构成人格化的完形。在这样做时，它不仅动用了现存的历史原型，而且也应用了可表现集体意象产物特性的凝缩作用和图像表示的机制。在荣格的"人格面具"（persona）中，一个微弱的自我似乎是卖给了一个具有胁迫性的社会原型。一个伪造的自我同一性建立了起来，对于危及"门面"的那些体验和功能，以压制代替了综合。例如一个居支配地位的男子气概原型，可以强迫一个男人排除他的自我同一性中一切可以表现不明显性别即阉割特性的邪恶意象。这可能在很大程度上使他对接纳性和母性倾向假装不见，不能发展或充满罪疚，把剩余下来的东西构成一个适合男子气的外壳。

· 3 ·

治疗的和改良主义的努力证实这样一个令人沮丧的真理：在任何基于压制、排斥和剥削的制度中，被压制者、被排斥者和被剥削者都在潜意识中接受了支配者们强使他们所代表的邪恶意象。

我的一个病人，是对北方农业有影响力的大农场主。除了他的妻子，无人知道他出生于一个大城市的犹太人家庭，并且是在一个犹太人社区长大的。他的生活表面上是愉快的、成功的，实际上却被一张强迫和恐怖之网弄得很不舒服。据分析，这些强迫和恐怖乃是由于他在西部峡谷中自由活动时，他成长于其中的街道阴影在他身上的强行再现所引起的。他的朋友和敌手，比他年龄大的以及地位和才能比他低下的，都不知不觉地扮演了德意志男孩和爱尔兰团伙的角色，他们使这个犹太小男孩在每天上学的路上变得非常可怜，他必须从一条僻静而整洁的犹太人街道穿过，承受从住房内投来的目光和团伙的挑衅，直到进入民主课堂这一暂时的避难所。对这个男人的分析使我们对这一事实得出一个令人沮丧的解说，即这位名叫斯特里彻（J. Streicher）的邪恶的犹太人同一性并不比许多犹太人所怀有的同一性要差，他们怀着自相矛盾的结果——也许仍然设法在某个区域住下去，在这里，考虑到他的现状，他的过去已相对不重要了。

上面提到的病人真诚地觉得，犹太人的唯一救星可能是一位整形外科医生。在这类病态自我同一性病案中的身体自我中，被设想为民族特征化中最为重要性的那些部分（在这个病案中是鼻子，在跳舞者的病案中是脊骨），其作用类似于废肢之于跛子和阴茎之于一般的神经症患者。有关的身体部分有一种不同的自我紧张，有时感到太大太重，有时感到太小甚至脱离了身体，在这两种情况下都感到了与整个身体相分离，似乎在支配着别人的注意力。在病态同一性和跛子的情况下，都会产生这样的梦：梦者在梦中笨拙地设法掩藏痛苦地被人注意到的身体部分，或者梦见这一部分偶然地失掉了。

因此所谓个人的自我时空保持着他的儿童时代周围的社会地志学以及他的身体的意象。要研究两者，重要的是要把病人的儿童期历史与他的家庭在东南部或西北方形成原型地区的长久居住史联系起来，因为这些地区

第二章 观察的基本原则

已逐渐被吸收为盎格鲁-撒克逊文化同一性的美国人变体。他的家庭迁居的来源、经过和定居的区域，在不同的时期可能代表着发展中的美国人性格的极端久居的或极端迁居的两极；有着阶级含义的家庭宗教的皈依或改变；希望阶层标准化的夭折、丧失或放弃；特别是个人或家庭在何时何地所做的一切这部分，都为文化同一性提供了最后的坚实感。

有一位患强迫症的病人，他去世的祖父是一个商人，在一个东方大城市的商业区建造了一座大厦。他在遗嘱中提出的要求是，尽管大厦周围的摩天大楼和公寓日益增多，大厦应矗立不变并仍然成为家庭的城堡。大厦变成了保守主义的不祥象征，向世界宣称某人的东西既不需要迁动也无须出卖，既不扩大也不升高。现代旅行的便利设施只是在该大厦与其附加部分（俱乐部、避暑小屋和全日制学校、哈佛大学等）之间的舒适的孤立小径且被接受。祖父的画像仍然悬挂在火炉之上，一个灯泡永远照耀着那有力而得意的玫瑰色双颊。他在事业上的"个人主义的"方式，以及他那几乎操纵着他的子孙命运的原始力量是众人皆知的，然而无人提出疑问，相反，却被一种尊敬、谨慎和节俭的敏感性表现所补偿。这类人的孙辈也知道，为了要发现他们自己的同一性，必须逃出这座大厦，加入吞没了周围邻里的那些拼命奋斗的人群。有些人这么做了，而且获得了成功；其他的则死守着这座大厦，把它作为一个内化了的模型，一个基本的自我空间，决定着他们的自豪和痛苦撤退的防御机制，以及他们的强迫性和性感缺失的症状。他们的精神分析时间拖得特别长，部分是因为分析者的四壁变成了新的大厦，而分析者的沉思默想和理论上的探讨变成了大厦的仪式上孤立的新版。然而，病人有礼貌的、"积极的"移情，在分析者看来的沉默似乎很像受拘束的父亲而不是冷酷的祖父时，终于告一结束。父亲的意象以及随之而来的移情似乎出现了分裂。现在的软弱而温和的父亲意象从俄狄浦斯情结的父亲意象中分离了出来，后一意象是融合着强有力祖父的意象的。当分析接近这双重意象时，幻想明白显示出祖父对病人真正自我同一性的极端重要性。这些幻想显示出强烈的权力感和优越的暴怒，这种优越性使得这些明显受到压抑的人们除了依据预先安排好了的优越特权外，很难进入经济竞争。这些一度位居最高层的人物，加入了美国生活中真正被剥夺了继承权的最下层人物的队伍。从他们所处的地位来看，除非他们具有一切从头开始的精力,否则便无法进行竞争。不然他们就会拒绝治愈,因为它包含着一种自我同一性的变化,一种依据变化了的经济史的自我重新综合。

要打破这种深刻的回避现实的唯一途径,就是要使他认真注意到一些记忆,表明儿童把祖父真正体验为一个朴实而温暖的人,他完成他的公众角色不是靠某种原始权力的力量,而是由于历史有利于发展他的才能。

· 4 ·

仔细想一想一个其祖父来到西部的男孩,"那里很少听见一句令人沮丧的话"。这位祖父是一个强健的而且干劲十足的人,要在相距甚远的地区不断寻求新的挑战性的工程任务。每逢遇到新的挑战,他就把任务交给别人又继续前进。他的妻子只有在偶然受孕时才能见上他一面。按照一种典型的家庭模式,他的儿子们赶不上他的步伐,只好在路旁留下来做一个受尊敬的定居者。要用适当的话来表达他们的生活方式的变化,人们一定会说,他们从"让我们跳出这地狱吧"这种口号式的生存转到表示"让我们留下——把坏种轰出去"这样的决心。不无典型地,这位祖父的独生女(病人的母亲)独独保留了对他的认同,然而正是这种自居作用,不允许她找到一个与她父亲同样坚强的丈夫。她嫁给一个软弱的人并定居了下来。她把孩子养育成为一个敬神的和勤劳的人。他变得有时粗心大意,变化无常,有时又感到沮丧;有时是一个发育太早的少年犯罪者,有时又是一个爱吃喝的酒精中毒状态的快活西方人。

他那烦恼的母亲并不知道自己在儿子的整个儿童期贬低那定居的父亲,诋毁他缺乏地理的或社会的灵活性,缺少实际的夫妻生活。为了使祖父的开拓形象理想化,她对男孩身上表现出的任何冒险的欢跃做出了带有恐惧的惩罚性反应,因为害怕干扰了现在界线分明、相处友好的四邻。

或者让我们再来考虑另一地区的一个问题。一个来自中西部的妇女,女性气很重又很敏感,通过拜访东区的一位亲戚找到了一位精神分析医生,请教一种普通的感情拘束感和一种无时不在的轻度焦虑。在一段探索性分析期间,她似乎毫不生气,几个星期以后,她偶然产生了一种突发的联想之流,全部是关于性和死亡的恐怖印象。这些记忆中的大部分不是来自潜意识深层，而是来自她的意识中的一个孤立角落。在那里所有这些令人害怕的事情随波逐流，有时冲垮了她老年期的上中层环境的有条不紊的真实性。这个生命中断的孤立类似于任何地方发现的强迫性神经症患者的孤立现象。在这个病案中，它已成为生活认可方式的一部分，即一种社会的精神气质。它在我们的这个病人身上，只有当一个欧洲人向她求爱，并努力设想过一种世界性气氛的生活时才感到过真正的不自在。她感到被吸引但同时极力抑制自己，她的想象力很丰富但为焦虑所约束。这种矛盾反映到她的肠部，表现为时而便秘，时而腹泻。从她那儿得到的最后一个印象是，在有关性的或社会的问题上，总的说来，她的想象是抑制的而不是基本枯竭的。

病人所做的梦还能显示出一种未开发的、自由的、隐蔽着的来源，在她的自由联想似乎仍感到痛苦而如死水一潭时，她的睡梦生活都以一种几乎是自主的方式表现得幽默而富有想象力。她梦见自己穿着一身火红色衣服走进一座安静的教堂，跻身于会众之中，梦见用石头打穿了高雅的窗户，但是最生动的是梦见回到了南北战争年代——而且是站在南部联邦一边。最高潮处是她梦见自己坐在一间巨大的跳舞场中的被低隔板所隔开的抽水马桶上面，她向穿着讲究的一些南部联邦官员夫妇以及伴着铜管乐器声音在她的周围旋转的南方贵妇人们挥手示意。

这些梦帮助她发掘并照亮了其童年的一个孤立部分，那就是她的祖父给予她的无比温暖。他是一个南方联邦的老兵，有着一个神话般的过去，但由于拘泥于种种形式，祖父家长式的男子气概和温柔的感情已经由儿童的饥饿感觉所体验，并被证明她那正在搜寻的自我，比她的父母所允诺的标准化的成功更能给予直接的保证。随着祖父的去世，病人的感情也消逝殆尽，因为这种感情是中断了的自我同一性形成的一部分，在感情的形式上或在社会的报偿上再也吸收不到营养了。

对于这个具有一种突出的南方贵妇人同一性成分（一种渗透到不止一个阶级或民族的同一性）的妇女的精神治疗，由于特殊的抵抗而变得更为复杂化了。可以肯定，我们的病人一般是被逐出的南方人，她们的贵妇人气派是一种防御，几乎可以说是一种症状。她们希望对治疗的愿望受着三种想法的限制。这三种限制都和南方文化的特殊规定联系着，将贵妇人原型加于小女孩身上，用以维护等级制度和种族的同一性。

第一，存在着一种假性类偏狂（pseudoparanoid）的猜疑，以为生命不过是一连串决定性考验，其中恶毒的搬弄是非者企图把细小的弱点和缺点加起来，不使南方妇人做出不可避免的最后判断——即成为或不成为一个贵妇人。第二，存在着一种普遍的信仰，认为男人如果不被一种默认的双重标准的形式所约束，即允许在顾全妻子的体面的同时可以有少数黑人性对象，他们就会表明不顾绅士体统，至少要设法诽谤妻子的名声，说她不配有社会地位优越的丈夫，也不能指望她的孩子们能与上流社会联姻。但是还存在着另一种有同样矛盾的含义，即任何男人遇见性征服的机会时，如果仍不抛掉绅士的外貌，他只是一个应当受到冷酷挑衅的弱者。因为通常的罪疚感和自卑感，全部存在于一个生命计划的坐标范围内，一方面受着有意识地想要获得高级社会地位这一愿望的支配，另一方面又由于其矛盾对立面的影响而变成病态，即私下希望能有一个男人在狂热中解决她要成为贵妇人的需要。在这一切当中，基本上想象不出生命中还有任何男人和女人的标准和言语，可以在其中完全符合一致而可以超越于某种原始的对抗性之上。不用说，这种潜意识的标准在真诚而开明的妇女心中引起激烈的痛苦，但是只有将这些内化的原始意象用言语表达出来，同时分析病人将自己有关男子的全部矛盾意象对分析者的移情，精神分析才可能进行。

当然，前来要求精神分析的，主要是不能忍受支配着今日美国方式的各种选择、对比和极化之间紧张状态的那些人：今日的美国方式乃是不断地需要人们保持着试验状态以便能自由地获得更大更好的机会。病人们则在移情和抵抗中，重复着自己童年决定性阶段期间求取民族、地区和阶级各种同一性的迅速变化和强烈对比的残余一致性的失败了的尝试。分析者已被纳入病人的潜意识生命计划中，他被理想化了，特别是如果他是一个欧洲人，就要被用来与具有类似特质的祖先相比较，不然他就可能遇到病人的抵抗，被当作具有潜在成功的美国同一性的聪明的敌人。

然而病人们能够获得勇气去面对美国生活的不连续性及其为争取经济和文化同一性而产生的两极分化，而且不把这些现象作为强加的敌对现实，而是把它们作为达到更为普遍的人类同一性的潜在可能性。但我们已经看到，如果个人在其童年基本上缺乏感官刺激，或者他在自由利用各种机会时受到了"制度"的阻碍，这方面还是受到限制的。

· 5 ·

在对战争结束以前就作为精神神经病患者从武装部队退役的老兵进行诊断时，我们对于部分失去自我综合的复发症状变得日益熟悉了。这些人中有许多确实已退化到了"没学好的功能阶段"。① 他们的自我疆界已表现不出震荡减退的轮廓。任何突然出现或强烈的事物、外界猛然发生的感觉印象、一阵冲动或某种记忆都可引起焦虑和愤怒。一种经常保持"警觉"的感觉系统可因外界刺激和某些躯体感觉，如突然发热、心脏悸动或剧烈头痛而发作起来。失眠症使夜间由睡眠而获得的感觉恢复，和由做梦而获得的情绪重新连续。记忆缺失、神经病、谎言、精神模糊都表明了时间连续和空间定向的部分丧失。可以明确规定的"和平时期神经病"的一些症状的残余只剩下一些片断的虚假的性质，好像自我甚至完成不了一种有组织的神经症了。在某些病例中，这些自我的损伤似乎来源于猛烈的事件，其他又似乎由无数烦恼慢慢折磨而成。很明显，这些人都是由于变化太多和一下陷入多方面而搞得精疲力竭的，总是表现出躯体的紧张、社会的恐慌和自我的焦虑。总之，这些人觉得"再也认不出自己是谁了"。这是自我同一性的明显丧失，一致感和连续感以及对一个人的社会角色的信任统统丧失掉了。在临床观察这一领域中，我首先发现不可避免地要对一种同一感的主要丧失做出假定并立即做出解释。

在武装部队中，接受任务者和高度机械化单位的人员的同一感提高得最快。这些人的同一性在服役期间非常紧张，到了退役之后却垮了下来。这似乎表明战争激发的野心勃勃的自我意象，超过了和平时期同一性阶段所能提供的受到更多限制的自我意象，然而部队生活本身的约束和纪律对其他许多人提供的理想原型却很少。只要个人能够保持某种深思熟虑的试验性成分，只要他深信自己能达到下一步，而且不管他何去

---

① 《"文明的"性道德与现代神经质》（"'Civilized' Sexual Morality and Modern Nervousness"），1908，见《论文集》，卷 2，伦敦，霍格思出版社，1948 年，第 76—99 页。

何从，他总有机会离开或转到相反的方向，美国的集体同一性总是支持一种个人的自我同一性的。在美国，移居者并不希望被告知迁居，定居者也不想有人指定他定居何处，因为每一种生活方式都包含着自身的对应成分，作为他所希望的私下考虑和个人决策的抉择。然而对于少数士兵来说，军队同一性代表着懒汉的可鄙原型，别人在奋力寻求自己的机会和追求女伴，这种人却让自己走上邪路或陷入泥潭。但是在美国，懒汉还意味着一个社会的和性的阉割。如果你是一个懒汉，就连你母亲也不屑对你表示怜悯。

在精神神经症老兵的混乱的滔滔不绝的讲话中，常常出现记忆和期望，将他们作为士兵和男人的失败归咎于客观情况，从而帮助他们否认自己有个人自卑感。他们的自我同一性分裂成为身体的、性欲的、社会的、职业的各部分，而每一部分又必须重新克服本身的邪恶原型所带来的危险。他们受伤的自我力求避免诸如啼哭的婴儿、悲伤的女性、屈从的苦力、性欲上的女人气、经济上的寄生虫、智力低下者等意象——所有这些原型只是意味着能够使这些人在不同程度的烦躁和冷漠之后产生更接近于杀人和自杀的暴怒。他们不断企图把罪责归之于情况窘迫，有些人则给自己的童年历史涂上一层更加悲惨的性质，把自己表现为比临床所能证实的更为恶性的精神病态。而夸大的诊断一旦载入病历，只能加重责备和自责的恶性循环。若要康复工作变得有效而经济，只有使诊断调查集中于病人的动摇不定的生命计划，并将忠告针对着加强病人自我同一性所依据的各部分的重新综合。①

除了在战争中有几十万人丧失了而且仅仅逐渐地和部分地恢复了他们的自我同一性，再除了好几万人由于急性丧失了自我同一性而被错误地诊断为精神病态并予以治疗外，还有不计其数的人由于根本的历史变化而从内心体验到一种自我的创伤性损失的威胁。

然而这些人，他们的医生以及他们的同时代人，日益求助于精神分析精神病学的尖锐事实，本身就是一种要求严格评价的历史发展。就他们关

---

① 特殊的个案史，可见《一个海军陆战队士兵的战斗同一性》，见《童年与社会》，第38—47页。

心个人病历中的焦虑和疾病的意义而言，这些历史发展表现了对精神分析领悟的接受不断增加。然而，对于人的失败的痛苦的潜意识决定因素的这种部分接受，以及对于即使在病人似乎根本不是反省的和用言词表达的地方，对个人治疗的这种强调，也可以看成是在彻底改变着的历史决定因素下对于社会机制失败意识的一种广泛抵抗。

历史的变化已经达到了一种强制的普遍性和全球性的加速，被体验为对传统的美国同一性的一种威胁，它似乎动摇了人们一种深信不疑的看法：这个国家能够承担得起错误，这个国家在无穷的储备上、在计划的远景上、在行动的自由上以及进步的速度上，总是远远走在世界其余部分的前头，从而可以在无限的时空中发展、检验和完成它的社会实验。企图将隔绝的广阔性这种旧的意象与爆炸性的全球接近的新意象加以整合所产生的种种困难，使人深感焦虑不安，这些困难出现的特征首先便是将传统的方法应用于新的时空。

精神疗法的医生不考虑这种发展对于神经症症状所做的贡献，结果不仅容易忽视当代生命周期中的许多特殊动力学，而且也容易使个人精力偏离了手头的集体任务。要大规模减少精神不适，只能设想在诊断上对环境和个案，对未来出现的设计和对过去的回忆，对不稳定的表面和内心的抱怨都要给予同等的注意。

这方面值得注意的是，"自我"一词在美国的普遍用法与精神分析中同一名称的概念毫无联系；它普遍指的是无条件的，有时也指不正当的自尊。支撑（Bolstering）、揶揄、喧闹以及其他"自我夸张"行为当然也是美国社会习俗的一部分，它因此渗透到语言和姿势并进入一切人际关系中。缺少了它，美国的治疗关系就仍然是外国气派的和毫无特色的。至于为了使人们"感觉更为良好"，或者为了消除他们的焦虑和紧张，使他们更好地发挥作用，于是系统地利用民族的"支撑"做法，那就完全是另外一个问题了。

一个软弱的自我并不能从不断的支撑中获得根本的力量。一个坚强的自我从坚强的社会获得了它的同一性，根本不需要任何处心积虑的人为夸张，事实上也不受人为夸张的影响。它的倾向是检验感觉到的东西是否真实，使用的东西是否受其支配，证明为必要的东西是否有所了解，维持其生命所必需的东西是否可以享受，以及病态的东西是否可以克服。与此同时，它还趋向于在集体自我中创造一种与别人相互强化的牢固关系，并将本身的目的传递给下一代。

　　精神分析对这种发展所做的贡献，其有效性的唯一保证乃是其持续不已的人本主义意图，而不仅是病人对有限环境的适应，也不限于将临床经验应用于使人意识到为原始恐惧所包围的人类潜能的目的。不管怎样，精神分析的概念形成中也存在着历史的决定因素。此外，如果在人的动机领域中，同样名词的使用时间已过半世纪之久，它们便不能不反映出它们**最初年代的意识形态**，并吸收了**当代社会变化的内涵**。意识形态的内涵乃是利用有关自我、人的检验现实器官的概念工具的不可避免的历史方程式。

（三）自我理论和社会进步

·1·

　　弗洛伊德最初对人的自尊的来源说法如下：

　　（1）儿童所特有的自恋的残余，即儿童天然的自爱的残余。

　　（2）儿童用实现了自己理想而获得的感情证实了的这一类的幼稚全能感。

　　（3）对象力比多，即对别人的爱的满足。

　　但是，若要使健康的幼稚自恋的残余残存下来，则母亲环境必须创造一种爱，对它加以保持，能使儿童确信自己生活于其中的社会环境是良好的。据说与损人环境的侵蚀进行过猛烈搏斗的"天然的"自恋，事实上已为感觉的丰富性以及由同一环境所提供的对技能的促进而得到证实。另一方面，幼稚自恋的广泛的严重枯竭必须被认为是集体综合的崩溃，因为这种集体综合可以给予每一个新生儿和他的母亲环境以一种超个人地位，作为社会信任。后来这种自恋被吸收到更为成熟的自尊中，不管青年是否能指望有机会应用他在儿童期业已学到的东西，并从中获得一种连续的共同意义感，它仍然具有决定性意义。

　　如果经验能够进一步证实一部分健全的幼稚全能感，那么训练儿童不仅必须培养感觉方面的健康和不断增长的支配能力,而且要能提供有形的社会承认作为取得健康和支配的成果。因为自尊与儿童特有的全能感不同,后者是由佯装和成人欺骗支持着的,而对同一感起作用的自尊,则是以技能和社会技术的雏形为基础,它保证了游戏和熟练工作、自我理想和社会角色的逐渐一致,从而可望有一个明确的未来。

如果"对象力比多"有待满足,则有一种经济安全和情绪稳定的文化方式使性器恋和性欲高潮得到保证。因为只有这样的综合,才给予生殖力的充分的机能周期以统一的意义,包括了开始受孕、怀胎和育儿。迷恋可以汇集乱伦的儿童期的爱,成为一个存在的"对象";生殖活动可以帮助两个人互相利用,作为防止退化的固定点;但是相互的性爱则面向着未来的社会。它在生命任务中起着分工的作用,只有两个不同性别在一起才能完成这种生命任务,即在某种家庭制度的基本社会单位中的生产、生殖和再创造的综合。

如果情侣和配偶的自我同一性在某些主要方面可以互相补充,它就能在婚姻中有利于后代的自我发展。从这种联合同一性观点来看,对父亲或母亲恋爱的"乱伦的"依恋,正如某些精神病理学家所说,不能看作是必然的发展机制。相反的,这样一种选择乃是种族机制的一部分,因为它在一个人生长于其中的家庭和他所建立的家庭之间创造了一种连续性。因而它使传统得以永存,也就是说,使先前世代所学习的东西的总和得以永存。以社会为类比,则是在种的范围内,在配偶中保存了进化的成果。然而,对父母的神经症固结,对乱伦欲望僵化的内心防御,并不表明世代亲缘关系的本质性,只是意味着这种关系的失败。

然而如已经指出的,曾经以心理社会的进化、种族的整合以及民族或阶级的聚合而形成的许多适应机制,在普遍扩展着各种同一性的世界中处于杂乱无章的状态。如对自我同一性的教育,为了从不断变化的历史状况中吸取力量,要求有意识地从成人方面接受历史的多样性,并结合一种启发性的努力,为任何地方的儿童期提供一种有意义的连续性储备。

临床史如果避免了如"病人有一个飞扬跋扈的母亲"这样的定型,则有助于研究具有历史决定因素而且其本身获得了习惯含义的那些定型。精神分析思维不仅可提供新方法来研究儿童，而且可以研究一些自发的方式，其中现代社会的某些部分，在广大的不断变化的工业技术情况下，正努力从儿童训练和社会发展中建立一种行之有效的连续性。因为凡是希望获得治愈和指导的人，都必须对同一性形成的自发趋势有所了解，并加以综合化和应用。

·2·

精神分析学家在研究他的对象时（安娜·弗洛伊德也是这样指出的），必须保持一个与本我、自我和超我等距离的观察点——从而他可以觉察到它们在功能上的相互依赖性，因而，当他在心灵的一部分中观察到一种变化时就不至于忽视其他部分的变化了。① 此处要加以概念化的，乃是一个人对包括所有各时代的人在内的反映在人的内心中一些广大过程的区域化。

所以在结论中，我们可以对自我的任务（或许就是自我）再加以简明陈述，承认它是三种不可或缺的永无休止的过程之一，人的存在就是依靠着它才变得并保持着时间上的连续性并组成形式的。它们之中的第一种过程——之所以说第一，是因为它在弗洛伊德的研究中，最初就是从生物学和生理学的方式过渡到心理学的——是**生物学过程**，有机体就是凭借这种过程成为度过其生命周期的一种有层次、有组织的器官系统。第二种是**社会过程**，有机体依靠这种过程在地理上、历史上、文化上各自限定的集体中组织起来。而第三种，所谓"**自我过程**"就是这样一种组织原则，个人依赖着它，在自我体验和自己对别人的现实性两方面，保持着自己作为一个具有一致性和连续性的一贯人格。

这些过程依次受到了集中于社会的、生物的或心理的各不相同原则的研究，非常明显的是，生存的"生理学"，即一切部分的不可分割的相互作用，是受着使每一过程依赖其他过程的**相对性**的支配的。这意味着在一个过程中观察到的任何变化都将引起其他过程中的变化，并受其影响。确实，这些过程的每一种都各有其自身的警报信号：痛苦、焦虑和惊恐，它

---

① A. 弗洛伊德：《自我与防御机制》（*Ego and the Mechanism of Defence*），1936，纽约，国际大学出版社，1946年。

们警告着有机体的功能失调,自我支配的受损以及丧失集体同一性的危险,但是每一种信号对所有过程都有着威胁性。

在精神病理学中,我们观察并研究了这些过程之一的明显自主性,它是由于丧失了适当调节和一般平衡而接受了不适当的强调所产生的。因此精神分析似乎可以孤立地首先研究人受本我的奴役,即研究本能性发生了紊乱的受挫有机体对于自我和社会的过分要求。其次,研究的焦点转向人受到仿佛是自主性自我(和超我)所施加的奴役——这是一些防御机制,为了"包括"一种紊乱了的力比多组织,却使自我的体验和计划的力量变得枯竭了。精神分析为了完成它关于神经症的基本研究,或许还要更明确地研究人受历史条件的奴役,这些历史条件要求惯例的自主性,并利用它内心的原始机制来否定他的身体的活力和自我的力量。①

精神分析治疗的目的本身已被规定为同时增加本我的灵活性(即增加本能驱力对于满足和必要拖延、顿挫的机会的适应性),增加超我的宽容(即谴责特殊的行动而不谴责整个行动者),以及增加自我的综合能力。②

对于最后一点我还要提出的是,对于自我的分析还应包括个人的自我同一性与支配着他的儿童期、青年危机以及成熟适应在内的历史变化之间的关系。因为个人对于自己的神经症的支配,始于他被放置在一个能够接受使他成为什么样人的历史必然性的地位。个人在他能够选择认同自己的自我同一性之时,在他学会利用被给予的东西去做必须要做的事情之时,他才感到自由。只有这样,他才能从自己的唯一生命周期与人类历史某一时刻片断的巧合中,为了自己一代和下一代获得自我的力量。

---

① 这个基本计划建立于弗洛伊德刊行的《"文明的"性道德与现代神经质》(1908),并习惯地引他自己生活中自身存在的文化的和社会经济的坐标作为参考。
② H. 纽伯格:《自我的综合功能》("The Synthetic Function of Ego"),见《精神分析的理论与实践》(*Practice and Theory of Psychoanalysis*),纽约,国际大学出版社,1955 年,第 120—136 页。

二、关于极权主义

在讨论极权主义的历史现象时，精神分析学者可能问及何种潜意识动机将有助于极权主义方法的发明、传授和广泛使用？更具体地说，在儿童期和青年期用何种方式易于使人接受极权主义？这很难说，因为不是所有任务都是由方法学传统所促进和支持的。在有关历史、社会和道德方面的著作中，一切个人都曾经是儿童这一简单事实，在正文中包括的参考资料极少，在索引中更未提及。对于大多数学者来说，儿童期似乎属于社会工作范围，而不属于社会科学；是行善者所担心的事情，而不是思想家所关心的事情。但是在所有动物当中，人所表现的一个特征就是生物学上的漫长的儿童期，而文明更促使心理学上的儿童期变得更为长久。因为人们必须有时间去学习如何学习；他的一切高度专门化和他的一切复杂的协调和反应能力，事实上都是伴随着他的延长了的依赖性而出现的。只有作为一个依赖者，人才能产生良心，而对自己的依赖反过来才使他成为可依赖者，只有当关于许多基本价值完全可依赖之时，他才能变得独立自主以及传授和发展传统。但是这种可依赖性，在从极端的无助到高度自由和支配感的缓慢发展过程中，其内部根源产生了模棱两可。在社会制度内部，所有这种模棱两可情况剧烈地限制了自由，并容许一些人对其他人进行无情的剥削。

现代人类学家们往往由于受到精神病学家们的启示，也在从事于研究各个社会"直觉地"建立的儿童训练制度。这些制度的设计不仅在于保持幼小个体的生存和安宁，而且还要保证通过幼儿在他们心中保证传统的连续性并保持社会的独特性。人的儿童期延伸到他的技术能力的发展并扩展到他的同情和信仰能力，其贡献已是尽人皆知。但人们往往只知其一，不知其二。因为同样很清楚的是，在已存在的对立面调查表中，成人—儿童的极性占第一位（男性—女性占第二位），使人成为可剥削的并导致他去进行剥削。儿童在与他所依赖者的关系中，感到无能、被抛弃、羞惭和罪疚的先天倾向常被系统地利用到对他的训练中，往往已达到了剥削的程度，其结果是，就连有理性的人也毫无道理地充满了忧虑和猜疑，老是想着哪一个人大些或好些、哪个人能为哪个人做些什么事这一类问题。因此，对于儿童期心理上剥削的最早后果，就必须取得更深入的理解。在这方面，我的意思是说，这样一种区分的功能被误用到如此程度，以致他的一个伙伴在潜能发展中受到损伤，结果造成在精力应为创造性发展而释放之处时却被无用的愤怒所取代。

完全相信这种说法的人似乎有充分的理由认为儿童期应当体现出极权主义的研究，这样我们才能不再"忽略"儿童期的极端重要性。但是我们必须说，这种忽略似乎不是一种偶然现象，所以并不那么容易纠正。精神分析已广泛证明了，所有的人对于有决定性的儿童期经验都易于产生一种健忘。有足够的理由揣想，这种个人的健忘与在解释人的情况中普遍存在着的一个盲点，即在社会组织中忽视儿童的重要功能，是相平行的。可能一个有道德、有理想的人，为人类的文明意象的绝对化和不可逆转做过艰苦努力，他会拒绝去理解每个人如何必须从开始处开始，从而获得潜力，用幼稚的强迫性和不合理的冲动性去否定人的成就。这种拒绝似乎反映了一种根深蒂固的迷信，即一个有理想和讲究实际的人，只要他回复到童话般的童年焦虑，他就会失去自己专心致志的持久精力。在此是为儿童期本身的适当前景强加上了一个可怕的"等式"。然而，如果人理解了这个事实，他就可能在某些方面变得较少孩子气的破坏性，并在其他方面保持更多一些儿童般的创造性了。

然而对于真正新的理解，也不容易做出系统的不偏不倚的说明。这也许是刚才所说的长期存在着的普遍盲点导致的必然结果。认为在我们时代突然出现的对于儿童期重要性的理解倾向于产生另一种有害的观点：我的意思是指，在心理学家和精神病理学家方面产生了一种倾向，把对极权主义这种社会现象的解释，与特殊的幼儿或少年阶段（青年），与特殊的精神疾病（"类偏狂"）或特殊的人格结构（"极权主义人格"）等同起来了。从**人格学**的研究方法来看，关于儿童养育的模型、世界观概念化的方式和政治信条的趋向之间的类比，已出现了一些有启示性的概括化。然而这种研究完全无助于这个极其重要的问题，即在什么条件下，投注于某些思想和行动（如极权主义）中的精力，才能使有关的政治教义和实际的群众行动变得经常有效呢？精神病理学的研究方法又因诊断上随意给人加上称号，认为积极或消极地卷入极权主义革命的人不是病态的就是不成熟的，并企图用它来解释他们的政治行为，从而削弱了它的病例的价值。但是人可以是多层次的许多不同的人，历史很少允许人在规定的信条、自觉的态度和实用主义的行动几方面统一，而在新教徒的世界中，我们已能对一个"成熟的"或无论如何一个"合乎逻辑"的人有此要求了。

以后的事，就不是在儿童期的事实中或在儿童训练的特殊形式中设法确定极权主义的来源或原因了。我也将不把它看作一种暂时的折磨或局部的时疫。我是从这样的假设开始的，即极权主义基于一种普遍的人的潜能，因而与诸如健全的和病态的、成人的和幼稚的、个人的和社会的等人性的一切方面都有联系。极权主义往往在历史上接近现实，但必须等待"它的"历史时机。这个时机决定于交通和组织的技术进步，决定于产生总体国家的狂热思想，有助于革命行动在适当时机的实现，以及能进一步维持它渡过恐怖和权力的现实等种种条件。只有这种历史观点，才能对构成一个极权主义国家的各种人的不同程度和不同种类的意识形态的复杂内容做出正确的衡量。他们包括：狂热的传道者和机灵的革命者；孤独的领袖和寡头政治的帮派；虔诚的信仰者和施虐狂的剥削者；顺从的官僚和有效的管理者、士兵和工程师；自愿的追随者、冷漠的劳动者；丧失勇气的牺牲者、迷惑的可能牺牲者和麻痹的反对者。我的训练和经验只允许我对所有这些参与形式中的一种较为基本然而尚未定型的因素，也就是在极权主义合法性在激发人心或令人气馁的意义上的心理学前提上提出自己的看法。

我现在再回到开始提出的问题：有关可以阐明人的先天倾向性的儿童期本性中的某种东西。在某些情况下，它对于德文中称之为"转换"（Umschaltung）和"统一"（Gleichschaltung）的现象是有用的，即突然出现的全部改组和仿佛是一种共同的联合，它们伴有一种转换的信念，认为国家对它的公民的思想和生命财产可以而且必须拥有绝对的控制权力。

然而作为一个临床医生，我必须从别处开始：从全部**内部**变化的例子开始。我们辨别了正常的和变态的个人历史，也看出了一些一般并不被认为是精神病态的偶然的过渡状态，从经验和判断的一种平衡的"整体性"

(wholeness)突然转变为"全部的"感觉、思考和行动状态，这种最富有戏剧性的经验全部改建的临床病例在最严重变态边缘常可发现。正如一个年轻人在回顾他的退缩倾向时微笑地对我说："我是本人的多数"——他的意思是说，他已经选择作为完全的独一无二，他就是宇宙。一位年轻的妇女以同样的腔调谈到她的"唯一性权利"。但是这种诡辩既不限于病理学，也不限于成人生活。例如，早在儿童期，一个儿童在觉醒和睡眠之间的健康的抉择，可以突然变成睡眠的全部丧失或全部睡眠状态；一个儿童在社交性和孤独性之间的乐意选择，可以要么变成焦虑地或愤怒地坚持他的母亲全部时间不离开他，要么完全拒绝表示意识到母亲的接近。许多母亲深深不安地注意到，在她突然但为时不长地离开而又回来时，她的孩子已经把她完全"忘掉了"。完全独立或完全依赖可以暂时地或较久地变成在一定程度上违反正常的选择状态，或者是全好或者是全坏可以突然表现为超出父母所能控制的程度。父母真正想的是一个孩子可以合乎情理地好，但也不可避免地有一点坏，这种全部改建，发生在可以作为一个过渡期幼儿发展的各重要阶段，它可以伴生一种精神失调的爆发，也可以作为一种潜能保持在成人心中。

至于对一个客体或一个人的全部依赖，我们都熟悉小孩的恋物（fetishes），有时是弄湿的脏洋娃娃，它是父母讨厌和烦恼的对象，然而却是儿童安全舒适的全部的和唯一的象征。后来，激烈的爱和恨、突发的转变和厌恶又使儿童的物恋和恐惧增加了这样一些因素，如集中友好的和不友好的感情于一个人或一个观念，由此集中起来的一切感情的原始化，以及由此而来的一种不是全得就是全失的空想的或大变动的期望。

最后我们指出一个人人皆知，曾经一度完全统一而后来又突然发生全然分裂的例子，即已决定离婚的夫妇所发生的变化。本来似乎是身心健全的两个人突然变成了两个互相排斥的整体是够令人害怕的，如果有人想与两方面都保持友好关系，便很快会发现这种情况。虽说这类改组表现得似乎很突然，但其发展却是缓慢的。只有有卓识而又勇敢的人，才亲身体验到精神分析在别人特别是在病人身上所揭示出来的一切——也就是，仅仅隐藏在夸大的爱好、偏爱和确信的背后，人趋向于总体改组的倾向和潜能是何等强烈而有系统，在抵制具有威胁性的可能产生黑白颠倒的完全再定向的内部防御上，又使用了多么大的精力。只有在突然的承诺和转变中以及在突发的反感中释放出来的感情，才能证实在这类防御中"受到约束的"精力数量。同样揭示出来的是描述和探索得都很多，但在治疗上却有用途的一种倾向，即使是知识最丰富和信息最灵通的，而且对他们的治疗者产生一种"移情"和强烈依赖性的精神病患者也不例外——而且这种倾向交替地带有积极的或消极的感情：这是对全体化的普遍内在倾向的一个适当证明，许多知识分子以此来鄙视依赖宇宙论和神。君主政体和意识形态的同类人，并不是适当的。无论如何，我们已经理解到这一类改组是对更为原始水平的一种再适应，这类改组因增长的焦虑，特别是源于幼儿期的焦虑而变得必要，并由激烈的生命危机所引起。说它们是"病态"的或"坏"的，既不能有助于对它们的了解，也不能有利于对它们的克服。若要对它们的有目的活动过程有一个大体上的认识，人们必须了解它们的内在合理性，亦即它们的心理逻辑。

在举这些例子时，我已经应用了"整体"（wholeness）和"全体"（totality）这两个词。二者都意味着完整性（entireness），然而我不想低估它们的区别。整体的意义似乎包含着一些部分，甚至是大不相同的部分的集合。这个概念最明显地表现为全心全意、万众一心、身心健全等这一类词。因此作为一个完形（Gestalt），整体强调的是在全体范围内各种不同的功能和部分之间的一种健全的、有机的、前进性的相互关系，它的疆界是开放的、流动的。相反，全体所引起的完形强调的是绝对的疆界：即使是一个任意的轮廓，属于内部的必不遗留在外，外部的也必不容于内。一个全体与其完全排外一样是完全内包的——不管"要成为绝对的范畴"是不是逻辑上的范畴，也不管其组成部分是不是互相之间真的具有亲缘关系。

所以我们必须推断有一种没有进一步选择或变动的对全体的心理需要，即使它意味着要放弃一个渴望已久的整体。这样说的一个意思是，当人由于偶然的或发展上的变化，失去了主要的整体，他仍然可求助于我们所称的"全体主义"（totalism）而重建自己和世界。如已经指出的，明智之举是不要把这种情况视为仅仅是一种退化的和幼稚的机制。这可说成是比较原始的处理经验的替代方式，从而至少在过渡状态上具有某种适应和生存价值。它是属于正常心理学的。而任何精神病学研讨则限于以下的问题：紧急适应的过渡方法可以预防成为固定的目的吗？全体主义在紧急状态过去后本身能颠倒过来吗？它的成分可以重新综合成以前的整体吗？

在个体身上，自我的任务乃是在生命不同的并发生冲突的各阶段之间——在当前的印象和有联系的记忆之间，在冲动的欲望和强迫的要求之间，在存在的最隐私和最公开的方面之间——以不断创造某种整体综合的方式促进经验的掌握和活动的指导。自我在完成其工作时，发展了综合的方式以及筛选方法和防御机制。当自我经历了成熟力量和环境影响的不断交互作用而成熟起来时，在较高的整合水平和较低的秩序水平便出现了某种二元性。前者对紧张和多样性有较大的宽容，而在后者中的全体性和一致性必须有助于保持一种安全感。因此（在个人水平上）有助于构成一个成功的整体或一个所欲达到的全体方面的关于融合（fusion）和解脱融合（defusion）的研究，乃是属于精神分析自我心理学范围内之事。我在此所做的不外是指出这个研究的范围。①

自我的开始是难以估计的。但就我们所知，它逐渐产生于一个阶段，此时的"整体"还不过是一个生理平衡的问题，在婴儿的"接受"需要和母亲的"给予"需要之间自始至终保持着相互依存性。母亲当然不仅仅是生产的动物，而且是家庭和社会的一员，她还必须在她的社会价值之间感到有某种身心健全的关系。只有这样，她才能以躯体上互换的无误语言与婴儿相交往，使婴儿可以对她、对世界，以至于对自己产生信任。只有一个相对"完整的"社会才能通过母亲授予婴儿一种内心的确信，认为早年一切散乱的躯体经验和一切混乱的社会线索都能够调节成为一种连续感和一致感，从而逐渐将内部世界和外部世界统一起来。信仰和希望的个人发生来源即在于此，我称之为**基本信任感**：它是最早的基本的整体，因为它们似乎意味着，内部和外部可以体验为一种相互联系的善行（goodness）。所以，**基本不信任**乃是整合经验多少未能成功地使其平衡的一切散乱体验的总和。人们无法知道婴儿内心发生了些什么，但是根据直接观察和大量

---

① 见 D. 拉帕波特：《思想的组织和病理学》（*The Organization and Pathology of Thought*，纽约，哥伦比亚大学出版社，1951年）一书中的 H. 哈特曼、E. 克里斯、D. 拉帕波特等人的论文。

临床证据可以表明，早期不信任总是伴有一种"全部的"愤怒体验，伴有一种对愉快和食物来源全部控制甚至全部破坏性的幻想。这些幻想和愤怒在个人身上继续保存着，在极端的状态和情境中可以复活起来。

事实上，儿童期的每一种基本冲突都以某种形式继续存活在成人心中。最早的那些冲突保留在最深层。每一个疲倦的人，当其预期的世界从根本上动摇时，他可以暂时退回到部分不信任。然而关于从幼儿期过去自然增长起来的这类焦虑，社会公共机构似乎为个人提供着连续不断的再保证。这里要提出的问题，只是在于有组织的宗教将人生最初的和最深刻的冲突加以系统化和社会化了：宗教将每个人的最初供养者的模糊意象与原始的超人保护者的集体意象结合了起来；它使基本不信任的模糊不适变得可以理解，以明确表示的罪恶形式赋予不信任以一种形而上学的现实；它以仪式形式为人提供了一种定期的有关信任的集体归复，在成熟的成人身上信任已成熟到了将信仰和现实主义结合起来的地步。人在祈祷中确信有一种超人的力量。不管怎样，他总是可以信赖的，而且要求有一种现在他仍然可以继续信任的上帝的神迹。在对付某些自然现象并发展了一种集体魔术的原始生活中，供应食物和财富的超自然神祇往往被作为即使不是邪恶的也是发怒的父母看待，需要用祈祷和自我折磨使它们平息下来。① 宗教和礼仪的高级形式同样清楚地谈到在每一个人心中残留着对被逐出天堂整体的怀旧心情。这种整体曾一度给予他充足的供应，但现在已经可悲地失去，只留下一种永远模糊的邪恶的分裂、潜在的恶意和深刻的怀旧之感。每隔一定时间，通过与生命周期的重要危机和每年周期性的转折点有着重要联系的仪式，宗教恢复了一种新的整体之感，一种事物返回之感。② 但是，正如做出这种努力的情况那样，那些要被逐出边缘以外的东西是易于在中心再现的。许多残忍的、冷酷的和排他的全体性在有组织的宗教史上已经统治了若干时期。人们当然可以询问，宇宙的观念以什么方式或赏或罚地为**一个上帝**所接受，而他的教义为人类准备了**一个全体国家**（One

---

① 见 E. H. 埃里克森：《童年与社会》，第 2 章，特别是第 147 页以下及第 4 章。
② E. H. 埃里克森：《人的仪式化的个体发生》（"Ontogeny of Ritualization in Man"），《伦敦皇家学会哲学会报》，B 辑，卷 251，1956 年，第 337—349 页。

Total State）和**一个整个人类**（One Whole Man-Kind）的观念：因为毫无疑问，在过渡时期，一种全体的改组可以保证达到更大的整体和全体主义（totalism）。

今天那些漫不经心的怀疑论者的嘲笑，那些教条主义者的缺乏惩罚性的热情，都不足以否认这一惊人的事实，即人类中的大部分已经发现自己没有一种充满生气的宗教，能给予利用自然从事生产的工人和在扩大的世界市场上从事商品交换的商人以生存的整体了。从潜意识地对机器的认同——相当于原始人对他的主要捕获物的认同——对一般西方的人性概念，特别是对自动化的和非人格化的儿童训练所产生的严重损害中，已可看出深感忧虑的白手起家者在他的人造世界（man-made world）中何等需要安全之感。他极端需要平滑而洁净的运行，没有摩擦，不发噪音，不生烟尘。这一切已经与个人的幸福、政府的完善，甚至与灵魂的拯救等观念息息相关了。有的人觉得，在那些朴实的创始心灵中潜藏着一种奇异的全体主义。他们期望在技术发展过程本身及其利用之中能产生一种新的整体，正如想象中的黄金时代不久就会从不衰的自然智慧中，从市场的神秘自我平衡中，或从财富的神圣不可侵犯性中出现一样。机器当然可以制造得更有吸引力和更为方便，正如它们可以变得更为适用一样；问题在于这种深邃的特殊道德感来自何处。人与他的主要来源和生产技术发生联系以便使自己在一个合理的熟悉宇宙中具有人性时便需要这种德行。如果得不到答案，这种需要就会不断成长为一种深刻而广泛的基本不信任，这种基本不信任在经受不住历史和经济前景中一切变化过于突然的领域中，便自愿接受一种关于整体的极权主义和独裁主义的妄想，为一个党派准备好现成的领袖，为一切自然和历史提供一种简单而合理的现成的意识形态，为一个注定要被正义的中央集权机构摧毁的生产提供一个现成的明确的敌人——以及聚集于内部的无力的愤怒坚持不懈地转向外部的敌人。

然而在此地必须记住，在我们称之为极权主义的体制中，有一个苏维埃共产主义制度来源于一种意识形态，它设想超出一切革命之上有一种社会的最后整体，没有武装国家的干预，也没有产生阶级结构的必要。在这种想象力中，全部革命和极权主义的超级大国不过是一个结束一切国家之国；它将因"变成停止活动"（becoming dormant）而取消自身，在最后的整体中留下一个没有国家的民主，除了"生产的事物和过程"以外一切都无须管理。在这种乌托邦事业的一些"老化"中枢中，极权主义的手段和方法可以变得僵化到什么程度的问题，我必得留给别人去讨论。然而，与此同时，我们可不要忽略了处于苏维埃世界和我们世界二者边缘地区所出现的那些人（以及他们的年轻人），他们在这个共同技术变化时期需要一种完全的信仰系统。我在此将不必为了极权主义的意识形态而概述儿童期的每一连续阶段的含义。我们把在基本信任的形式中的一种"整体的"解决与在基本不信任形式中的一种"完全的"解决二者之间的最初选择与信仰问题联系了起来，以后每一步都应用类比的选择，每一选择又与一种人的基本公共机构联系起来。①

我只顺便希望提及幼儿期发展的这一方面，这方面在有关极权主义的精神分析文献中受到了不是唯一的也是极大的强调：我的意思是指，5岁左右（往往称为俄狄浦斯情结阶段）儿童准备发展的不仅是一种更具目的指向性和更具反叛性的主动性，而且是一种更有组织的意识。身心健康和爱好游戏的三四岁儿童往往享受到一种无比的自主整体感，它压倒了往常具有威胁性的疑虑和羞怯感，从而引起了有关光荣和成就的伟大梦想。然而此时儿童突然面临一系列病态恐惧和秘密罪疚的事件，并显示出良心的早期僵化，使这个已经体会到了整体感的幼小的人，不断试图把自己加以分裂并与自己对立起来。

按照弗洛伊德的说法，良心的指导者是超我，它像一个内部统治者凌驾于自我之上，或者可以说，它像一个统帅，代表着外界的权威，限制着主动性的目标和手段。打一个比喻说，这个统帅有一个时候向一个外国君主负责，现在却宣布独立，应用地方部队镇压地方暴动。从而超我所反映的不仅是父母最初所施加的要求和限制的严格性，而且反映了儿童在被强制期间幼儿期的粗糙性。因此，人的良心，甚至在充当有意识的理想时，仍保留着一定程度的潜意识的和幼稚的原始性，只有真正的宽容和坚定性在父母心中结合起来时才能对一种幼稚过程加以指导，否则便会屈从于一种严格良心所使用的残酷的"绝对"态度。这种严格的良心先是反对自

---

① 见第三章。

己，但到了后来又以某种方式集中于对别人进行压制。

这种内部分裂是对生命中"全体"解决的第二次巨大诱因（脱离母亲是第一次）。这些全体解决基于简单的然而又是如此重大的前提，即对罪疚的模糊紧张性的无法容忍。正是由于这个缘故，有时有些人就设法克服一切道德模糊性，不是全部变好就是全部变坏——这些解决办法显示了它们自身的矛盾性质，因为完全的好人可以学会为多数人的荣誉而变成虐待者，而完全的"坏人"可以对领袖和团伙产生决定性的忠诚。明显的是，极权主义的宣传谈到这些冲突，集体而无耻地诱使人们把全部坏处都投射到任何内部或外部"敌人"，对于这些敌人，可以用国家法令明文规定，也可以宣传他们完全是劣等人或害人虫，而可以觉得相反的人是完全的好人，成为被历史神化了的国家、民族或阶级的一分子。

在我看来，儿童期的终结似乎是整体的第三次或更为直接的危机。年轻人凭着本身的资格必须变成整体的人，这在一个发展阶段中，其特征表现为身体生长的变化、生殖器成熟和社会知觉的多样性。在本阶段所要达到的整体，我便称之为**内部同一感**。年轻人为了体验整体性，必须在漫长的儿童期已变成什么人与预期未来将成为什么人之间，必须在他设想自己要成为什么人与他认为别人把自己看成并希望变成什么人之间，感到有一种不断前进的连续性。从个人方面来说，同一性包括，而且还不只包括儿童在早年所期望成为的而且被迫变成像他所依赖的那些人的所有连续自居作用的总和。同一性是一个独特的产物，它现在遇到的有待解决的危机，仅仅在于对同龄伙伴和家庭以外的领袖形象的新的自居作用。寻求一种新而可靠的同一性，也许最好的表现莫过于人们看到的，坚持不懈的青年不断地努力限定、过分限定和反复限定自己，并往往进行严格的比较；而对于可靠组合的追求，则可在对最新的机会和最古老的价值进行无休止的检验中获得承认。在所产生的自我限定由于个人和集体的原因而变得过于困难之处，便产生了一种**角色混乱感**：年轻人对于自己性别上的、种族上的、职业上的和类型上的选择，采取的方式是对照而不是综合，往往被迫做出非此即彼的断然决定。

社会在这里具有指导并缩小个人选择的功能。原始部落在这方面的功能最为严厉，它们的青春期仪式代替了对不确定性的恐惧，以宗教仪式加以戏剧化，有规定的祭品和神圣的标志。进步的社会已发现了合法的生命计划"行坚信礼"的更具精神性的其他方法。然而青少年总是发现使更为原始的"入社式"得以复活的种种方式，结成排他性的团伙、帮派或兄弟会之类。在美国，青少年大体上已摆脱了原始的传统主义、惩罚性的家长式统治和通过国家议案的标准化，但仍然自发地发展了一种自我标准化，把似乎毫无意义而又变化无常的衣着样式和言行方式无条件地强加于"圈内人"。对大部分人而言，这是一件温顺的好事，充满着另一种相互支持，但有时对不遵奉者却残酷无情，当然，对于它假意称赞的个人主义传统也不很在意。

让我们再一次回到个人病理学。至少暂时地发现有一种表示完全的标准印记的需要，在这时非常强烈，以致青少年有时宁可选择完全一无所有，而不愿保持一堆矛盾的同一性断片。甚至在通常称之为前精神病的或精神病态的，或者被诊断为与成人的精神病态相符合的个人失调中，也有一种几乎是自愿向消极同一性的转换可供研究。在我们的较大城市中，在犯罪的（吸毒成瘾的、同性恋的）青少年中，在相当大的范围里，普遍存在着一种类似的消极同一性倾向。在这些城市中，经济的、少数民族的和宗教的不稳定性都不能给任何积极同一性提供可靠的基础。如果这些"消极同一性"被作为一个青少年的"自然的"和最后的同一性而为教师们、审判员们和精神病学者们所接受，他往往会引以为荣并产生一种需要，想把全部倾向性转向这一粗心大意的社团所期望他变成的那种人。同样的，许多年轻的美国人，来自虽已结合但尚未同化的极权主义的背景，在激进的集体中暂时找到了庇护所。在这种集体中，一种另外的不可驾驭的反叛和混乱在一种黑白混杂的意识形态范围内接受了普遍的正义性印记。当然，有些人是"这样想的"，但是许多人仅仅是随波逐流而进入这种结合的。

因此必须认识到，只有一种坚实的内在同一性才标志着青年过程的结束，而且也才是进一步成熟的一个真正条件。为了使儿童期最初不平等的内部残余得到平衡从而削弱超我的优势，一种积极的同一感容许个人摒弃不合理的自暴自弃，放弃反对自己的全部偏见。这种偏见为严重的精神症和精神病患者所特有，并表现于对不同于自己的人和物的狂热憎恨之中。

然而，这种同一性有赖于年轻个人从那些与他有密切关系的社会集体的集体同一感的支持，这些社会集体是：他的阶级、他的民族、他的文化。①此处重要的是应该记住，每一种集体同一性都各自培育着自身的自由感，这就是为什么一个人难于理解另一个人感到自由的缘故。然而凡是历史的和技术学的发展大规模、严重地侵犯了根深蒂固的或强烈表现的同一性（即农业的、封建的、贵族的）之处，个别的或集体的青少年就会感到面临危险，于是就变得准备支持那提供全部浸入一种综合同一性的各种教义（极端国家主义、民族主义或阶级意识），支持完全老一套的敌人对新同一性的集体谴责。害怕丧失培养这种教义的同一性，对于把正义性和犯罪行为混为一体起着重要作用。在极权主义条件下，这种混合体对于有组织的恐怖活动和建立主要用作灭绝人的工业变得有效了。又因为暗中破坏了同一感的种种条件，使得年长的人仍然固着于青年人的选择，也使许多成年人受到限制或者丧失了抵抗的能力。所以我的最后建议是，对整体的这个第一重大危机的研究，即在儿童期和青年期之末，显示出对全体主义的最强大的潜能，因而对于我们时代中新的集体同一性的出现具有巨大的意义。极权主义的宣传者到处极力声称，青少年由于过去的退潮而陷入艰难的境地。对于这种情况的最近理解，有助于我们提供开明的选择，而不是如我们现在的倾向那样，仅止于轻视和禁止过分的极权主义。

敢于承认一个人的多样性，就是在一个人心中和文明当中表明整体的迹象，但是整体也必须有明确的界限。在我们的文明现状中，还不可能预见是否会有一个更为普遍的同一性，其中可望包括随着科学技术进步而出现的一切多样性和不协调，相对性和致命的危险。

---

① 在个人和集体中，我宁愿说一种"同一感"而不说"性格结构"或"基本性格"。同样，在民族中，临床概念使我的注意力集中于提高或危及一种民族同一感的情况、经验和行为模式而不是集中于静止的民族性格。

第三章　生命周期：同一性的渐成说

生命周期是同一性的各种必不可少的坐标之一。因为我们假定，青春期以前，在生理的成长、心理的成熟和社会的责任等方面，个人的发展都还没有具备体验和渡过同一性危机的必要前提。事实上，我们可以把同一性危机说成是青春期的心理社会方面。如果同一性对后期生命还没有形成一种具有决定性意义的方式，这一阶段也是无法通过的。

让我们再一次从弗洛伊德的具有深远意义的发现开始。他认为神经症冲突与每个人在其儿童期必须渡过的"规范性"冲突，以及每个成人在其人格深处所保存的这种规范性冲突的残余，在内容上是没有多大区别的。人为了保持心理上的活力，与他的身体必须不断地与机体的衰退做斗争一样，也必须不断地反复解决这些冲突。但是，由于我不能接受仅能活着不生病就算健康这样的结论，或者由于在人格问题上我宁可说是**有活力的**（vital），我必须求助于我的领域内不属于官方言辞的几个概念。

我对于人的生长所持的观点是：有活力的人格能经受住任何内外冲突，在每一次危机之后再度出现而且逐次增强统一感，增强正确判断，并增强依照自己的尺度以及与自己有密切关系的人的标准而"善于应付"的能力。"善于应付"这个词是指文化相关性的整个问题。当他获取占有物做得"还好"或"很好"时，当他学会新技巧或新知识或勉强过得去时，当他学会适应周围环境或做出有意义的反抗时，当他勉力摆脱神经症症状或能用自己的生命力控制住各种深刻矛盾时，与他有密切关系的那些人都会认为这时他是"善于应付"的。

对于什么构成成人的"健康的"人格，有各种不同的见解。但是，

第三章 生命周期:同一性的渐成说

只要我们举出一个人,即玛丽·耶和达(Marie Jahoda)的定义,认为具有健康人格的人能主动地支配他的环境,表现出某种人格**统一性**,并能**正确地感知**世界和他自己①——就可以清楚地看出,所有这些标准都与儿童的认知和社会发展有关。事实上,我们可以说,儿童期是由他们的最初匮乏以及他们在不断分化的复杂步骤中逐渐发展所规定的。因而,一个有活力的人格是如何生长的?又是如何从适应生命需要——保持某种生机勃勃的热情——逐渐增强了能力的各个连续阶段中自然生长起来的?

每当我们想对生长有所了解时,最好不要忘记有机体在子宫内生长的**渐成性原则**(epigenetic principle)。概括说来,这种原则表明,任何生长的东西都有一个基本方案,各部分从这个方案中发生,每一部分在某一时间各有其特殊优势,直到所有部分都发生,进而形成一个有功能的整体为止。这显然符合胎儿的发展,这里有机体每一部分都各有其占据优势和发育不良的决定性时期。在诞生时,婴儿脱离了对子宫的化学物质的交换,进入了他的社会交换系统,他的逐渐增长的各种能力遂与其文化的各种机会和限制在此遭遇。正在成熟的有机体是如何不断地展开,不是产生新的器官,而是利用运动的、感觉的和社会的各种能力的规定顺序?这在有关儿童发展的文献中已有描述。正如已经指出的那样,精神分析已使我们对特异反应的经验,特别是对内心的冲突有所了解,这些冲突构成了个体形成清晰人格的方式。此处还应认识到这一重要性,即健康儿童的一系列内心体验如果得到适量的合理指导,当可相信会服从发展的内部规律,不断地创造出潜能,与关心他并对他做出反应的人们以及为他做好准备的各种公共机构发生有意义的交互作用。当这种交互作用随着不同文化而变化时,它必然在支配一切的渐成说的"适当比例和适当顺序"的范围内保持不变。因此可以说,人格乃是在人类有机体准备被驱动、准备意识到、准备在与范围逐渐扩大的有意义的个人和公共机构发生交互作用的各种预定步骤中发展而成的。

---

① M. 耶和达:《走向心理卫生的社会心理学》("Toward a Social Psychology of Mental Health"),见《健康人格论文集》,附录 2;《婴儿期和儿童期问题》,《第四次会议会报》,1950 年 3 月,M. J. E. 贝恩编,纽约,小乔赛亚·麦西基金会,1950 年。

由于这个缘故，我们在表示人格发展的各个阶段时，利用了一个类似于在《童年与社会》（*The Childhood and Society*）中应用了的渐成图表，来分析弗洛伊德的各心理性欲阶段。① 事实上，这种表示还含有一个目的，即在幼儿性欲说（此处不再详述）与我们有关儿童的身体和社会生长的知识之间架起一座桥梁。

在下页的图表中，由横线和竖线构成的各长方格既代表各阶段的顺序，也表明各组成部分的逐渐发展。换句话说，图表构成了各分化部分的时间进程。这表示了：（1）有待讨论的有活力的人格的每一项都与所有其他各项有系统地联系着，从而它们全部有赖于每一项在其适当顺序的适当发展；（2）每一项在其"本身"具有决定性的时刻正常地到来之前已以某种形式存在着了。

举例来说，基本信任感是心理活力在生命发展中的第一个组成部分，自主感是第二个，主动感是第三个，下页图表表示出三个成分之间存在的若干基本关系以及与每一成分有关的少量事实。

每一成分达到了本身的优势，遇到了它的危机，发现了即将在此地描述的永久解决方式，然后趋于提到的最终阶段。所有成分在人生开始时即以某种形式存在着，我们虽然没有论证这个事实，但可不要发生混淆，把这些成分叫作较早或较晚阶段的名称了。一个婴儿可以从一开始就表现出类似于"自主性"的动作，例如当他在被紧紧地抱着的特殊方式中，就愤怒地用力扭动手臂以求得自由。但在正常情况下，一直要到 2 岁，他才开始体验到作为自主性动物和依赖性动物之间的整个决定性的选择。直到这时，他才能对他的环境做好准备以对付特殊的新的遭遇。反之，此时的环境则感到有责任向他传递有关自主性的特殊观念和概念，以决定性方式帮助发展他的个人性格，提高他的相对效率，以及增强他的活力。

---

① 见 E. H. 埃里克森：《童年与社会》（*The Childhood and Society*），第 2 版，纽约，W. W. 诺顿，1963 年，第一部分。

第三章 生命周期：同一性的渐成说

	1	2	3	4	5	6	7	8
Ⅷ								完善 对 失望
Ⅶ							繁殖 对 停滞	
Ⅵ						亲密 对 孤独		
Ⅴ	时间前景 对 时间混乱	自我肯定 对 自我意识	角色试验 对 角色固定	训练 对 工作瘫痪	同一性 对 同一性混乱	性别极化 对 性别混乱	领导和服从 对 权威混乱	意识形态信奉 对 价值混乱
Ⅳ				勤奋 对 自卑	任务自居作用 对 无用感			
Ⅲ			主动性 对 罪疚		角色预期 对 角色抑制			
Ⅱ		自主性 对 羞怯疑虑			成为自己 对 自我怀疑			
Ⅰ	信任 对 不信任				互相承认 对 我向孤独			

每一阶段所要描述的，正是这种遭遇及其所产生的危机。每一阶段变成一次危机，乃是因为在一种新部分功能中的早期生长和觉知与本能能量中的转移同时进行，因而在这一部分引起一种特殊的易损性。因此，一个最难以决定的问题就是，在一定阶段的儿童究竟是强壮还是软弱。也许最好的说法是，他在某些方面常常易于受到损伤，对其他一些方面则是完全不在意或毫无感觉的，但是同时他又在易受损害的相同方面令人难以置信地坚持不已。必须补充说，正是婴儿的软弱给了他力量。婴儿出于这种依赖和软弱而做出了暗示，如果环境由于"本能的"和传统的模型的结合而相应地得到很好的指导，便会对这些暗示表现特别敏感。一个婴儿的出生，对家庭的每个成员都可能产生一些持久的支配性影响。因为这些成员必须重新定向以顺应他的出现，他们也必须作为一个个体和一个集体在成长。如果说婴儿控制了家庭并使家庭在成长这句话是对的，则反之亦然。一个家庭只有受到婴儿的培育才能反过来培育婴儿。儿童的成长包含着一系列对家庭成员的挑战，以便使他新发展起来的潜能与社会发生相互作用。

所以每一个连续阶段，由于未来展望中的根本变化，都是一个潜伏的危机。危机在此地有着发展的意义，它并不意味着灾祸临头，它指的不过是一个转折点，一个不断增加易损性和不断增强潜能的决定性时期，因而也是生殖力量和适应不良的个体发育的根源。从胎内生活到胎外生活的一切最根本变化都发生于生命的开始之时，但是在出生后的生存中，诸如松弛地躺卧、稳坐和快跑这一类未来的根本适应，必须在其发展的最佳时期才能一一完成。随着它们的变化，人际关系也发生了迅速而且往往是根本的变化。到了某个时候，出现了如"不要让妈妈走开"和"希望独立"这样的相反表示，便证明了这一点。因此，不同的能力利用不同的机会，使不断成长着的人格的不断更新的完形的各个成分变得充分成长起来。

一、婴儿期与互相承认

对于心理活力（mental vitality）的最基本先决条件，我已命名为一种

第三章　生命周期：同一性的渐成说

基本信任感，这是由人生第一年体验而获得的对一个人自己和对世界的普遍态度。所谓"信任"，我指的是对别人的一种基本信赖，也是对一个人自己的一种基本信任感。

为了描述一系列二者择一的基本态度的发展，包括同一性在内，我们求助于"……感"（a sense of）这个词。然而必须马上讲清楚，作为一种健康感或活力感，或者二者都缺乏之感的这一类"感"觉渗透于表层和深层，包括了我们体验到的意识内容，或是仅仅剩下的意识或全然无意识。作为一种意识的体验，信任处于反省的范围之内。但是，它也是一种行为方式，是别人可以观察到的。最后，它也是一种内心状态，只能由测验和精神分析解释予以证实。当我们不是很严肃地谈到"……感"时，都可以涉及这三个方面。

在精神分析中，我们通常是从成人的精神病态中首先体会到信任的"基本"性质的。在成人的心中，基本信任受到损害和充满**基本不信任**是以一种严重的疏远方式表示出来的。这种疏远在个人身上的表现特征是，当自己和别人产生不一致时，就退回自己的内心世界，这种退缩在退化到精神病状态的个人身上表现得最为显著。他们有时闭门独处，拒绝进食和安慰，并忘却所有伙伴。他们心中失去的最根本的东西从以下事实即可看出：当我们想用精神治疗帮助他们时，我们必须特别设法"深入"他们的内心，使之深信他们能信任我们对他们的信任，也要使之相信他们能信任他们自己。

熟悉我们那些病得不那么严重的病人心中的这种根本的退化和最深刻、最幼稚的倾向，使我知道了必须把基本信任视为有活力的人格的柱石。我们有充分理由把这一成分的危机和优势放置于生命的开始阶段。

当新生儿脱离了与他母亲身体的共生状态，他那以嘴取物的先天的而又不断协调的能力便遇上了母亲要喂养他和欢迎他的一定的协调能力和意图。在这一方面，他用嘴生活，用嘴去爱，而他的母亲则用乳房去喂养，用乳房去爱，或者用面容和身体的任何部分去表达满足他的需要的热切心情。

对母亲来说，这是一种晚期的和复杂的成就，高度依赖作为一个妇人的发展，有赖于她对儿童的无意识态度，有赖于她在怀孕和分娩期间的生活方式，有赖于她和她的社会对于养育行动的态度——也有赖于新生儿的反应。对于婴儿来说，嘴部首先是普遍接近生活的焦点——合并性接近。在精神分析中，这个阶段通常被认为是口唇阶段（oral stage）。然而很明显，婴儿除了对食物的最大需要以外，很快地就变得对其他许多方面都带有接受性了。由于他愿意并能够吮吸任何合适的物体，并吞咽这些物体的液汁，不久他也就愿意和能够用他的眼睛去"摄取"（take in）进入视野的任何对象了。他的各种"感觉"似乎也在"摄取"他所感到的有益的东西。因此在这个意义上，人们可以说这是一个**接受的阶段**。相对地说，他在这个阶段内对于提供给他的东西都是接受的。然而，婴儿也是敏感的和易受损害的。为了保证使婴儿在这个世界中初次体验到的不仅是保持活命，而且要帮助他们协调自己敏感的呼吸、新陈代谢和循环节奏，我们必须领会到要在适当的时间以适当的强度对他们的感官提供刺激和食物。否则他们的接受意愿就会从根本上变成散乱的防御或毫无生气的了。

　　现在已很清楚，要保持婴儿生命最低的生活资料，必须做些什么和不做些什么，才能避免身体受损和慢性失常（早期所可容忍的最大挫折）。然而关于**可以**做些什么，其间还有某些余地，而且不同的文化可以广泛地应用特权来决定自以为什么是有益的和什么是必要的。有些人认为，婴儿除了眼睛可以四处张望外，第一年的大部分时间应该整天用襁褓包裹，只要喃喃出声就应该轻轻摇动和喂食。另一些人则认为，婴儿应该尽早地觉得自己伸踢的四肢是自由的，但是又认为，理所当然地要强迫婴儿为了进食而大声啼哭，表示"请求"，直到他哭得脸上变色为止。所有这一切仿佛多少是有意识地与文化的一般目的和制度有关的。我知道某些美国年老的印第安人，曾一度激烈地反对我们让婴儿大哭的那种方式，那是因为我们相信啼哭可以使"肺部强壮"。这些印第安人说，难怪在这样一种初步接触之后，白人简直以为可以上天了。太高傲了。但仍然是这些印第安人却骄傲地传播他们自己的育儿方式，即哺乳婴儿直到第二年，当婴儿因为咬啮母亲的奶头，头部被重击，脸部因愤怒而变得发青时，印第安人却相信这可以使他们"成为好猎手了"。

　　因此，在儿童训练的随意变化的表面，存在着某种内在的智慧，某种无意识的方案，以及很多迷信成分。但是在"什么对儿童有利"就**可以**对他做什么这一假设中，也存在着一种逻辑——不管它是不是本能的和前科学的——这还得看他被假定变成什么样的人以及在什么地方而定。

不管怎样，人类婴儿已经在他的最早遭遇中与他的文化中的某些主要通道（modality）发生了接触。最简单和最早期的通道就是**获取**（to get），它的意思并不是"去取"（go and get），而是接收和接纳别人给予的东西。这做起来很容易，但发生的种种干扰都表明了实际的过程非常复杂。正在摸索的和还不稳定的新生儿有机体，只有在下述情况中才能掌握这个通道，即婴儿学会了调节自己的准备状态与母亲的方法相适应，而母亲则在发展和协调自己的给予方法时允许婴儿协调他的获取方法。但是在这种对被给物体的获取中，以及学会了使某人为他自己做他想做的事情时，婴儿也发展了"要成为"给予者的基本成分。也就是说，他对她取得自居认同，最终也变成了一个给予者。

在特别敏感的某些个人身上，或者在其早年挫折没有得到补偿的某些个人身上，这种早期相互调节中的软弱，其来源可以是他们与一般世界，特别是与有影响的人们的关系受到了干扰。但是除了口部接纳器以外，当然还有通过其他情境以保持相互关系的方式，如怀抱和温暖婴儿时对他微笑、向他说话、轻轻摇动他等等，对此婴儿都表示出愉快。除了这些"横向的"补偿（在同一发展阶段时的补偿），还有许多"纵向的"补偿，它们出现于生命周期的以后各阶段。①

在第二个"口唇"阶段期间，追求的能力以及以一种更为积极和更为直接的合并性接近而取乐的能力已经成熟，牙齿长了出来，而对用牙齿咬

---

① 我所参加的加利福尼亚大学儿童福利研究所的纵向研究告诉我，要高度尊重每个儿童的恢复力和机智应变，他们在广泛的生命方式和直接集团的大力支持下，学会了对早年不幸的补偿。在我们的临床史中，这种不幸很容易确定地解释为功能失调。这个研究使我有机会为大约 50 个（健康）儿童 10 年来的生命史绘出图来，并能对其中某些儿童的未来命运保持着某种预测。此处大部分记录采自这个研究，但也只是由于同一性概念才帮助我了解到这些儿童的人格发展。见 J. W. 麦克法朗：《儿童指导所研究》第一部分"资料收集和组织的方法学"，《儿童发展调查专题研究报告会》，卷3，第 6 期，1938 年，第 154 页以下。又见 E. H. 埃里克森：《前青少年的游戏完形的性别差异》（"Sex lifferences in the Play Confignrations of Preadolescents"），《矫正精神病学杂志》，卷 21，1951 年，第 667—692 页。

坚硬东西、咬穿东西、咬掉东西都感到快乐。这种积极的合并方式与第一种合并方式一样，表明了各种其他活动的特征。眼睛最初对碰到的印象只表现被动的接受，现在却学会了注视、分离，以及从模糊的背景上"抓住"物体，并追随它们。同样，听觉器官已学会辨别有意义的声音，确定声音的来源，并在姿势上做出适当的变化，如抬头和转头，或者抬起和转动上身。双臂已学会了坚定地伸展出去，双手学会了紧握。所以，我们已对适合于世界的整个发展模型感兴趣，而不是对儿童心理学文献中精彩描述的那些个别能力发生兴趣了。人们可以想到某种能力初次出现时的阶段（或以可检验的形式出现），也可以想到一个时期，此时许多有关的活动已经很快地建立和整合，使得发展的下一个步骤已能很好地开始。

在第二阶段，人际模型的建立在**获取和抓紧**物体（taking and holding on things）中统一了起来——物体是比较自由地提供和给予的，也比较易于滑走。当婴儿学会了改变姿势，翻身并逐渐能控制自己久坐时，他必须使抓住、占有、握紧和咀嚼一切伸手可及的范围内的物体的机制变得完善起来。

第二口唇阶段的危机难以估量，更难以证实。它似乎同时包括了三方面的发展：（1）一种更为"强烈"的对合并、占用和主动观察的冲动，一种"长牙"所致的与口腔部位因发生其他变化而产生的不快联系起来的紧张状态；（2）婴儿对自己作为一个独特的个人而逐渐增长的觉知；（3）母亲逐渐离开婴儿，又去追求怀孕后期和生育后照料期间业已放弃的事务——这些追求包括完全恢复夫妻之间的亲密甚至再次怀孕。

当喂奶延续到咬啮阶段，一般说来，现在必须学会继续吮吸而不咬啮，使母亲不致因疼痛而愤怒地抽回奶头。我们的临床工作者指出，个人历史上这一早期阶段为他提供了某种基本丧失感，给他留下了他与母亲基质的联系曾一度遭到破坏的普遍印象。断奶并不意味着乳房和母亲定然再现的突然丧失，除非有另一个妇女可以依赖，她的声音和感觉与母亲也无甚区别。突然失去习惯了的母爱，又没有适当的替代，加上其他严重情况，可以加剧婴儿期的抑郁[①]或者产生一种轻度的惯性悲伤，使一个人的

[①] R. A. 斯匹茨：《住院隔离症状群》（"Hospital isolated symptoms group"），见《儿童精神分析研究》，卷1，纽约，国际大学出版社，1945年，第53—74页。

第三章 生命周期：同一性的渐成说

终生保持着一种抑郁性低调。但是即使在比较有利的情况下，这一阶段似乎也给精神生活引入了一种分裂感和一种失去天堂的普遍的暗淡怀旧之情。

被剥夺、被分裂和被遗弃这三个印象都留下了基本不信任的痕迹，与所有这些印象相反，必须建立起基本信任感并使之保持下去。

我们在此处所讲的"信任"（trust），与塞雷斯·本尼狄克（Therese Benedek）所称的"信心"（confidence）是相符的。但我之所以选择"信任"这个词，是因为它更为朴实，其中包含着更多的相互关系：可以说一个婴儿是信任的，但如果说他具有信心就未免言过其实了。而且，信任的一般状态不仅包含一个人学会了对外界供应者的一致性和连续性的依赖，而且还包含一个人能信任自己，并应用自己的器官对付紧急要求的能力；一个人能考虑自身的价值，足以使供养者无须监护，而且可以放心离开。

在精神病学文献中，我们发现经常谈到一种"口唇性格"。这种性格强调的特性代表着这个阶段未解决的一些冲突。只要是口唇悲观主义变得居于支配地位并处于绝对优势，婴儿期害怕"被单独留下"或仅仅"被留下"以及害怕"缺乏刺激"这一类恐惧在"无益""无用"的抑郁形式中都可以觉察出来。这类恐惧又能给口欲、色情（orality）以特别贪婪的性质，在精神分析中称之为口唇期施虐欲（oral sadism），就是说，一种以无害方式使别人或自己感到痛苦的需要。但是也有一种乐观主义的口唇性格，即一个人学会了施予和接受一生中最重要的东西。有一种"口欲色情"是所有个人的一种正常基础，是对强有力供养者的这个第一时期的永久残余，它在我们的正常依赖性和怀旧中表现出来，也在我们一切过度的希望和绝望中表现出来。这个口唇阶段与以后顺次发生的各阶段的整合作用，到了青年期便产生了信仰和现实主义的结合。

口唇的种种倾向的变态性和不合理性，完全视这些倾向与人格其他部分的整合程度、它们适合于一般文化模型的程度，以及应用满意的人际技巧表现它们的程度而定。

所以，此处与别处一样，必须把婴儿冲动的表现作为一个讨论题目放到文化模型中来考虑。人们可以把这些文化模型在一个文化或民族的总的经济或道德体系中看成是变态的，也可以不看成是变态的。例如，人们可以谈到对"机遇"的深厚信仰：即美国人的传统特权在于相信自己的足智多谋和上帝的善意安排。这种信仰有时可以堕落到大规模赌博，或者以任意的，有时往往是以对命运的自杀性挑衅方式去"碰机会"，或者坚决认为一个人不仅应当机会均等而且有超出其他"投资者"的特权。同样的方式是，成群结伴从酒肉中不断获得的乐趣可以转变而为群众吸毒，与我们心目中的基本信任毫无共同之处。此处我们显然接触到一种现象：要求对文化无节度、中等吸毒、自我妄想中幼儿期通道方面带有一定蓄意作恶的问题进行流行病学的研究，上述现象都表现了口唇期再保证（oral reassurance）的某种软弱性。

但必须指出，从最早的幼稚经验中获得的信任总量似乎并不依靠食物或爱情表露的绝对数量，而是有赖于与母亲关系的性质。母亲以一种管理方式在婴儿身上创造出一种信任感，其性质可以把对婴儿个体需要的敏感性照料与在他们的共同生命方式的信任框架内一种个人坚定的依赖感结合起来。这在儿童心中构成一部分同一感的基础，将在日后把自己的"顺遂"之感、自身的独立之感以及别人相信自己会变成什么人之感结合起来。父母不仅要具有某种可允可禁的指导方式，而且可以向儿童表示一种深刻的、几乎是躯体上的信仰，使他们相信所作所为必定具有某种意义。在这个意义上，才能把传统的儿童保育制度说成是形成信任的一个因素，甚至从传统的个别角度来看：某些项目似乎带有任意性或不必要的严格性或宽大性。这在很大程度上取决于父亲或母亲是否以坚定的传统信仰把这些项目传给儿童，认为这是唯一的行事方式；或者是由于父亲或母亲为了平息婴儿和儿童的愤怒，减轻他们的恐惧，或为了在与儿童本身或其他人如岳母、医生或牧师的争论中取胜而造成了对婴儿和儿童的管理不当。

在变化时期——我们还记得有其他的时候吗？——两代之间的差异是如此之大，以致有些传统项目往往变成了障碍。母亲的方式与一个人的自创方式之间的冲突、专家的忠告与母亲的方式之间的冲突以及专家的权威与自己规定的方式之间的冲突，都可以干扰一个年轻母亲对自己的信任。此外，美国生活中一切大的变化（移民、迁居、美国化、工业化、城市化、机械化及其他等等），对年轻母亲的那些貌似简单但影响深远的任务

第三章 生命周期：同一性的渐成说

都易于产生干扰。因此，无怪班哲明·斯帕克（Benjamin Spock）那本书的第一章第一节的标题是"信任你自己"了。①

在讨论发展时，不可避免地要从开始处开始。这是不幸的，因为我们对人的心灵的最早而又最深的层次了解得太少。我要声称的是，我们现在已经摸索到了新的方向，人的生命力中出现的任何成分都可由此进行研究——从人生的开始到同一性危机以及更大的范围。我们对其他阶段虽不能有同等详细的描述，但本章作为一个整体，也得像现在对生命第一阶段勾勒出一个轮廓那样，制定出一个完整的"调查表"。除了生长的一些可测量方面外，我们图式的内容还包括：（1）发展中个体**扩展的力比多需要**及其满足、挫折和"升华"新的可能性；（2）**扩大的社交范围**，亦即他能对之做出有意义反应的人数及其种类，而反应的基础则是（3）他的不断增长的各种**分化的能力**；（4）在一定许可时间内为了应付新遭遇的必要性而引起的**发展危机**；（5）伴随新的依赖性和新的熟悉性（如婴儿早期的遗弃感）的觉知而被唤醒的**疏远感**；（6）作为一切未来力量源泉的一种特殊的新的**心理社会力量**（信任的比重大于不信任）。

这是一张令人生畏的项目单②，而且也是要求我们的迫切任务，就是说，要对助长和危及未来同一性的早期经验做出描述性说明。

我们应当认为哪些才是最早的和最未分化的"同一感"呢？我可以说，它产生于母亲和幼小婴儿之间的遭遇，一种相互依赖和彼此认知的遭遇。由于其本身的幼稚简单性，这是在后来的爱情和爱慕中复现的一种最初体验，只能称之为"神圣存在"感。它自始至终是人心中的基本需要。它的缺乏或受损会危险地限制感到"同一的"能力，这时青年的成长促使个人义不容辞地放弃自己的儿童期而去信任成人期，并同时去追求自我选择的爱情和刺激。

在这一点上，除了上面列举的各点以外，我必须还要加上第七个方

---

① B.斯帕克：《婴儿和儿童护理常识手册》，纽约，杜尤尔，斯洛姆及佩尔斯，1945年。

② 为了获得系统了解，可参见《国际社会科学百科全书》中我写的"人的生命周期"一章（即将出版）。（本书已于1968年由美国麦克米兰出版。——编者注）。

面，即每一阶段对人的一项重大努力做出的贡献。这种努力到了成人期就接管了这个阶段所产生的特殊监护力量，并对这一时期的特殊疏远感给予仪式上的安慰。

每个连续阶段和危机与人的一种基本制度化的努力都存在着一种特殊的关系，其道理很简单，就是因为人的生命周期与人的各种公共机构是同时进化的。它们中间具有双重关系：每一代都带给这些公共机构从幼儿需要到青年热情的残余，并且能从它们——只要它们确能尽力保持该制度的活力——获得儿童般活力的强化。如果我把贯穿于人的历史的力求证实基本信任的这种制度称为宗教，那么对任何把这种儿童般或虔诚行为的宗教视为退化的意图，我都会加以否定，虽然有组织的宗教的实施和目的与大规模的幼稚化也不无关系。每当我们克服了自己对儿童期令人恐惧的那些方面的普遍遗忘时，我们也就满意地认识到这一事实，即儿童期的光荣在成人生活中大体上也得到了复活。因而信任变成了信仰能力——人必须发现某种制度上的确认的重大需要。宗教似乎是最古老的和持续最久的制度，其作用在于使信任感在信仰的形式中得到仪式的恢复，同时也为罪恶感提供一种有形的公式，使人能武装起来抵御这种罪恶感。儿童般的力量和幼稚化潜力从以下事实中可以得到启发：一切宗教行动都包括了对能创造一切的至高无上权力表示周期性的儿童般臣服；以降低职位和卑微姿势表明渺小和依赖；用祈祷和歌唱罪行、邪念和恶意表示忏悔；以及呼请神的指导以求达到热烈要求内心的再统一。在最佳情况下，所有这一切被高度风格化了，从而也变成了超个人的。① 个人信任变成一种普遍信仰，个人不信任变成了一种普遍公式化了的罪恶，而个人的请求恢复则变成了社会中许多表示信赖的仪式行动的一部分。

当宗教丧失了它的实际存在力量时，一个时代似乎必须为从共同世界意象中获得活力的生命，寻找其他共同敬畏的形式。因为只有一个合情合理的连贯世界，才能提供一种信仰，由母亲以注入**希望**活力的方式传递给婴儿，这种希望也就是一种持久的心理倾向，相信主要的欲望可以不顾混

---

① 见 E. H. 埃里克森：《人的仪式化的个体发生》，《伦敦皇家学会哲学会报》，B 辑，卷 251，1966 年，第 337—349 页。

第三章 生命周期：同一性的渐成说

乱的冲动和依赖性的愤怒而终究可以得到实现。最早儿童期的同一性获得的最简短的公式可以很好地表达为：我就是我所希望自己占有的和给予的。①

二、儿童早期与表现自主的意志

精神分析利用"肛欲色情"（anality）这个词丰富了词汇，用以指在儿童早期往往依附于排泄器官的特殊的快乐和偏执。肠和膀胱的整个排泄程序，从一开始就因对一件重要事情"干得好"受到奖励而得到强化。最初这种奖励必须对学会每天排便经常发生的不快和紧张做出补偿。两种发展逐渐增加了肛门体验的必要"容量"：（1）大便变得更容易成形；（2）肌肉系统的劳逸协调，能控制有意释放和存留了。然而对事物的这种新的处理并不限于括约肌。一种普遍的能力，也确是一种强烈的需要，已发展到能凭借意志交替地忍住和排出，而且一般说来，不论握住什么东西，都可以随意紧握或抛掉。

儿童早期的自主第二阶段的全部意义，在于肌肉成熟，言语表达、辨别能力都获得迅速的增长，而且随之增长的是将许多高度冲突的动作模型协调起来的能力。其特征是具有保持和排除的倾向，仍然有高度依赖性的儿童以这种和许多其他方式开始体验到了他的**自主意志**，这时不祥的力量时松时紧，特别是不平等的意识处于游击战状态，因为儿童往往控制不住

---

① 此处表明的图示的一个主要的误用是对信任感所给予的一个重大的涵义，对在某一阶段被设想为永久获得的各种成熟的一切其他"积极的"意义也是如此。事实上，有些作者企图从这些阶段编制一种成就量表，轻率地略去一切"消极的"潜能、基本不信任等，而这些消极的潜能不仅保持着一个人一生积极潜能的动力学方面的对立面，而且对于心理社会生活也是必不可缺的。一个人缺乏不信任的能力，就会和一个没有信任感的人一样不能生活下去。儿童在某一阶段所获得的乃是积极的和消极的东西之间的某种比例。如果平衡倾向于积极的一面，就会帮助他以一种带有无限活力的心理倾向去解决今后的危机。但是，如果认为任何阶段都可以达到一种完善程度，不受内部冲突和外部变化的干扰，这是成功和占有的意识形态在儿童发展中的投射，它已危险地普遍渗透到我们某些个人的和公共的白日梦中了。

自己的强烈意志，父母和儿童之间的意志力量也往往处于不平衡状态。

就肛欲色情本身来说，一切要看文化环境是否需要有所利用而定。在原始文化和农民文化中，父母忽视肛门行为，让大孩子带刚学会走路的小孩到灌木丛中去解手，所以小孩对这件事的依从可以符合他模仿大孩子的愿望。我们西方文明（以及其他国家如日本），特别是其中某些阶段，对此事选择了更加严肃的态度。当前机器时代提供了一种受过机械训练的、无可指责的理想功能，总是注意清洁、准时、排除体臭。此外西方文化还不无迷信色彩地认为，在时间就是金钱的机械化世界中，要培养有高效率的人，早期的严格训练是绝对必要的。因此，一个小孩即使以前是一个必须制服的野兽，也变成了一架必须要服从安装和调节的机器。事实上意志力只能是逐步发展的。我们的临床工作表明，当今时代的神经症患者至少包括了"**强迫性类型**"。他在爱情、金钱和时间以及大小便处理等问题上都表现出吝啬、拘泥和谨小慎微。在我们社会的广大范围内，大小便训练已成为儿童训练中最使人伤脑筋的事情。

然而，肛门问题中潜伏着的重要性和困难性是如何形成的呢？

肛门区位（zone）比其他区位更适宜于表现顽强、坚持、带有冲突性质的冲动。因为首先，它是必须交替产生的两种互相矛盾的方式，即保持和排除方式的典型区位。其次，括约肌仅仅是肌肉系统的一部分，具有固定和松弛、弯曲和延伸的两可性，因而整个阶段变成了一个争取自主性的战役。因为当幼儿准备好使自己的脚站得更稳时，他同时也学会了用主语的"我""你"，宾语的"我"和"我的"来描绘他的世界了。每一个母亲都知道，在这个阶段，每当儿童决心做他要做的事情时，他会表现得令人吃惊地顺从，然而却想不出一个可靠的办法要他去做这样的事。每一个母亲都知道，这个阶段的儿童会多么温顺地设法接近她，但也会突然粗鲁地试图把她推开。与此同时，儿童也有这种倾向：贮藏物件又抛弃它们，既死守着心爱的东西不放，又可能把它们从窗户抛出去。我们因此把所有这些貌似矛盾的倾向概括为保持—排除方式这一公式。事实上，所有基本通道都包含有敌对的和宽厚的两种期待和态度。因此，"握住"（to hold）可以变成一种毁坏性的和残酷的挡住和约束，也可变成一种关心的模式："好好拿着"。"释放"（let go）能变成毁坏性力量的恶意放出，也能变成一种缓和的"让它过去"和"让它那样算了"。从文化上来讲，这些通道无所谓好坏，它们的价值要看它们在文化中对所要求的肯定和否定的模型如何建立而定。

成人和儿童之间的互相调节问题现在面临着最严峻的考验。如果外界控制的训练太早太严，始终不让儿童自己逐步控制大小便和其他功能，他就会再次面临双重对抗和双重失败。由于无力抗拒他自己的肛门本能性，有的害怕他自己的肠部运动和外部无力，他就被迫用退化方式或虚假的前进方式寻求满足和控制。换句话说，他将回复到一种更早的口唇控制，也就是，他会吮吸拇指并提出双倍要求，或者他会采取敌视态度或一厢情愿，往往利用自己的粪便（后来则相应地运用脏话）作为攻击手段，或者假装在自主性和能力上无需别人的帮助，而实际上他也得不到任何真正的帮助。

因此，本阶段在可爱的善良意志和可恨的自我坚持之间，在通力合作和一厢情愿之间，在自我表现和强迫性的自我约束或温顺的依从之间，各自所占的比例起着决定性的作用。不失自尊的自制感乃是个体发生**自由意志感**的根源。于是从不可避免的自我控制丧失感和父母过度控制感当中产生出一种**疑虑**和**羞愧感**的持久倾向。

为了自主性的成长，必须具有一种坚定发展的早期信任。婴儿必须相信他对自己和世界的信仰不会受到诸如选择、占有和排除这一类强烈欲望的危害，只有父母的坚定性才能使儿童免受不成熟的辨别和拘谨的不良后果的影响。但是，他的环境也必须支持他所希望的自主性，同时要能使他防止正在不断出现的与疏远感相应的感情，即一种还未达到成熟就愚蠢地暴露自己的感情，我们称之为羞怯或继发性不信任。另外还要防止一种"先愣住后醒悟"（double take）的感情，我们称之为疑虑，包括对自己的疑虑，以及对训练者的坚定性和敏锐性的疑虑。

羞怯是一种幼稚的情绪，还未得到充分的研究，因为我们西方文化早已认为它属于罪疚一类。羞怯假定一个人把自己完全暴露于众，而且意识到被人注视着——一句话，就是自我意识。人是看得见的，但又不准备被人看见，因此我们在羞惭的梦中，常梦见在衣不蔽体、穿着睡衣或在尴尬的情况下被人注视着。羞怯最早的表现是一种羞于见人或无地自容的冲动。这种潜在的可能性被人充分地利用着，有些原始部落专门用"羞辱"作为教育的方法，用以取代后面还要讨论的更具破坏性的罪疚感。而在某些文化中，则用"顾全面子"的办法，使羞辱的破坏性得到平衡。羞辱来源于不断增长起来的渺小感，这种感觉是当儿童能够站立起来以及他能有意识地注意到大小和力量的对比而发展起来的。

过分羞辱并不能产生适当之感，所引起的结果如果不是厚颜无耻，也不过是暗中下定破釜沉舟的决心。有一首生动的美国民谣，说的是一个即将在众目睽睽之下上绞架的杀人犯，他不但毫不感到道德上的畏惧和羞耻，反而开口斥责观众，挑衅似的连声骂道："瞎了你们的眼。"有些小孩经受不起羞辱，也会变得心情不佳（虽然没有勇气骂人），说出一些类似的反抗的话。我提起这类恶意的事，不过是为了说明人当着儿童和成人的面强迫他们反省，承认自己的身体、行为和欲望的肮脏或丑恶，而且相信做这样的批评以后他们就会变得正确，然而他们对此的忍耐是有限度的。有时他们干脆不理睬别人的意见，并以为令人讨厌的只是他们的在场：只要他们走开或者离开他们，一切就平安无事了。

本阶段在精神病上的危险与其他阶段一样，本来是规范性的疏远感，可却不知不觉地恶化到引起神经症或精神病的倾向。敏感的儿童可以只注意自己，从而发展了一种**早熟的良心**。他不是有意地用重复的游戏来检验遇见的事物，而是变成一种强迫的重复性，期望一切事物都"恰如其分"，只限于某种顺序和速度。由于这样一种幼稚强迫性和拖延，或者由于变成拘泥于仪式般的重复，儿童于是在与父母没有发生大规模相互调节的领域内学会了控制父母。这种空虚的胜利就是成人强迫性神经症的一种雏形。

例如在青年期，一个强迫性的人总想有办法表明"侥幸做成"事情的愿望，然而却发现连愿望本身都无法形成。因为这样一个年轻人学会了躲避别人，他的早熟的良心就不让他真正地侥幸做成任何事情。他照例地带着羞愧之情，害怕别人看见他渡过了同一性危机。他或者以一种"过分补偿"的方式，显示出一种挑战性的自主性，这种自主性可以在团伙的无耻蔑视中获得仪式般的认可。我们将在第六章详细讨论这一点。

疑虑紧伴着羞怯而产生。羞怯是意识到事情弄僵了或暴露于众。疑虑

第三章 生命周期：同一性的渐成说

则是一种有前和后的意识——特别是一种有关"后面"的意识。因为身体的这个背后部位以及括约肌和臀部，易受攻击而且是力比多的中心。儿童自己看不见，却能受别人意志的摆布。"后面"是小孩的阴暗大陆，是能够受到一些人的不可思议的支配和有效侵犯的部位。他们会侵犯儿童的自主能力，并把正常的粪便称为讨厌的东西。对于留在后面的任何东西的这种基本疑虑感，正是习惯于"先愣住后才醒悟"或是后来更为言语化的强迫性疑虑的雏形。在成人身上，它表现为偏执狂的恐惧，害怕暗藏的迫害者和来自背后的威胁性迫害。它在青年期还可表现为一种短暂的、完全自我疑虑的，一种目前一切在时间上都"落后"的感觉——儿童时代的家庭以及个人人格的早期表现——这简直谈不到构成新的开端的必要条件。于是所有这一切，都在故意显示的肮脏和凌乱，以及对世界和自己的"肮脏的"咒骂中统统被否定掉。

与口唇人格一样，强迫性或"肛门"人格有其正常性方面，也有变态性的夸张。如果某些冲动性最终与带有补偿性的特质整合起来，甚至也可变成一些有益的强迫性事物，其实质是秩序、准时和清洁。问题往往在于，我们是否能始终作为使事物变得更易处理的各种通道的主人或者管理者，是否为规则所支配。

要用耐力和弹性训练儿童的意志，以便能帮助他克服过分任性，发展某种"良好意志"，并（在某些主要方面学会服从的基础上）保持一种自由意志的自在感。至于精神分析，其主要注意力集中于过早的大小便训练和不合理的羞辱，可以引起儿童对自己身体的疏远。它至少想对儿童规定不应该做些什么。当然，通过对生命周期的研究，也可以学会若干可以回避之处。然而许多这一类规定，对于某些急于求成的人来说，往往容易引起一些迷信的想法。我们正在逐渐了解到什么样的儿童在什么年龄恰恰不要做什么事，但是我们还应该继续理解他们要自动高兴地做些什么。引证弗朗克·弗里蒙特-史密斯（Frank Fremont-Smith）的话说，专家只能"制定其中可允许和合乎需要的一种选择参照系"。正如有关儿童训练的比较研究使我们相信的那样，在最后分析中，父母所能给予幼儿的自主感的种类和程度，有赖于他们从自己生活中获得的尊严和个人独立感。我们已经指出，婴儿的信任感是父母信仰的反映，同样，自主感也是父母作为自主者的尊严的反映。因为不管我们照料得如何细心，儿童基本上总觉察到我们是作为一个慈爱的、合作的和坚定的人而活着，同时也会觉察出是什么使我们变得可恨、焦虑和内心充满矛盾的。

那么，有些什么社会公共机构在保护着我们生命第二阶段的持续成就呢？人对于描写自己自主性的基本需要，在**法律**和**秩序**的原则上似乎具有一种制度上的保护措施，在日常生活和法院中，它都分配给每个人以特权和限制、权利和义务。只有父母具有一种公正的、有节制的自主感才能培养出对儿童的管理所表现的是一种超个人的义愤，而不是一种任意的正义性。这一点值得详细讨论，因为许多疑虑感，以及许多儿童对惩罚和限制的愤懑，都是父母在婚姻上、工作上和公民身份上遭受挫折的后果。很多人在儿童期就一直期望从生活中获得高度的个人自立、自豪的机会。然而在以后的生活中却发现自己为复杂得难以理解的非个人组织和机构所左右，结果可以产生一种深刻的长期失望，使他们都不愿在彼此之间——或与他们的孩子之间获得一定的自主性了。相反，他们可能充满非理性的恐惧，害怕失去剩下的自主性或害怕自由意志被无名的敌人所破坏、限制和束缚，但同时又非常自相矛盾地害怕被控制得不够，以及不告诉自己做些什么。

我们终于描述了儿童期的一个阶段的斗争和胜利的特征，这个阶段究竟以什么方式对同一性危机做出贡献，是以支持同一性形成的方式，还是对同一性混乱提出一种特殊的疏远呢？当然，自主性阶段是值得特别注意的，因为在这个阶段第一次从母亲那里获得了解放。有许多临床上的理由（在有关同一性混乱那一章再加讨论）使人们相信，青年脱离整个儿童期环境在很多方面重复了这种初次解放。为了这个缘故，大多数难管教的青少年也会部分（有的整个）退化到顽强而悲伤地寻求一种指引，这与他那玩世不恭的独立性似乎格格不入。然而除了这些"临床的"证据外，对于最终同一性形成的全部贡献，正在于有勇气成为一个独立个人，他能够选择和指导自己的未来。

我们说最早的阶段在成长的个人身上留下了一种残余物，它在许多水平上特别是在个人的同一感中，可以反映出"我就是我所希望自己占有的和给予的"，那么在自主性阶段的类似残余物就似乎是："我就是我所能自由意欲的。"①

三、儿童期与角色预期

　　由于深信自己是一个能支配自己的人，儿童现在必须知道他可以变成怎样的人。他当然自以为和自己的父母是完全"认同"的，在儿童看来，父母总是强有力的、优美动人的。虽然往往也不讲道理，脾气不好，甚至是危险的。有三种发展支持着这个阶段，但也带来了本阶段的危机：（1）儿童学会了更自由更猛烈地向四周移动，所以对他来说是建立了一个更为广泛的、无限制的目标范围；（2）他的语言感的发展趋于完善，到了可以理解的程度，并对听起来恰恰容易发生误会的无数事物能够提出询问了；（3）语言和运动两方面使他把想象扩大到许多自己曾梦想和虚构的角色，有的还免不了有点害怕。但不管怎样，他必须从所有这些情况中产生一种**主动感**，作为现实主义的野心感和目的感的基础。

　　然而作为一种完整无缺的主动感的标准是什么呢？此处所讨论的各种感觉发展的标准是相同的：某种为新的疏远所困扰的危机的解决方式是，这时儿童突然似乎更感到"是自己"了，更为可爱，更为轻松，判断也更为聪明——一句话，产生了一种新的活力。他似乎变得活跃而主动；他能自由支配剩余精力，使他很快地忘记了许多失败并能接近一些似乎合适但仍不免带有危险的新的领域，怀着永不熄灭的热情和不断增长的方向感。

　　我们现在已接近第三年之末了，这时走路逐渐变得自如和有力。书本告诉我们，儿童在此很早以前已能行走，但是行走和跑步要成为儿童能够自由控制的一个项目，必须重心落在身体范围之内，必须能够忘掉他是正在走路，并且相反地能够觉得他可以应付自如。只有在这时他的双腿才成为他的一部分，而不是走动的附属品。只有这时他才发现**能够**做的同时，**可以**做也有同样好处，而现在他正准备把自己视为已长得与漫步的成人一

---

　　① 见 E. H. 埃里克森：《青年路德》，纽约，W. W. 诺顿，1958 年。在路德的启示经验中，这两种信仰都得到了反响。

般大了。他开始进行比较了,对一般大小和种类的差别,特别对性别和年龄差异产生了一种不倦的好奇心。他设法去理会未来的可能角色,或者不管怎样,去了解什么角色值得想象。更为直接的是,他现在能与同龄儿童发生接触了。在年长儿童的指导下,或母亲的特别监护下,他逐渐深入到保育学校、街道角落和谷仓空场等地的幼稚的政治活动中。他现在的学习主要是侵犯性的和精力充沛的,打破了自身的限制,走向可能的未来。

本阶段的行为以侵入性方式为主,其特征在多种结构相似的活动和幻想中表现了出来。它们包括:(1)以有力的移动侵入空间;(2)以大量好奇心侵入未知领域;(3)用侵犯性大声侵入别人的耳朵和心灵;(4)用躯体上的攻击侵犯别人的身体;(5)而往往更为可怕的是想要以男性生殖器侵入女性身体。

所以,这在幼儿性欲理论上称为男性生殖器阶段。这是幼儿好奇心的阶段,是生殖器兴奋性阶段,是对性的问题带有不同偏见和过分关注的阶段。例如女孩显然是丢掉了阴茎。这种"性器性欲"(genitatily)当然是雏形的,不过只是知道有这么回事,甚至引不起特别注意。如果不是由于特别诱人堕落的行为、有意的禁止、"把它割掉"的威胁以及在儿童集团中有性游戏这一些特殊习惯而引起早熟的表现,也不过只引起一系列特别诱人的经验,不久便会因为变得过于使人害怕,而且因为漫无目标而被压抑下去。这导致人的一种特性占据了支配地位,弗洛伊德称之为"潜伏"期,也就是把幼稚性欲(在动物身上则与成熟不分)与身体上的性成熟分隔开来的长期延缓。与此同时,幼儿也认识到这一事实,即在尽一切努力想象自己成为一个人,原则上能像母亲和父亲,甚至在不远的将来能成为父亲,与母亲发生性关系;或者成为母亲,与父亲发生性关系。正是这种认识在情绪上的后果以及与之相联系的魔法般恐惧,促使弗洛伊德把它称为"俄狄浦斯情结"(Oedipus complex)。这根据的是一种发展的逻辑,规定了男孩的第一次性爱依附于给予他以身体舒适的母亲成人,并规定了男孩对在性方面控制着母亲的父亲产生了第一次性的敌视。至于小女孩,则依附于父亲和其他重要男人,嫉妒她的母亲,这种发展可以引起小女孩的严重焦虑。它似乎阻挡了她变得与母亲相一致的退路,而且引起母亲带有极大危险性的不满。

女孩们在本阶段往往经历一种严肃的变化,因为她们迟早会看出,尽管她们的运动器官、心理的和社会的侵犯性不亚于男孩,从而可以变成完全像男孩般调皮的姑娘,然而她们总缺少一件东西,大多数文化和阶级视为重要特权的东西,即阴茎。男孩们有了这个看得见的、可竖起的和可理解的器官,他可由此梦想到成人的伟大,女孩的阴蒂则只能引起性平等的梦幻。她甚至还缺少象征着她的未来的乳房,最终对侵入的男性生殖器的**接受**的观念还感到太可怕,她的母性驱力则被降到了幻想游戏或照料婴儿。另一方面,当妇女支配着家务时,男孩就会产生一种不适宜之感,因为他知道在本阶段,他在户外能很好地游戏和工作,却绝不会支配家庭、他的母亲和姐姐。他的母亲和姐姐实际上甚至还会使他感觉到她们对他的猜疑,认为男孩是真正讨厌的东西。

每当经济生活的需要和社会计划的单纯使得男性和女性角色以及他们的能力和报酬变得可以理解时,这些有关性别差异的早期忧虑自然容易整合到为性别角色分化而形成的文化设计中去。所以男孩和女孩都特别欣赏任何有说服力的允诺,认为他们总会有一天变得跟他们父母一样的完善——甚至超出他们的父母;他们对于性的启示有时也感到一点兴趣,而且有间歇地经久不衰。

步行阶段(ambulatory stage)亦即游戏和性器性欲阶段,为两性的基本社会通道的目录单上增添了一个"追求"(making)项目,首先表现为儿童般的"野心勃勃"(being on the make)之感。再也没有比作为国际交际语的"基本英语"更简单而有力的语词来说明基本社会通道了。这些语词表明竞争的愉快、对目标的坚持、征服的快乐。男孩心中的追求强调的始终是正面的攻击,在女孩则可转变为"捕获"(catching)。其手段可以是进攻性的"夺取",也可以使自己变得讨人喜欢和富有诱惑力,儿童便可由此发展出男性或女性主动性的一些必要前提,构成了他的未来同一性的积极和消极方面的主要成分。然而,沉湎于大量想象之中,以及对自己运动器官能力增长的陶醉,都会使秘密的幻想膨胀到可怕的程度。一种深邃的**罪疚感**被唤醒了——这是一种奇异的感觉,因为它永远使人觉得个人犯了罪或干了坏事,但归根到底,不但没有干坏事,而且在生物学上也是不可能的。由于争取主动性的斗争在其最坏的情况下是集中力量于排除敌手，因而对于年幼弟妹的侵犯特别表现出**嫉妒的狂怒**，对于长子以及自主性占据了优势的儿童，自主性也带来了**预期的竞争**。当嫉妒和竞争在企图划分特权已不属争议的范围时，人们往往是痛苦而且也是枉费心机的。这时的**嫉妒和竞争**，在与父亲或母亲争夺有利的位置时达到了最高潮，不可避免的必然失败引起了罪疚感和焦虑。儿童幻想自己成为英雄和老虎，但在他的梦想中却害怕失去可爱的生活。因此这是一个害怕生活受损害的阶段，一个**阉割**情结的阶段——作为秘密幻想和行为的惩罚，男孩日益害怕失去自己的生殖器，女孩则深信已经失去了男性生殖器。

主动性的伟大统治者是**良心**。我们说儿童现在不仅感到害怕被揭露而受惩罚，并且还可听见自我观察、自我指导和自我惩罚的"心声"，它使儿童内心产生了彻底的分裂：一种新而强有力的疏远。这是道德的个体发生的基础。但是从人的活力观点来看，如果性情太急的成人给这个伟大的成就增加了过分的负担，则可使精神和道德两受其害。因为儿童的良心可以是原始的、残酷的、不可调和的，如我们在一些情况中看到的那样，有时儿童学会了约束自己且已到了全部抑制的程度；有时他们所表现的顺从实际上超出了父母希望的程度；有时产生深刻的退化和持久的怨恨，因为父母自己并没有在儿童心中培养出良心。人生最深刻的冲突之一是由对父母的恨所引起的。父母最初充当模范和良心的执行者，但是后来却被发觉他们偷偷想做成的事情正是儿童本身不能容忍的违法事件。所以儿童开始觉得，整个事情并不是一种普遍的德行，不过是一种专横的力量。超我的"不全则无"这一性质应用于猜疑和推诿，使说教者对自己和同伴都造成了极大的潜在危险。道德可以变成报复性和压制别人的同义词。

有些读者对这一切似乎会感到奇怪，因为他们对这一阶段可以唤起又可暂时隐没的破坏性驱力的潜在源泉从未产生过怀疑，这种驱力只能等到后来有机会被引起时，会随时对内心的破坏性武库增添力量。我应用"潜在的""引起"和"机会"这些词，乃是为了强调指出，如果我们能够了解儿童期的冲突和焦虑以及儿童期对人类的重要性，对这些内部的发展也未尝不可加以控制，用之于建设性的、和平的主动性。要是我们有意忽视或贬低儿童期现象，加上儿童期忽好忽坏的梦想，我们便无法认出人的焦虑和冲突的这一永久性根源。其次，这一阶段的病理后果，要到很晚时才

第三章 生命周期：同一性的渐成说

会表现出来。此时，战胜了主动性的冲突将表现为癔症性否认和一种自我约束，如果不是造成相对的性无能和性感冷淡，也会阻碍个人的内心能力、想象和感情的发展，而这一切又可形成一种"过度补偿"，表现为不知疲倦的主动性，拼命地大干特干。许多成人感到他们做人的价值完全在于为未来而苦干，而不是为了现在，结果使他们的身体时刻紧张，忙个不停，甚至在休息时也像机器在运转着。这对讨论得很多的当代身心疾病也是一个有力的贡献。这就好像文化强迫一个人大肆宣扬自己，不适得其反决不罢休。

然而有关儿童训练的一个有比较性的观点，表明了对同一性发展具有重要性的一个事实，即成人利用自己的榜样，利用他们所讲的成功故事和在他们看来是伟大的过去，以一种理想典型和富有吸引力的技巧，为这个年龄的儿童提供了一种他们急于吸收的**行动的精神气质**，用以代替连环画中的神仙故事。基于同一理由，游戏年龄有赖于某种基本家庭形式的存在，它在游戏的结束和不可逆转的目的开始时，在"禁止之事"为有力行动的合法途径代替时，以耐心的例子教育儿童。因为儿童现在正在寻求新的自居作用，似乎可以有一个主动性范围，允许与家庭中毫无希望的竞争较少产生冲突和罪疚。其次，与可理解的竞争和工作活动有关，在父子和母女之间可以建立一种同伴关系，这是价值上基本平等的体验，尽管在发展时间表上是不平等的。这种同伴关系不仅对父母和儿童是一种永久的财富，而且对社会也是如此，因为它对仅仅根据大小和年龄而产生的潜伏仇恨是一种抵消的力量。只有如此，罪疚感才被聚合到一种有力而不严厉的良心中去，语言才被证实是一种共享的现实。俄狄浦斯情结阶段最终才不仅产生出在一定范围内不加约束的道德感，而且可以为可能的和可接触到的事物确定方向，将幼稚的梦想与技术和文化的各种不同目标密切地联系起来。

我们现在可以看到是什么促使弗洛伊德把俄狄浦斯情结置于人的冲突存在的核心位置了。这不仅是根据精神病学的事实，而且得到了伟大的小说、戏剧和历史的证明。因为人开始成为一个游戏儿童的事实，甚至在他考虑他的最高目的时，也留下了游戏活动和角色游戏的残余。他把这些投射到光荣的过去以及更伟大而往往是也更为完善的历史未来。他将会把这些改编为具有清一色演员的剧本，做出仪式般安排，甚至使攻击主动性以服从更高权威而减轻罪疚的方式而获得认可。

　　在主动性阶段的集体心理后果中，还存在着一种潜伏的往往又是强烈的准备状态，积极地追随任何可以制定出征服目标的领袖，这个目标既不是个人的，又似乎有足够的光荣，在男子身上可以激起内在的崇拜男性生殖器的热情（在女性身上则引起顺从），从而清除他们的不合理罪疚。因而人的攻击性理想虽然在很大程度上固定于主动性阶段，这对于同一性形成的冲突和同一性混乱是一个重要的事实。

　　主动性阶段对于其后的同一性发展的重要贡献，显然在于解放儿童的主动性和目的感，容许（但不能保证）实现一个人的各种能力去完成成人的任务。这在已牢固建立起来的、坚持生长而不惧怕罪疚的信念中已有所准备："我就是我所能想象的我所能成为的我。"然而同样明显的是，这个信念由于幼稚理想和青年现实之间的不一致而产生的广泛失望，只能导致表现男子特征的"罪疚—暴力"周期失去控制，因而对他的本身存在也正是一种危险了。

四、学龄期与任务自居作用

　　儿童再也没有其他的时候比在他的广泛想象期末，对其基本计划中的智慧能更有准备地迅速而贪婪地学习，从而能更多地分担义务、训练和成就等意识了。他也急于把事物收拢起来，共同建设和计划，而不再试图胁迫其他儿童或横加限制了。儿童现在也依恋教师和其他儿童的父母，注意并模仿能代表他们所能谋求的职业的那些人——消防员、警察、花匠、管道工、清洁工，如果他们的生活至少有一部分时间，可以靠近仓前空地，或者在有着繁忙人群和不同年龄儿童的安全街道上度过，当他们的各种能力和主动性增长到突然爆发程度时便可以进行观察和参加进去，他们就算是幸运的了。但是一等到入学年龄，一切文化的儿童都得接受某种系统的教育，虽然所进的学校不一定总是把已学会如何教读写的人组成教师队伍。在前文化的人当中，所学会的知识，很多得之于成人，他们成为教师

第三章 生命周期：同一性的渐成说

只是由于大家赞成而不是出于委任；也有很多得之于年长的儿童，但是所学的知识与简单技术的基本技巧有关。当儿童准备使用大人应用的器皿、工具和武器时，对这些技术就能有所理解。他学会本部族的技术是逐渐的，但也是非常直接的。比较有文化的人则有了更多的分工，要教儿童学习，必须先准备教会他们读写。因此儿童接受的先是广泛的教育可能性，然后才是各种可能的分工。分工越专门化，主动性的目标就变得越不明确；社会现实越复杂，父母在其中所扮的角色就越模糊。因此在儿童期和成人期之间，我们的儿童便去上学，而学校技巧对于许多人来说似乎本身就是一个世界，有其自身的目的和限制，也有其自身的成就和失望。

到了进幼儿园的年龄，游戏进入了与别人接触的世界。最初把别人当作物体，对他们可以审查、碰撞或强迫"当马骑"。为了发现什么潜在游戏内容只能作为幻想对象或者只能由自己一个人来玩，什么游戏内容只限于在玩具或小动物世界中成功地表现出来，什么内容可以与别人分享甚至对别人进行强迫，这样的学习是必不可少的。这种学习不限于对玩具和物体的技术操纵，而且包括了利用试验、计划和分工以掌握社会经验的幼稚方式。

当所有儿童有时不得不留下单独游戏，或者后来只能与书本和广播、电影、电视打交道时，或者当所有儿童只能整天做"佯装"游戏时，由于缺少一种能够制造而且制作精美的感觉，他们迟早会变得不满和不快。我把这种感觉称为**勤奋感**。由于这种勤奋感，就是被照料得很好的儿童也会很快变得勤奋起来。这就好像他自己和他的社会都知道他现在在心理上已经是一个初具模型的父亲或母亲，他在长大成为真正的父母以前，必须多少像一个工人和未来的供给者。因此随着即将到来的潜伏期，年龄变大了的儿童便将使自己进入梦想和游戏的驱力忘掉了，或者不如说把它们"升华"了——也就是用之于具体的追求和赞同的目标了。他现在学会了用制作物件以求获得承认。他逐渐变得不屈不挠，使自己能适应工具世界的无机规律，并能变成生产情境中一个热情而专心致志的人。

本阶段的危险是产生一种对自己和自己任务的疏远——即众所周知的**自卑感**。这可能是由于以前的冲突未能得到适当解决而引起的：儿童可以仍然需要他的妈妈甚于需要知识；他可能仍然愿意当家中的宝宝而不愿做学校中的大孩子；他可能仍然把自己与父亲相比较并因此引起罪疚感和自卑感。家庭生活可能没有为他的学校生活做好准备，学校生活也可能不支持先前几个阶段所做出的允诺，因为直到目前他所学会的一切，在他的同伴和教师看来似乎毫无可取之处。此时他也可能在某些方面有潜力可挖而脱颖而出。但如果得不到及时的诱发，也可能发展得很晚或者根本得不到发展。

正是在这点上，更为广阔的社会对于准许儿童扮演角色以对技术和经济做好准备，就变得很重要了。然而儿童会立即发现，决定他是否配做一个学生或学徒的因素，往往是他的肤色和父母的背景，而不是自己的学习愿望和意志。一个人感到无价值的倾向不断增强，可以成为性格发展的致命因素。

感到被社会信赖和尊重的好教师，知道如何调节游戏和工作、运动和学习。他们知道如何承认特别的努力，如何鼓励特殊的天赋；他们知道如何给儿童以时间以及如何去掌握那些有时不把学校放在眼里，并认为对学校只能忍耐而毫无快乐可言的儿童；他们同时也知道如何对付另一些儿童，他们有时甚至认为其他儿童比教师重要得多。但是好的父母也知道应该使自己的孩子信任教师，因而一定要有可以信赖的教师。在儿童心中，对于既明白事理又知道如何去干的人产生并保持一种积极的自居作用，是没有任何危险可言的。经常与有特别天赋和富有灵感的人交谈，一个人自然会热情地觉得，一个教师是可以在未被发现的天才心中点燃火焰的。然而有大量的证据表明这方面受到了广泛的忽视。

在我们的小学中，大多数的教师是妇女。我将对这一点顺便谈几句。因为这种情况可以与无知识男孩的男性自居作用发生冲突，好像知识属于女性，行动才是男性的。萧伯纳（Bernard Shaw）曾说，有能力的人就做事，无能力的人就教书。有些父母和儿童仍然时常相信这种说法。因此，教师的选择和训练，对于防止本阶段儿童可能发生的危险是至关紧要的。教师可以把自卑感的发展、一个人自觉毫不足取的感情这种危险降低到最低程度，因为他知道强调儿童能做些什么。他能看出精神病问题的征兆。显然，此地有着防止特殊同一性混乱的绝好机会，以免倒退到因无能或触犯校规而失去学习的机会。另一方面，儿童刚刚萌芽的同一感也可保持不成熟而固着于只甘心当一个小工人或小善人,而他的发展绝不会仅止于此。最后,还有一种或许是最普遍的危险,即儿童在长期的学校生活中,从来没有获得过工作的快乐或者至少因某件成功的事情而感到过自豪。

关于在发展勤奋感的时期中,我已经提到了在应用新的能力时发生的外部和内部障碍,但还没有提到人的一些新驱力的加强,以及这些驱力因受挫而产生的愠怒。这一阶段与前一些阶段的不同之处,在于它不是从内部动荡转向一种新的控制。弗洛伊德称之为潜伏期,是因为猛烈的驱力一般都蛰伏不动,但这只是青春期风暴前的暂时平静。到时候一切先前的驱力就会以一种新的结合而重新出现。

另一方面,这也是一个在社会意义上最具决定性的阶段。因为勤奋包括了独自一人以及和别人在一起工作,有一种最初分工和机遇不同之感——即一种文化的**技术社会特性感**——在此时发展起来。因此,文化的完形和作为**普通技术学**基础的操作,必须有意义地进入学校生活,支持每一个儿童心中的一种胜任的感情——也就是在完全没有受到幼稚自卑感损害的严肃工作中自由地运用技巧和智力。这是合作性地参与生产和成人生活的持久基础。

可以用美国文法学校教育中的两个极端证明在校时期对同一性问题的影响。传统的极端是把早期的学校生活作为严肃的成人期的延伸,当一个人去做被吩咐的事情时,强调的是自我约束和严格的责任感。现代的极端则与之对立,把早期的学校生活看成是儿童期自然倾向的延伸,利用游戏寻求发现,在喜欢做的事情中学会必须要学的东西。这两种方法对某些儿童在某些方面可以行之有效,但对其他儿童则必须要求做出特殊的适应。第一种倾向如果趋于极端,可以在学龄前的和文法学校中的儿童身上养成一种倾向性,变得完全依赖规定的职责,他因此可以学会很多绝对需要的知识,也可培养成一种难以动摇的责任感。但是,他再也无法摆脱没有必要的和付出代价很大的自我约束,使他自己后来的生活和别人的生活都可能变得很不好受,这事实上伤害了儿童热爱学习和工作的天性。另一个倾向如果趋于极端,不但会导致众所周知的反对意见,认为儿童什么东西都没有学到手,而且养成了儿童这样一种感情,正如一个大都市儿童提出的一个著名问题:"老师,我今天一定要做我想做的事吗?"这个年龄的儿童最喜欢的就是温和但坚定地强迫他们冒点险去发现一个人可以完成他本人再也没有想到的事情，发现那些之所以最富有吸引力的事情，恰恰不是因为它们是游戏和幻想的产物，而是由于它们是现实的产物。由于它们的实用性和逻辑性，这些事物为参加成人的真实世界提供了一种象征意义，这是对事实的最好表述了。在这两个极端之间还有很多种学校，但除了作为学生必须到校以外，可说是毫无风格可言。社会的不平等和方法的落后在许多儿童和技术之间建造起危险的鸿沟，后者需要的是，儿童不仅为技术的目标服务，更为迫切的是，技术可以为人类服务。

但是同一性发展还有另一个危险。如果表面顺从的儿童把工作当作有价值的唯一标准，置想象和游戏于不顾，他就会容易变成像马克思所说的"手艺白痴"（craft-idiocy），也就是，变成他的技术学及其起主要作用的类型学的奴隶。我们现在谈的已经是同一性问题了，因为随着与技巧和工具世界以及与教授和应用它们的人建立起一种牢固的初步关系，随着青春期的开始，儿童期本身已告结束。又因为人不仅是学习的，而且是传授的，而归根到底是工作的动物，于是在校时期对于同一感的直接贡献可以用这样一句话来表达："我就是我所能学会进行工作的我。"（I am what I can learn to make work.）可以很明显地看出，对于任何时候的绝大部分人来说，这不仅是他们的同一性的开始，而且是一种限制。更恰当地说，大多数人已围绕着他们的技术和专业能力巩固了自己的同一性需要，只让一些特殊的集体（在出生、选择或选举和天资方面表现特殊的）去建立和保存那些"较高级"的公共机构。没有这些机构，人的日常生活即使不是一件苦事，甚至应该咒骂，也是一种不适当的自我表现。正因为这个缘故，现代的同一性问题在精神病学和历史两方面就发生了关联。因为当人能把某些苦事和诅咒留给机器时，它就能使更大一部分人类的更多同一性自由得以具体化。

五、青年期

当技术进展在早期学校生活与年轻人最后确定专业工作之间占据越来越多的时间时，青年期就变成了一个甚至更为显著和更具意识的时期，往往在某些时期的文化中，几乎成了儿童期与成人期之间的一种生活方式。因此，在学校生活后期，年轻人由于为生殖器成熟的生理发展所困扰，以及未来成人角色的尚未确定，于是便醉心于时尚的追求，似乎想建立一个青年亚文化群，把实际上才开始的同一性形成，视为最终的而不是暂时性的了。他们有时病态地、而且往往是好奇地一心想象着将自认为是什么样的人与自己在别人眼光中表现为什么样的人进行比较，并且老是想着如何把早期养成的角色和技术与当前的理想原型结合起来的问题。在他们寻求新的连续感和一致感（包括性的成熟在内）的过程中，有的青年在选定永久的崇拜人物和理想作为最后同一性的指导者之前，还必须再度努力对付早年的尚未解决的危机。总之，他们需要一个合法延缓期（moratorium），用来整合在此之前的儿童期的同一性各成分；只是到了现在才有了一个较大的、轮廓模糊却有迫切需要的单元，代替了儿童期的环境——"社会"。对于这些成分的解说也包括在青年问题之列。

如果以前各阶段给同一性危机留下一种对自己和别人都应信任的需要，则很明显，青年也在热烈地寻求可以信仰的人和观念，这也意味着，从被寻求的人和观念来说，似乎也值得证明一个人本身是可以信赖的（这一点将在讨论忠诚的一章中再行讨论）。然而与此同时，青年又害怕傻瓜似的过分承担义务，从而会自相矛盾地表现出需要对招摇的和玩世不恭的不信任表示信仰。

如果第二阶段建立了一个人可以自由地**决心要**做什么的必要范围，那么，青年现在就在寻求一个机会，能自由决定一条可以达到或者是不可避免地承担责任和义务的途径。但与此同时，他又极端害怕进行那些自认为会被人讪笑或使人觉得是自我疑虑的活动。这也可以导致一种自相矛盾的心理，即他宁愿做出无耻的、在年长的人看来是出于自由选择的行动，而不愿做出羞怯的、在自己的同伴眼中看来是被迫而为的活动。

如果一个人**可以**变成什么样的人这样一种无限的想象是游戏期的一项遗产，那么青年心甘情愿地信任同伴或者可以对他们指出富有想象力而不是幻想范围的年长者或错误领导人则是非常明显的了。由于同样原因，青年强烈地反对对自己的自我意象施加一切"腐儒般"的限制，并准备大声地控诉把他的一切罪疚归之于自己的野心。

最后，如果渴望做些工作或把工作做好是学龄期的收获，那么，选择一种职业的意义便不止是一个报酬和地位的问题了。由于这个缘故，有些青年宁愿暂时什么工作都不干，也不愿意勉强去干那些不能使人志得意满的平庸工作。因此，总有部分青年在历史的某些时期适逢最为激动人心的时刻，发现历史本身处于技术、经济和意识形态的高潮，似乎可以允诺青春活力所可要求的一切。

于是，那一部分青少年的青春期是最少"风暴"的。他们的禀赋很高，在追求扩大的技术潮流方面受过很好的训练，因而符合有才干和创造力的新角色，并能接受比较含蓄的思想意识观点。如果不是这种情况，青年的心灵就会表现出一种较为明显的意识形态观点，我们的意思是指，一个正在寻求传统或所指望的技术、观念或理想的某种鼓舞人心的统一。的确，社会意识形态的潜能，正是对这些最急于要为同伴所肯定、要为教师所证实、要为值得付出精力的"生活方式"所鼓舞的青年讲得最为清楚。另一方面，如果年轻人觉得环境设法对他剥夺得太多，不许他有任何表达形式，从而不能使他发展到下一阶段并加以整合，他就会像困兽般地被迫奋力抵抗，以求保全自己的生命。确实如此，因为在人类生存的社会丛林中，没有同一感也就没有生存感。

写到此处，我想举一个有关个人方式的例子（我认为在结构上很有代表性），表明如果给一个年轻人留有余地，他可以利用传统的生活方式去对付消极同一性的残余。我在吉尔（Jill）的青春期以前便认识了她，那时她有些过度肥胖，表现出许多贪食和依赖性的"口唇"特性。她也是一个男孩似的调皮姑娘，对她的兄弟怀着强烈的嫉妒心，而且与他们竞争。但是她很聪明，经常表现出一种神态（像她母亲那样），仿佛事情最终总会好的。实际上，她也有所好转，变得非常动人，在任何小团体中都是一个宽容的头头。对许多人来说，她都是一个模范的少女。作为一个临床医生，我密切注视着她，并对她如何对付早年曾表现出来的贪吃和敌视感到惊奇。难道这些事在幸运的成长中就能简单地被同化了吗？

在她将近20岁的一个秋天，吉尔没有从她度过暑假的西部牧场回大学去，她请求父母让她留下来。她的父母仅仅出于宽容和自信才同意给她这个合法延缓期，然后就回到东部去了。

第三章 生命周期：同一性的渐成说

这年冬天，吉尔专门照料新生的马驹，而且在严冬寒夜，她会随时起身为饿了的小马驹喂食。她的内心获得了满足，得到了牛仔们意外的承认。她回到家里，为自己的地位清除了疑虑。我觉得她发现并紧紧抓住了一个机会，主动地帮助别人，就像以前她渴望别人帮助她一样。也像她一度贪食一样，她学会了为幼小动物喂食。但是她这样做的关联是：在从被动到主动时，她也从一种过去的症状转变成一种社会行动。

人们可以说她变成了"母性的"，但这是牛仔们一定而且也确实显示了的母性。而且她当然是穿着工装裤才发生改变的。这就无异承认了"从男人到男人"以及"从男人到女人"。此外，也是对她的一种乐观主义的证实，就是说，她觉得她能够做她想做的事，只要这件事有益、有价值，而且符合一种思想趋向，认为这事马上可以收到实效。这种自选的"疗法"，当然有赖于在正确的态度和正确的时间上留有余地，而且要视各式各样的情况而定。我打算稍后根据儿童的详细生活写些类似的片断，就让这个例子代表日常生活中的无数观察，那里有丰富的资料表明青少年在适当时机都能证实他们自己。

本阶段的疏远是**同一性混乱**，下一章我们将在临床和传记方面详加叙述。目前我们只采用阿瑟·米勒（Arthur Miller）的《推销员之死》一书中毕夫（Biff）的一句口头禅："我恰恰不能掌握，妈妈，我掌握不了某种生活。"困境的基础是在一个人过去对种族和性别同一性的强烈疑虑的地方，或者在角色混乱夹杂着对长期停滞的绝望的地方，少年犯罪和"临界"精神病事件也是屡见不鲜的。一代一代的青少年，因无力承受美国青年期的无情标准所强加的角色而感到不知所措，他们试图用各种方式离开：退学、离开工作、整夜在外逗留，或陷入古怪而难以接近的心境之中。一旦成为"少年犯罪者"，他的最大希望而且往往也是唯一的出路，就是拒绝年长的朋友、规劝者、司法人员通过适当的诊断和社会判断进一步根据类型分配他扮演某一角色，而这些诊断和判断却忽略了青年期的特殊动力学情况。正如我们就要详细看到的，此处同一性混乱概念自有其实用的临床价值。因为那些看起来是精神病的和犯罪的事故，如果诊断正确和处理得当，它们可以不像在其他年龄那样具有同样的决定性意义。

年轻人最感困扰的，一般说来就是决定不了一种职业同一性。他们聚集在一起，对团伙和群众中的英雄人物暂时求取过分认同，可以达到显然完全失去个性的程度。然而在这个阶段，甚至"恋爱"也完全或基本上不是一个性的问题。在很大程度上，青年恋爱不过是企图明确自己的同一性，把一个人分散的自我意象投射到另一个人身上，再看得到什么反应，而后逐步地予以澄清。这就是为什么许多青年人恋爱只是限于谈心了。另一方面，也可以用破坏性手段取得澄清。年轻人在排斥别人方面变得明显富有宗派性，不容忍别人，或残酷无情。他们可以以诸如肤色、文化背景、爱好和天资的各种"差异"，甚至以任意选取的服饰和姿势的微小差异作为"圈内人"和"圈外人"的标志。重要的是在原则上（并不意味着一切表现都可以抵消）应当知道，这种不容忍性可以是对同一性丧失感的一种必要的防御。这在人生的某些时候是难以避免的。如当身体的比例发生根本变化之时，生殖能力成熟和想象中充满各种冲动之时，偶然被迫与异性亲密接近之时，以及在短时间内使一个人面临过多的冲突和可能的选择之时，青年们不但可以结成小集团以使他们自己、他们的理想和他们的敌人保持一成不变，互相帮助以期渡过这些困难，而且可以坚持检验彼此的能力，以求在不可避免的价值冲突中维持他们的忠诚。

为这种检验做准备有助于解释（如第二章所指出的）在已经失去和正在失去集体同一性的这一类国家和阶级（封建的、农民的、部落的或民族的）中简单而残酷的极权主义教义为什么在青少年中间富有吸引力。民主则面临一项争取这些残忍的青少年的工作，它要有说服力地向他们证明——使他过民主生活——民主同一性是有力的、宽容的、明智的，而且是坚决的。但是工业民主提出了一些特殊的问题，因为它坚持的是那些个人奋斗而起家的同一性，这种同一性随时准备掌握许多机会，准备去适应繁荣与破产、和平与战争以及移居和定居生活等各种不断变化着的需要。因此，民主必须能向不同背景的年轻人显示共享，显示这些理想强调的是以独立形式表现的自主性和以建设性工作表现的主动性。然而这些允诺在工业、经济和政治组织日益复杂化和集中化的体系中很难实现，这些体系对于仍然炫耀于演讲术中的"个人奋斗起家"的意识形态已逐渐不予重视了。这对许多年轻的美国人来说也是困难的，因为他们的整个教养已使一种自我依赖性人格的发展，在一定程度上有赖于选择，有赖于对个人机遇

第三章 生命周期：同一性的渐成说

的一种渴望，以及一种对自我实现的自由的坚定信赖了。

我们在此所谈的不仅是无上特权和崇高理想，而且是心理学的需要。作为同一性指导者的社会制度，乃是我们称之为**意识形态**的东西。人们在意识形态中已可以看到最广泛意义上的寡头政治的意象，它意味着在限定的世界意象中和在一定的历史进程中，最好的人将出面统治，而统治也将发展出最好的人。年轻人为了不变得玩世不恭和冷漠无情而若有所失，他们必须使自己深信，那些在预期的成人世界中获得成功的人们所承担的也是最好的责任。因为只有通过他们的意识形态，社会体系才能进入下一代人的结构并试图将青少年恢复了的青春活力吸入自身的血液之中。因此，青年期乃是社会进化过程中的回热器，因为青少年对于继续保持感到正确的东西以及对已经失去再生力的东西进行革命的矫正，都能提供忠诚和精力。

我们还能在富有创造性的个人生活中研究同一性危机，他们只有在依靠同时代人或独创性事迹所提供的一种新的解决模式时，才能解决这种危机。他们还进一步在日记、书信和自我表现中告诉我们有关危机的详情。正如在一定时期内的神经症反映了人们在一种新的生存方式中不断表现的内心混乱，创造性危机则指向该时期的唯一的解决方式。

下一章我们将详尽地叙述我们已经知道的这些专门化了的个人危机，但是在人的幼稚状态和青年期的残余中还有第三种表现：它就是在短暂剧变中的一些个人危机集聚而成的集体性"歇斯底里"。在那里，借助于我们的假设——以及领袖们的作品——至少可对雄辩的领袖们的创造性危机及其追随者们的潜伏危机进行研究。比较难以理解的是自发的团体发展。无论如何，如果用临床术语称之为"群众非理性"，那也无济于事。要从临床上诊断一个修女为什么要参加流行的骚乱，或者判断一个奉命参加大规模检阅或集体屠杀的年轻纳粹分子有多大程度的变态"施虐狂"，都是不可能的。所以我们最多只能暂时指出个人危机和集体行为之间的某些类似性，以便指出在一定历史时期，它们彼此之间是存在着一种不明确联系的。

但是在我们对同一性危机深入探寻临床和传记的证据之前，我们将先超出同一性危机做一番考察。当然"超出同一性"（beyond identity）这个词可以从两方面加以理解,这两方面对于问题都是重要的:"超出同一性"可以理解为人的核心还有超出同一性的东西,实际上每一个人内心都有一个"我"(Ⅰ),一个意识和意志的观察中心,它能超越本书最为关心的**心理社会同一性**,而且一定生存得更为长久。正如我们看到的,在某些方式下,青少年心中有时似乎短暂地发生一种强烈的、早熟的自我超越感,仿佛是一种纯粹的同一性,必须保持避免心理社会的侵犯。而且在青少年中,没有一个人能超越自己[除了狂热而将死的济慈(Keats),只有他在挽救了他那即时名誉的话中才能谈到同一性]。我们以后还将谈到同一性的超越。下面的"超出同一性"指的是青年期以后的生命和同一性的应用,以及同一性的某些形式在生命的后面几个阶段中的回复。

六、超出同一性

这些同一性危机首先是亲密的危机。只有当同一性形成方式发展得很完美——是同一性的真正配合和融合——时才有可能。性的亲密只是我所讲的内容的一部分。因为很明显,性的亲密往往先于与别人的真正相互的心理社会的亲密能力的发展,其中包括友谊、性交和共同感受等。对自己的同一性没有把握的青少年总是躲避人际间的亲密关系,或者使自己陷入一种"乱七八糟"的亲密动作之中,既无真实的融合,也不是真正的自我放弃。

当青少年在青年后期或成人早期还没有完成这种与别人的——我要加一句,与自己的内心资源的——亲密关系时,他只能拘泥于刻板的人际关系而不得不保持一种深邃的**孤独感**。如果时代偏向于一种非个人的人际模型,一个人就可以远远地离开生活,然而仍包藏着一个双倍痛苦的严肃的性格问题,因为他从未感到真正的自己,而每一个人都把他看成不过是"某一个人"。

亲密的对立面是远离(distantiation),蓄意的抛弃、孤立,如果有必要便去摧毁对自己似乎有真正危险的那些人和势力。因此,远离的需要所产生的持久性后果,便是准备好固守自己亲密和团结的领地,以一种把熟

第三章 生命周期：同一性的渐成说

人和生人之间的"微小差异"进行过高估计的执拗眼光看待一切外来人。这种偏见可以用于政治、战争，而且从最强者和最优秀分子那里获得了忠诚的自我牺牲和屠杀的准备。在与同自我一致的人之间的合作和反对中，以及所体验到的亲密、竞争和好斗的关系中还可以看到青年人危险的残余。但是当成人的责任范围逐渐明确时，当竞争冲突、肉欲结合、无情敌对各方分化开来时，它们终于要变得服从于作为成年人标志的**道德感**，这种道德感是接受了青年期的意识形态信仰和儿童期的道德教育而产生出来的。

有人曾经问过弗洛伊德，一个人哪些方面做得很好才算一个正常人。提问者可能指望有一个复杂而"深奥的"回答，但是弗洛伊德只是说，"爱情和工作"（to love and to work）。这一简洁答案是值得深思的，越想越显得深刻。因为弗洛伊德说到"爱情"时，他指的是亲密的宽宏大量和性爱；而当他说到爱情和工作时，他指的是一种普遍的工作创造性，但又并不使人专心致志到那种程度，以致失去作为一个有性欲的和表示爱的人的权利和能力。

精神分析强调生殖力（genitality）是促成完全成熟的发展条件之一。生殖力包括发展能够达到情欲亢进的能力，其意义超出金遂（Kinsey）所说的"发泄"（outlet）的性产物排出的意义。它把亲密的性关系成熟与充分的生殖器敏感性和全身紧张的解除能力结合了起来。谈论某种尚未真正十分了解的过程，这倒是一种相当具体的方式。但是情欲高潮的极点，相互间的体验，清楚地提供了一个绝好例子，说明了复杂模型的互相调节，并说明了在一定程度上缓和了因男女之间、事实与幻想之间、爱与恨之间、工作与游戏之间一系列日常对立而引起的敌视和隐愤。这类体验使得性欲变得较少强迫性，也使对方对施虐狂的控制变成多余的了。

在到达生殖器成熟之前，大多数性生活表现为一种自我寻求的、同一性的饥饿的性质。双方真正追求的只是各自达到自己本身，或者保持着一种性关系的竞争，力求制服对方。这一切继续作为成人性欲的一部分，然而它逐渐地被吸收，在一种联合的生活方式中，作为性别差异而变得充分两极化了。因为以前建立起来的维持生命的精力，能够帮助两性第一次在意识、语言和道德上变得类似，以便他们今后能表现出成熟的差异。

136

人除了情欲的吸引力外，还发展了一种"爱情"的选择性，为一种新的共享同一性而服务。如果本阶段的典型疏远感是**孤独**，即找不到机会与自己分享同一性的真正的亲密，这种抑制还往往因对一种后果的惧怕而被强化，这种亲密的后果就是子嗣——也是照料。然而相互忠诚的爱情，克服了性欲和官能的两极分化中固有的对抗性，所以它也是年轻成人期维持生命的活力。正是这种稍纵即逝的、然而又是无孔不入的文化方式和个人风格的力量，才把竞争与合作、生产与生殖关系联合而为一种"生命方式"。

如果我们要"超出同一性"继续应用"我就是"这个公式，那我就必须改变语调，因为现在同一性的增长，已经是根据"我们就是我们所爱的"了。

进化已使人成为既是传授的，又是学习的动物。因为依赖和成熟是相互补充的。成熟的人需要被人所需要，而成熟又必须被照料的性质所指引。所以，繁殖（generativity）主要是建立和指导对下一代的关怀。当然也有一些人，由于不幸或因为在其他方面具有真正的特殊天赋，不把这种驱力指向延续自己的后代，而是表现为利他主义和创造性的其他形式，其中也贯注了他们自己那种父母般的驱力。繁殖这个概念确实意味着包括生产力和创造力，然而二者都不意味着发展的危机。一个人沉溺于身心交感之中的能力可以导致他逐渐扩张自我兴趣，并对正在发生的事物注入力比多。当这种丰富性完全枯竭之时，一种带强迫性的假亲密需要的退化便产生了，往往带有一种**停滞**、厌烦、人际关系单调的普遍之感。所以，一些个人往往开始纵容自己，好像他们只知道自己——或者只是彼此互知——就像是唯一的一个小孩；而在条件许可的地方，早年身心方面的伤残就变成了只顾自己的口实。另一方面，光是占有甚至企望生孩子并不就"达到了"繁殖。有些年轻父母在发展真正关心的能力上似乎遭到了阻抑。其原因往往可以追溯到儿童早期的印象，对父母的不正确的自居作用，基于一种极度装饰的人格的过分自爱，以及缺乏某种信仰，亦即缺乏使儿童成为似乎随时可以信任的"物种信念"。然而正是繁殖本性表明了，与本身最密切相关的病态必须到下一代中去发现，就是说，要到我们在儿童期和青年期已列举的那些疏远形式中去发现，也包括由于父母方面因繁殖的失败而表现得更加恶化的形式。

至于强化繁殖并对之加以维护的种种公共机构，人们只能说，一切公共机构的本性就是把世代生殖的道德标准进行整编。繁殖本身就是人类组织中的一种驱动力。儿童期和青年期各阶段就是一个生育和再生育系统，而家庭和各种劳动分工的公共机构则尽力使生育获得连续性。因此，此处所列举的基本力量，已与一个有组织的人类社会的本质在进化中交织起来，共同努力，共建一套行之有效的方法和丰富的传统保证，使每一代都能相对独立地从个人差异和变动的条件出发，去满足下一代的各种需要。

老年人对于人和物都已有所照料，而且出于需要，已能使自己对于作为别人的创造者与事物和观念的发生者所经历的胜利和失望有所适应——只有在他心中，七个阶段的果实才逐渐成熟。我认为最好的字眼莫过于整合了。由于缺乏明确的定义，我将指出这个阶段的几点特性，它是自我本身倾向于秩序和意义的自我保证，这是一种情绪上的整合，对过去的意象负荷者表示忠诚，对现在则准备接过领导权，最终还是予以放弃。它是对一个人唯一的生命周期的接受，以及对于对自己有充分意义而在必要时又无可替代的人们的接受。因此它意味着一个人的父母的一种新的不同的爱，摆脱了他们应当有所不同的愿望，而且也是对一个人生命就是自己的职责这一事实的承认。它是对不同时代不同追求的男女的一种同志感。他们创造了秩序和目标以及表达人类尊严和爱的格言。虽说意识到了赋予人类努力以意义的所有各种生命方式的相对性，整合的所有者仍然准备着以保卫自己生命方式的尊严，抵御一切身体上和经济上的威胁。因为他知道，个人的生命不过是仅仅一个生命周期与仅仅一段历史的偶然巧合，而且对他来说，一切人类整合的成败与他所参加的一种整合方式也是密不可分的。

诊断学和人类文化学的证据表明，缺乏或丧失这种自我生长的自我整合可表现为厌恶和失望，不承认命运是生命的主宰，死亡也不是生命的最后疆界。失望表现出一种时间短促的感情，短促得不足以开始第二生命并开辟出另一条整合之路，这类失望往往隐而不露，而是表现为厌恶、厌世或对特殊的制度或特殊的人们经常表示鄙视的不愉快——这种厌恶和不愉快没有与有意义的生命的远见相结合，只不过是个人对自己的鄙视。

因此，一个有意义的老年期，要在最终的衰老之前，能为赋予生命周期以必不可缺的前景的需要而服务。此时精力采取的形式，乃是对以死亡为归宿的生命的一种专门的然而又是积极的关注。从对于积累的知识、成熟的判断和深刻的理解所表现的多方面的成熟"机智"来看，我们把这种关注称为"智慧"。并不是每个人的智慧都能发展到成熟的地步。对大多数人来说，有活力的传统提供了智慧的实质。然而，生命周期的终结，也能激发起一种"最后的关怀"，因为，一个人或许有机会超越自身同一性的限制，超越世代相续中他自身唯一的充满悲欢离合的生命周期。然而对付最后个性化的伟大的哲学和宗教体系，与其时代的文化和文明已经保持了相应的联系。以放弃来寻求超越，它们仍然符合道德地关怀着"世界的保持"。由于同样的缘故，一种文明也可以由于它赋予整个生命周期的意义而加以测量，因为具有这种意义或缺乏这种意义，都不能不延伸到下一代的开始，从而不能不影响到别人以某种清晰性和精力去解决最后问题的可能性。

最终的关怀，不管如何深厚，都可以引导个人，即作为一个心理社会动物的人，在他的生命晚年面临一种新的同一性危机形成，我们可以把它表述为："我就是我能活过来的我。"因此，从生命的各阶段，诸如信仰、意志力、有目的性、胜任、忠诚、爱情、照料、智慧——有生命力的个人力量的所有这些标准——也流入了各种制度的生命之中。没有它们，制度就要衰败。但是在照料和爱情、教育和训练的模型当中，如果缺乏贯注于其中的制度精神，在前后相继的世代中也就没有力量可言了。

我们的结论是，心理社会力量有赖于调节个人生命周期的总过程，有赖于世代相传，同时有赖于社会结构。所有三者都处于共同的进化之中。

第四章　生命史和个案史中的同一性混乱

一、传记的（1）：创造性混乱

（一）萧伯纳（70岁）论青年萧伯纳（20岁）

当萧伯纳已是一位70岁的老人时，有人请他为他早在20岁时写的两本未成功的著作，也就是两本以前未出版过的小说加以评论并作序。① 不出人们所料，萧对他的成人早期的作品不断表示藐视，但是也并不拒绝给读者提供青年萧的一些详细分析。

假若他在谈到青年时代的萧时不夹杂一些易于使人误解的妙语，他的观察未尝不可以成为一项无须再加详释的分析作品。然而对读者采取一种明显的浅显而又故弄玄虚的态度，来安慰和逗弄读者，这正是萧的同一性的特征。我在此摘录的目的，不过是希望能引起读者充分的好奇心，去逐步追随他的说明罢了。

萧伯纳（这是他的杰作的公开同一性之一）把青年萧描述为一个"极端难于相处和不合时宜的"年轻人，"毫不隐瞒充满恶意的意见"，"但内心却感到……怯懦……为它感到极端的羞愧"。他总结说："实际情况是，所有人在认清自己的可能性并把它们强加于他们的邻居之前，他们在社会中的地位都是虚假的。他们的内心不断遭受缺点的折磨，但又用不断的盛气凌人以激怒别人。这种不调和只能以公认的成功和失败而得到解决。任何人在发现自己的自然地位以前，不管是高于或低于生来的位置，他总是

---

① 《萧伯纳散文选》（*Selected Prose*），纽约，米德，1952年。

不安心的。"但是萧总是把自己排除于他漫不经心宣扬的任何普遍规律之外。所以他又说："由于在平常的社会中没有不平常人的地位这一事实，所以这种对一个人的地位的发现可能是大大地令人迷惑不解的。"

他继续描述他 20 岁时发生的一次危机，这次危机并不是由于缺乏成功或是没有成为一个角色而引起的，而是因为二者过分了的缘故："尽管我获得成功，但使我震惊的是，事业并不因为我是一个无价值的骗子而排斥我，而是紧紧抓住我不放，所以请看我 20 来岁的时候，受过商业训练，有一个职业，对于这个职业我由衷地感到嫌恶，就像一个神志清醒的人对不能摆脱的任何东西感到嫌恶那样。1876 年 3 月，我挣脱了羁绊（break loose）。"这意味着离开家庭和朋友、商业和爱尔兰，以及避免了与"我的潜意识的野心勃勃"不相称的成功的危险。他延长了自己青年期和成人期之间的间隔，我们把这种延长称为"心理社会合法延缓期"（a psychosocial moratorium）。他写道："当我离开了故乡，我就把这一局面丢在身后了。我不再与同龄的人来往，直到经历了八年这样孤独的生活以后，我才被吸收为 80 年代初复兴的社会党党员，加入了当时对祸及全世界的真正的罪恶表示烈火般的强烈愤怒的英国人行列。"与此同时，他似乎又在逃避各种机会，意识到"在他们不能带给我任何需要的东西这一信念背后，隐藏着对他们可能带给我所不需要的东西的强烈恐惧"。合法延缓期的理智部分又加强了它的职业部分："我不能学习任何我不感兴趣的事。我的记忆不是不加辨别的；它有所拒绝和选择；它的选择不是书生气的……我对这一点表示庆幸，因为我坚决相信头脑中每一种不自然活动都与身体的任何不自然活动同样有害……文明的毁灭往往由于统治阶级所受的是所谓的中等教育"。

萧安顿下来自由地研究和写作。从此以后，一个寻常人物的不寻常著作就突出到显著地位了。他尽力设法放弃他一直做的工作而没有放弃工作习惯。

我的职务训练留给我一种习惯，每天要照例地勤奋工作以示与懒惰有别。我认为只有照此办理才算有了进展，而且不该按其他方式出书。我一次花 4 便士买来大张的白纸，四开折好，规定自己每天要写五页，不管天晴下雨，也不管有无灵感。我的头脑中一直有好多有关皇帝到职员的事。如果五页纸写完了恰好还剩半句话，我一定要等到第二天去完成。另一方面，如果我耽误了一天，第二天我就增加工作强度。照此计划，我五年内写了五本小说，这是我专业的训练期。

我们可以补充说，这五本小说直到50多年之后才出版。但是萧在训练期间学会了写作，在写作时也学会了等待。他的写作生涯的这种初期仪式化对于这位年轻人的内心防御是何等重要，可以从这位伟大作家偶然说的（事实上是附加说明的）一句话中看出来。他这句话差不多是忸怩地承认了自己的心理领悟："我就是从纯粹的地心吸力中站起来的。由于已养成的习惯，我勤奋到不能停止工作（我工作就像我父亲喝酒一样）。"他由此指出了癖好与强迫性的结合。我们看得出来，这是青年后期大部分变态和成人早期的某些成就的基础。

萧详细描述了他父亲的"嗜酒神经症"，并发现这是他的辛辣幽默感的来源之一："它要么是家庭悲剧，要么是家庭玩笑。"因为他的父亲"不是爱吃喝交际的，也不是爱吵爱闹的，更不是喜欢吹牛的，而是可怜的，受着羞辱和悔恨的折磨"。然而他的父亲有一种"突降法的幽默感，我也继承了这种幽默感，当我成了一个喜剧作家时，使用得很有成效。他的突降法的效果在于我们（对题材）的庄严感……仿佛出于天意，由于宗教的每一个人为的或者虚伪的成分都变成了最不虔诚和荒谬的，我被迫看清了宗教的本质"。

萧的俄狄浦斯情结悲剧的潜意识更深层是以梦幻似的象征手法表现出来的，看起来就像一种"屏蔽记忆"，也就是说，一种凝缩的景象代替了一些类似的景象：

一个小孩看见过"爸爸"一臂夹着一只包装得不好的鹅，另一臂夹着一块包装得不好的火腿（只有天知道是为了什么幻想的节日活动买来的），对着花园墙上撞去，满以为正在推开大门，这一撞却把高帽子压扁得像一把六角小风琴。小孩对此景象不但没有感到极度羞愧和焦虑，反而因此乐不可支（舅舅也同样捧腹大笑），以致不能冲上去抢救这顶帽子和使戴帽子的人获得安全。显然这个小孩不是一个小题大做的人，而是一个想把大事化小的人。如果你无法避免家中出些丑事，最好的办法就是使它变得轻松些。

对于萧的人格的心理性欲方面的分析，在这个有关他父亲无能的象征的记忆中显然找到了一个坚实的支撑点。

萧以对当时社会经济情况的精辟分析解释了他父亲的垮台，因为父亲是"一位准男爵的第二个侄子，而我的母亲是一位乡下绅士的女儿。他的规则是，遇到困难就去抵押，我就是这种穷法"。他的父亲是一位"小儿子的小儿子的小儿子"，而他是一个"没落者和没落者的儿子"。然而他得出结论说："要是说我父亲无钱让我进大学，还不如说他无钱喝酒或者说我不能成为一个作家。这两种说法都没错，他是个酒鬼，我也当了作家。"

他记得他的母亲偶然"在一两次难得高兴的时候，在我的面包上厚厚地涂上一层奶油，而不仅仅只是用刀在上面抹一抹"。但在大多数时候，他认真地说，她仅仅"把我当作一种自然而习惯的现象，而且认为我也应当理所当然地照此行事"。在这种非人格性当中必有一些道理，因为"就我这一行来说，我敢说我母亲是能想象得出的最坏母亲，这种说法要限制在这一范围之内，那就是，她不能对任何孩子、动物、花草不仁慈，实际上就是对任何人和任何事物都是如此"。如果说这不能被认为是选择的虔诚或者是一种教育，萧解释说："我生长的条件很差，因为我母亲生长的条件是如此之好……在她对她儿时所受到的束缚和专横、呵斥、责打和惩罚的正当反抗中……她养成了一种相反的态度：对家中的一切无政府主义都听其自然。"总而言之，萧的母亲是"一个心烦意乱和幻想破灭的女人……有一个使人绝望的丈夫和三个不讨人喜欢的孩子，他们已经长得太大了，以致不能像她所喜欢的动物和小鸟那样受她的宠爱，更不用说我父亲那令人屈辱的菲薄的收入了"。

实际上萧有三位父母，第三位是一个叫作"李"（Lee）（"一瞬即逝的""性急的""有吸引力的"）的人，他教萧的母亲唱歌，也给萧一家人和萧伯纳的理想带来新的面貌。

他挤掉我父亲作为家中主要成员的位置，占有了我母亲的全部活动和兴趣。然而他全神贯注于他的音乐事务，以致在两个男人之间几乎没有任何亲密的个人接触——当然也没有什么不愉快。开始他的想法使我们大吃一惊，他说人们应当打开窗户睡觉。这种勇敢对我很有吸引力，以后我就这样做了。他吃黑面包而不吃白面包：一种惊人的奇特现象。

这样一幅令人难解的图画产生了许多同一性成分。为了选择和压缩起见，我举出以下三种成分名称。

1. 虚荣心

"与英国类似的家庭相比较，我们有一种喜剧化的能力，可以使萧伯纳家中骷髅的骨头都比别人家的敲得响些。"萧承认这些是因家庭幽默感而减轻了的家庭虚荣心。另一方面，"虽然我的母亲没有意识到自己是一个虚荣者，神力却卫护着当代的一位爱尔兰女子不去接待英国的郊区父母们，以及在她范围内的一切势利人家（如私人音乐授课的主顾）"。萧对"家庭虚荣心"怀着"极大的鄙视"，直到他发现自己的一位祖先乃是法伊夫伯爵（Earl of Fife）。他说："这与作为莎士比亚的后裔同样美妙，我生下来就无意识地决心要成为莎士比亚的化身。"

2. 喧闹的人

萧的整个童年似乎都置身于无边无际的音乐声中。这个家庭演奏长喇叭、大铜管、低音小提琴、竖琴、长鼓——而最多的（也许最坏的）是他们的歌唱。最后，他教自己用最刺耳的声音学着弹钢琴：

当我回顾在教课过程中损坏邻居神经的所有这一切猛烈的敲击声、口哨声、呼啸声、轰鸣声时，我不禁悔恨万分……我经常从瓦格纳的《指环》中用我喜爱的选段逼得（我母亲）近乎发疯，在她看来这些都是"全宣叙调"，而且是可怕地不协调。她当时从未抱怨过，只是在我们分开以后才坦白承认，并且说有时她只得走开去哭。如果说我曾杀过人，我认为我的良心不会感到不安；但是这一点我一想起来就受不了。

实际上，他可能已学会了与他的那些音乐折磨者一样，他没有承认自己认识到这一点。相反，他承认自己变成了一位音乐批评家，即写的是有关别人发出的噪音。作为一位批评家，他用的名字是卡罗·第·巴塞托——这是一种乐器的名称，很少有人知道，而且音调柔和得"连魔鬼也不能使它表现出活力"。但是巴塞托却变成了一位才华横溢的批评家，而且"我不能否认巴塞托有时有点儿粗俗，但是如果他能使你们大笑，那也算不了什么了。粗俗是资质完美的作家的必要部分，小丑有时是马戏团中最精彩的演员"。

3. 凶暴的人

这个孤独的男孩（他的母亲只听音乐噪音）是如何逐渐运用自己的想象与一个伟大的富有想象力的伴侣进行交谈的，其描述如下："在我的童年，我利用编制自己的祈祷词来锻炼我的文学天赋……它们是供上帝消遣和安抚它的文学作品。"与家庭对宗教的不尊敬相一致，萧的虔敬行为必须从与他的早期道德热情同步发展、很早就变成了理智完善的混合物的宗教基础中去寻找。与此同时，一般说来，萧也是一个无所顾忌的小孩。当他虔诚的时候，他也不觉得与自己相一致："甚至在我表现很好时，我也是逢场作戏似的——因为，正如演员所说，我看见自己在角色之中。"的确，在他完成同一性奋斗时，就是说："当上天在1886年左右完成了我的容貌时（24岁以前我脸上只长着茸毛），我发现自己已有了日益浓密的颊须和眉毛，和甘洛德曲中魔王般的讽刺性鼻子。那魔王的神情我在小的时候歌唱过，魔王的态度在我童年留下深刻的印象……后来，当几十年过去后，我才开始发觉，想象的虚构对于人生来说犹如一幅图画的草稿，如同一座塑像的构思。"

因此，萧伯纳或多或少明显地追溯了自己的根源。然而值得注意的是，他最后变成了上面提到的他自以为似乎生来就想成为的莎士比亚的化身。他说，他的老师的企图"使我大惑不解，她想教我阅读，因为我记得，凡是给我看的印刷的书页我没有不能理解的，于是只好假设我是生来就认识字的"。但是他也想到了许多职业选择:"在选择做一个米开朗基罗的时候,我已想到了要成为一个巴底利。(顺便说一句,我从来没有梦到过文学,就像鸭子从没有梦到过游泳一样。)"

他也称呼自己是一个"天生的共产主义者"(我们必须马上补充说,他指的是费边社会主义者)。他对和平的解释就是承认一个人似乎生来是什么样的人就是什么样的人。"天生的共产主义者……知道他置身于何处,也知道威胁着他的这个社会是在何处,他治好了他的不体面的羞耻(Mauvaise Honte)……"所以,从"完全的外行"逐渐变成了一个完全的内行。他说,"我是不懂社会,不懂政治,不懂运动,不懂教会"——但是这"仅仅限于原始风尚的英国范围之内……而当音乐和绘画、文化和科学被讨论之时,位置就颠倒了过来:内行就是我了"。

当萧把所有这些特性追溯到童年时代时,他意识到这一事实:只有一种绝妙本领才可以把所有一切整合起来。

> 如果我对这个题目完全是坦率的,我就必须补充说,这很快消除的无知因一种深邃的陌生性而变得复杂化了。这种陌生性使我终生成为地球上的过客,而不是地球上的居民。不管我是生来疯狂或者神态有点过分不健全,我的王国并不是这个世界。我只有在自己的想象中才觉得自在,只有对伟大的死者才感到放心。所以,我必须变成一个演员,为自己创造一个适合于人、易于与人接近的古怪人格,并能符合于我所不得不扮演的各种不同角色,作家、新闻工作者、演说家、政治家、委员和世界名人等等。

萧认真地总结说:"在这方面,我后来简直是太成功了。"这一说法清楚地证明了老年人有时在回顾自己青年时代的坚持不改的同一性时所表示的轻微厌恶——在某些道德上变得失望以及身心方面有不明显变态的人生活中常有的厌恶。

在他的青年时代的危机结束时,萧写下了如下总结性的话:"我具有理智的习惯。我的批判能力和文学才能的自然结合,只需要依据一种可以理解的原则对生命的清晰理解:总之,是一种使生命得以胜利进行的宗教。"此处,这位老年的玩世不恭者用一句话就概括了任何人的同一性形成的必要涵义。把这翻译成为更有利于讨论的更复杂因而更为雅致的词语:一个人为了在社会中占有他的地位,必须获得一种"无冲突的"、习惯应用的优势才能,以备在职业中有所发挥;必须获得一种无限的资源,这种资源来自该职业锻炼的即时反馈,来自该职业所提供的同伴关系,也来自该职业的传统;最后,一种对生命历程的可理解的理论,为了吓唬人,这位老无神论者把它称为宗教。他所转向的费边社会主义事实上是一种意识形态。这个普通名词我们将坚持使用,在本章末我们将阐明其理由。

(二) 威廉·詹姆士,他自己的精神病医生

威廉·詹姆士(William James)一生都全神贯注于当时所谓的"病态心理学"(morbid psychology)。他在青年期和成人期忍受了严重的情绪紧张的痛苦,寻求各种神经治疗而不见成效。他的书信也证实了他对朋友们的危机深感兴趣并对他们提出热情的忠告,从而也泄露了他为自己的心智正常所做的斗争。其次,在波士顿的特殊环境中,他既有务实主义的青春活力,又沉浸于精神和心灵的境地之中,这种强烈的对比使他陷入了信仰治疗问题的争论。最后,他也参与接待了一些新兴精神病学学派,其中包括于1909年来美国访问的弗洛伊德学派。弗洛伊德给他的印象是一个执迷于某些固定观念的人(詹姆士说,他与许多和他有同等学识的人一样,在他自己的梦中看不出与弗洛伊德的梦的理论有何关系),但他表示希望弗洛伊德和他的学生们继续进行研究。

下面我将引证詹姆士的一些最突出的系统论述,不是引自他的论文,而是引自他的个人自白,其中他对一种长期的同一性危机的体验给予了极为重要的表述。

正如麦西森(Matthiessen)所指出的,詹姆士"成熟得极其缓慢"[①],甚至在26岁时,詹姆士在给温德尔·霍尔姆斯(Wendell Holmes)的信中

---

① F.O.麦西森:《詹姆士一家》(*The James Family*),纽约,A.A.诺夫,1948年,第209页。

第四章　生命史和个案史中的同一性混乱

写道:"我还得付出很多某种建设性的热情。"这种怀念昔日的抱怨,在当代大学生中间屡见不鲜。但按照麦西森的说法,只是在詹姆士的一生中,怀疑和拖延乃是因为詹姆士的父亲狂热地坚持要成为什么,遂使得他的大多数子女很难发现他们自己能够做些什么。(虽然其中至少有两个人最后做得非常出色。)我指出这一点,乃是因为当前的疑虑和拖延往往很明显是由于这种情况所造成,即青年男女发现自己在获得过分的存在感以前,为赤裸裸的野心加上一层个性风格或强迫性的公共精神之前,就摆脱不了非做某事不可而被迫迅速地出人头地了。

我们不打算详细讨论他父亲亨利·詹姆士爵士的人格或做父亲的习惯。懦弱、癖好和富裕三者相结合,使他有可能在家里消磨时光,并硬性规定他的家庭生活是自由主义的,而且是一所乌托邦学校,在其中每一种选择都可依据最自由和最普遍的观点做出决定,但最重要的是必须与父亲进行讨论。关于詹姆士的后期哲学如何变得同时既继承又背离了他父亲信念的有趣过程,我不能在此详述。

此处引起我们注意的是那特别拖延的同一性危机,它驱使威廉从艺术学校转到一所"科学学校",然后又转到医学学校,从(麻省)剑桥到亚马逊再到欧洲又转回剑桥。他在欧洲饱受了神经症的痛苦。他在25岁以后的好几年里作为一位神经症患者住在父亲家中,直到30岁时才接受了艾略特(C. W. Eliot)校长的帮助,到哈佛大学教解剖学。詹姆士的久病可与达尔文相比拟——就是说,活动和交往大大受到了限制,任何时间都只容许有狭小范围的兴趣和活动。然而就是沿着这条狭窄的道路,他们就像迈着梦游者的坚定脚步那样,找到了理智和社会两方面的最后目标。以詹姆士的情况而论,他的道路使他从艺术的观察,经过分类的自然主义感以及作为一个生理学家对有机体机能作用的掌握,直到作为一个离乡背井者,凭着对多种语言的理解力,最后通过病人的自知之明和神入而达到了心理学和哲学的高度。詹姆士说得好:"我最初研究医学,想成为一个生理学家。但是由于命运的摆布,我不知不觉地陷入了心理学和哲学。我从未接受过任何哲学教诲,我所听到的心理学第一课就是我自己所教的第一课。"

在他写《宗教经验种种》以前,在他中年因心脏病而沮丧的一段时间内,詹姆士对一种"恶劣的忧郁"状态做了无疑是一种自传式的叙述,他

151

假托一个年轻的"法国患者"之名做了报告。

> 在对于我的未来所体验到的哲学悲观主义和精神的一般抑郁状态中,一个夜晚,在微弱的光线中,我走进了一间化妆室去取一件东西。突然间,没有任何警告,仿佛从黑暗中产生了一种对我自己存在的恐惧……它像一种启示,虽然这种感情转瞬即逝,但这种体验引起了我对所有其他患有变态感情的人的同情……我害怕被单独留下。我记得我对别人为什么能活着感到诧异,对自己一直能活着也很惊奇,因为在生命的表层下面暗藏着危险的深渊。我的母亲是一个性格快乐的人,特别使我感到,似乎在她对危险的毫无觉察中,有一种完全自相矛盾之处,你可以相信,我小心翼翼地不用关于我自己心灵状态的启示去搅动这种矛盾。我经常想这种忧郁的体验具有一种宗教意义……我的意思是说,这种恐惧是如此富有侵袭性和强有力,如果我不依靠那些基督教经文,如永恒的上帝是我的庇护所等等,我是死者的复活和生命等等,将你们的全部劳动和沉重负担加之于我等等,我想我一定会真的变疯的。①

关于这一点,詹姆士在一个脚注中增加了一段类似精神错乱危机的参考,是当时他的父亲所体验和描述的:

> 将近5月底的一天,在吃了一顿丰盛的晚餐以后,家人已经散去。我仍然坐在桌旁懒散地凝视着炉中余火,一无所想,只偶然感到吃完晚餐的喜悦。突然间——仿佛电光一闪——一阵恐惧袭来,浑身颤抖,使我全身骨骼颤动不已。②

将两次发作做一比较,便产生了这样的问题,即他在多大程度上与他

---

① 《威廉·詹姆士书信集》(*The Letters of William James*),亨利·詹姆士(他的儿子)编,波士顿,大西洋月刊出版社,1920年,第145页。
② 麦西森,第161页。

第四章 生命史和个案史中的同一性混乱

父亲的内心生活和生活风格相一致,以及在经历中可以看到以启示的方式得到多大程度的解放。有一点是可以肯定的,即每一时代都有其自身的疏隔感形式,因此,父亲和儿子的内心斗争,关系到赤裸裸的顽强的自我中心(selfhood)的同一性。与屈服于某种高级的同一性相反,这种自我中心是极端个人主义的典型,不论它是外部全部封闭的还是内部全部渗透的。他进一步的报告指出,父亲在自己难以处理的苦恼中勉强地转向他的妻子,而儿子则向我们保证不愿去打扰不可理解的快乐的母亲。这使人们不免惊奇,那时候是多么大的烦恼才使这些独自起家的男人转向妇女的庇护。

正如亨利·詹姆士爵士多少带有一点农民的浪漫主义所提出的:"一次又一次地生活在这种令人沮丧的水疗情况中,听着无止无休的关于饮食、摄生法、疾病、政治、政党和各种人物的'唠叨'时,我不禁对自己说,该死的人类,不断地使男子气概变得如此卑贱和堕落,就意味着它的自私以及由它产生的荒谬、可恶的固执己见。如果一个人能发现自己不再是一个男人,而是天真无知的羊群中的一只羊,在宁静的山边吃草,喝着从大自然丰满的怀抱中流出的永恒的露水和清泉,那又该是多么美好呵!"①

威廉·詹姆士对自己走向成熟以及从严重的精神错乱中得到某些解放的道路上的重要一步已做了报告,另一个报告是他父亲做的。

"我认为昨天是我一生中的一个危机,"詹姆士写信给他的父亲,"我写完了有关雷诺弗的第二篇评论的第一部分,看不出他有关自由意志的定义。当我可能还有许多其他思想时,我愿意保持它——需要成为一个错觉的定义。无论如何,我可以假定目前——一直到明年——它都不是错觉。我的自由意志的第一个动作将是相信自由意志。"② 对此他还加了一句话,绝妙地表达了当今自我心理学中的一个主要原则:

到目前为止,当我觉得好像取得了一种自由的主动性,好像敢于

---

① 麦西森,第162页。
② 《威廉·詹姆士书信集》,第147页。

独创性地去行动，而不等待着指望外部世界为我决定一切时，自杀似乎是使我大胆的最主要的形式。现在，我决定再向前一步，不仅要付诸行动，而且要产生信仰，相信我的个人现实和创造能力。可以相信，我的信仰不能是乐观主义的——但是我决意将生命（真实、善良）安放在自我对世界的自我支配型抵抗中，生命将在工作、受苦和创造中〔建成〕。①

我引证了有关自我（ego）的自我支配（self-governing）的一面，同时也是进行抵抗的一面的系统阐述，为的是强调它的精神分析意义发生了什么变化，就是说，乃是强调组织经验和指导行动的内部综合。

下面是亨利·詹姆士爵士对他的儿子的另一种伟大的和正在解放思想的体验的报告。

（威廉）在前几天下午来看我，当时我正独自坐着。在轻松的气氛中散了一会儿步以后，他说："我的天哪！现在和去年春天这个时候相比，我身上发生了多大的变化！"他的思想和感情有很大的宣泄，我害怕有所干预，甚至会有所制止，但是我还是大胆问他的想法产生了一些什么特别的变化。他说了好几件事……但是比其他事情更加重要的，是他放弃了一切精神错乱都需要有一种身体方面的基础这种想法，这对他已变得完全不是真实的……他已经放弃了对仅仅作为科学的人的尊敬，甚至在他的心理判断中比我以前所了解的他更为普遍和不抱偏见了……②

毫无疑问，老亨利在他儿子的话中掺进了一点儿他自己的思想风格，但这场面却是典型的詹姆士式的。很清楚，第一种理解即关于自由意志的自我决定与第二种领悟有关，亦即放弃生理因素作为反对神经症患者继续保有自我决定能力的具有决定性的论据。它们合在一起，都是精神治疗的

---

① 《威廉·詹姆士书信集》，第148页。
② 同上，第169页。

基础，对此不管如何进行描述并加以概念化，其目的都是在于恢复病人的选择能力。

二、发生的：自居作用与同一性

　　非凡的（以及有非凡感知的）个人的自传是深入理解同一性发展的来源之一。为了描述同一性和普遍遗传学，人们当今希望通过"平常""常人"的生活史便能够追溯到它的发展。我在此必须要依靠日常生活的印象，依靠对受轻度干扰的青年人的指导工作，以及我所参加的一个罕见的"纵向"研究①——这一来源排除了已出版的详细传记资料。在以下的发生概述中，对以前所说内容的重复是在所难免的。

　　青年期是儿童时代的最后阶段，然而青年过程，只有当个人把他儿童时代的各种自居作用从属于一种新的自居作用，达到了接受引人入胜的社交性，进入与同龄伙伴并在他们之间的竞争性学徒期之时，才能获得完全的发展。这些新的自居作用的特征不再表现为儿童期的游戏和青年期的试验热情：它们以紧迫的危机感迫使年轻成人进行选择和做出决定，随着日益增加的直接性，导致一生的义务承担。青年人及其社会此时有待完成的任务是令人生畏的。在不同的个人身上和不同的社会中，它对青年期的久暂、强弱和仪式化都要求有很大的变化。由于个人的需要，各个社会在儿童期和青年期之间提供了一些多少认可了的中间时期，其特征往往是延长的不成熟和被诱发的早熟的结合。

　　精神分析假设在青春期之前有一个"潜伏期"，便是承认在人类发展中有多种心理性欲的合法延缓期——一种延缓时期，允许未来的配偶和父亲首先进入他的文化所提供的"学校"并学习一种工作情境中的技术和社会的雏形。然而力比多学说并没有对第二次延缓期，即延缓的青年期提供适当的说明。此处性成熟的个人在他的亲密的心理性欲能力上，以及在为父母之道而做的心理社会准备上，已表现了一定程度的倒退。这一时期可

---

① 加利福尼亚大学儿童福利研究所儿童指导学习班。见第 69 页脚注①。

以视为心理社会合法延缓期。在此期间，年轻成人通过自由角色试验，可以在他的社会的某个领域找到一个适当的职务，一个明确规定了的而且似乎专门为他而设的职务。

以后，如果我们说到了对年轻成人有待他周围人给予"承认"的需要的社会反应，我们的意思绝不仅仅限于承认他的成就。因为它大大地关系到年轻个人的同一性形成，即他被人有所响应，并在其成长和变化过程中对那些开始对他有意义的人产生意义而被赋予职责和地位。

但在精神分析上，这还不足以表明，这种承认对正在成长的青年期的特殊任务中的自我提供一种完全不可缺少的支持。这些任务是：对于广泛增长的强大冲动（现在成熟的生殖器官和强有力的肌肉系统已投入了能量）保持着最重要的自我防御；学会与工作机会相一致地巩固那些最重要的"无冲突"的成就，以及将儿童期的一切自居作用重新综合而为某种独特的方式，而且要与社会的某一广大部分所提供的角色相符合——该部分可以是一个邻里的街区，一个预期的职业领域，一个亲属脑中的联想，或者是（像萧伯纳一例中的）"伟大的死者"。

合法延缓期是允许还没有准备好承担义务的人有一段拖延的时期，或者强迫某些人给予自己一些时间。因此，我们所讨论的心理社会合法延缓期，乃是指对成人承担义务的延缓，然而它又不仅仅是一种延缓。这个时期所表现的特征，在社会方面是一种选择性的许可，在青少年方面是挑衅性的嬉笑行为。然而它也往往导致青少年方面的一种深沉的、往往是短暂的义务感，而在社会方面，其结果是对义务的礼仪上的确认。这种合法延缓期表现了高度的个别变异，这在有很高天资（不论好坏）的人身上表现得特别显著。当然，也存在着与文化和亚文化的生活方式相联系的制度上的变异。

每一个社会和文化对于隶属于自身的大多数年轻人的某种合法延缓期加以制度化，在很大程度上，这些延缓期都与符合社会价值的各种学徒期和种种冒险相一致。合法延缓期可以是一个偷马和幻想探索的时期，是一个**四处漫游**或"开发西部"的时期，是一个"失去青春"或学术生活的时期，是一个自我牺牲或恶作剧的时期——而在今天，往往是一个生病和犯罪的时期。对于许多青少年犯罪，特别是有组织的少年犯罪，必须认为是创建心理社会合法延缓期的一种尝试。事实上，我倒愿意假定，某些少年犯罪乃是社会某些部分长期以来相对制度化了的合法延缓期，它现在迫使我们意识到这点，只是因为它太有吸引力，一下就引诱了许多少年。此外，我们的社会似乎正在把精神病治疗当作对年轻人的少数可允许的合法延缓期之一，否则他们将有被标准化和机械化碾碎的危险。对这一点我们必须谨慎地加以考虑，因为一个人在心理社会合法延缓期期间被贴上标签或进行诊断，对于同一性形成是极其重要的。

但是合法延缓期并不一定要有意识地体验到。相反，年轻人可以有深刻的责任感，只是到很久以后才知道他如此认真对待的只不过是一个过渡时期。许多"改正了的"少年犯罪者对于已成为过去的"愚蠢行为"感到十分疏远。但是，很清楚，对于同一性意象的任何试验也意味着玩弄内心的情绪和冲动之火，和甘愿进入社会"口袋"永不能返回的外部危险。个人过早地定型，个人使自己承担义务，因为环境和权威使他不得不如此。

同一性和自居作用在语言学上和心理学上是有共同根源的，然而同一性仅仅是早期的自居作用的相加之和吗？或者它仅仅是附加的一套自居作用吗？

如果我们考虑到儿童期的各种自居作用仅仅是彼此机械地相加，则任何自居作用都不能产生一个起作用的人格这一事实时，便不难看出自居作用的机制的有限用途了。我们通常确实相信治疗的任务是以较为合适的自居作用代替人病态的和夸大的自居作用。但是每一次治愈都证明了"较为合适的"自居作用也倾向于隶属一个新的独特的完形，而不仅仅是各部分之和。事实是，作为一种机制的自居作用的用途是有限的，儿童在其发展的不同阶段只与人们直接影响自己的那些不论是现实还是幻想的部分情况相认同。假如他们对父母的自居作用集中于评价过高和理解不当的身体部分、能力和角色表现，而且对这些部分的偏爱并不是因为它们的社会可接受性（它们经常恰恰正是父母适应得最好的特性），而是出于幼稚幻想的性质，这种幻想将逐渐地让位于现实主义的判断。

到了儿童后期，个人面临着多层次内容的角色。从幼小的弟妹到祖父母，以及属于较大范围家庭的任何人。儿童在整个儿童时期都在预期长大后将成为什么样的人，而最小的儿童在许多方面认同各色人等，从而建立起一种预期层次，然后在后来的生活中求取"证实"。这就是为什么文化的和历史的变化可以证明对同一性形成有如此的损害：它可以破坏一个儿童的预期层次的内在一致性。

如果我们认为心力内投（introjection）、自居作用和同一性形成是自我与可用模式的相互作用而日趋成熟的各个步骤，从下述心理社会程式中自可看得出来。

心力内投（他人意象的原始"并入"）本身的整合有赖于做母亲的成人（们）与被母亲般照管的儿童之间的满意的感情共鸣（mutuality）。只有这种最初的感情共鸣才为自我感提供一个安全支柱，从而延伸到另一支柱——儿童最初的爱的"对象"。

儿童时期的自居作用的命运，反过来又依赖于数代共居的家庭所提供的有意义角色层次的可信赖的代表。

最后，同一性形成开始于自居作用的用途结束之时。它产生于对儿童时期的各种自居作用的有选择的抛弃和相互同化，并将其吸收为一个新的完形。这一过程又依赖于一种对年轻个人予以认同的社会过程（往往通过一些社会团体）承认他现在所变成的方式，而且认为变成这种方式是理所当然的。常常带着开始时的某些不信任感，这些社会集体对新结识的年轻人的这种承认往往显示出惊讶和愉快。因为社会集体也感到被那些想要寻求承认的个人"所承认"，基于同一理由，它也可以由于某些人不想要寻求承认而深深地——报复性地——感到被抛弃了。

因此，一个社会集体认同个人的方式，多少成功地符合个人自己认同别人的方式。如果一个年轻人在"被承认"的关键时刻引起了不愉快和不舒适，社会集体有时便似乎建议这个年轻人，要他改变无助于增加"等同于自己"的那些方式。在社会集体看来，所希望的改变可理解为仅仅是一个善良的意愿或意志力量（如果他想要做就能够做），而抗拒这种改变则被视为恶意（bad will）或者自卑、遗传或者其他什么原因。因而，社会集体往往低估了一个漫长而复杂的儿童期历史在多大程度上限制了一个青少年对同一性变化的选择，同样也低估了如有可能，社会集体在多大程度上仍能在这些选择范围内有助于一个青少年的命运。

整个儿童期发生了同一性的暂时定形化，使个人感到并相信（从事情的大多数有意识方面开始），好像他已最大限度地知道了他是什么人——仅仅发现这种自我肯定不时地遇到发展本身不连续性的折磨。在某种环境中对小男孩提出的要求与对"大男孩"提出的要求的不连续性可以作为例子。他可能会感到奇怪，为什么最初要使他相信"小"是可爱的，而为了"现在长大了"的特别义务又被迫改变这种较不费力气的地位。这种不连续性可以在任何时候达到一种危机，要求决定性的和策略上行动的再定型，并导致一种妥协，这种妥协只有在对日益增长的义务的实用性和可行性的不断增长的感觉中才能得到补偿。聪明的或凶猛的或善良的小孩变成勤恳的或绅士派头的或鲁莽的大孩子，必须能够——也必须使之能够——在一种被承认的同一性中将两组价值结合起来。这种同一性允许他在工作和游戏中，在正式的和亲密的行为中成为（或让别人成为）大小孩和小小孩的结合体。

社会集体支持这种发展，其范围包括允许儿童在每一阶段确定自己的方向以完成其全部"生命计划"。个人在不同年龄各有其按顺序所代表的层次角色。家庭、邻里和学校不断提供对年幼和年长儿童、对年轻和年老成人的接触和试验的自居作用。因此，一个儿童在连续的和试验的自居作用的多重性中，很早便开始建立起长大了将成为什么样的人以及保持年轻将会有什么感觉的期望——当这些期望一步一步地在心理社会"适合性"的决定性体验中证实，便变成了同一性的一部分了。

于是，固定于青年期末的最后的同一性，对于每个个人过去所起的任何单个自居作用都起了概括的作用：它包括了一切有意义的自居作用。但也改变了它们，以便将它们造成一个独特而又有合理连贯性的整体。

精神分析已依据本能和防御，例如"典型的危险情境"①，对生命的各关键时期进行了描述。精神分析本身关心心理性欲危机对心理社会（及其他）功能的侵犯，甚于关心每一功能成熟而产生的特殊危机。以一个小孩学会讲话为例：他获得了一种支持个人自主感的主要功能之一，以及扩大他的取予范围的主要技巧之一。本来仅仅只有能发出表示意义的声音符号

---

① H. 哈特曼：《自我心理学与适应问题》（*Ego Psychology and the Problem of Adaptation*），纽约，国际大学出版社，1958年。

的能力很快就变成能"说出他想要的东西"。它可以强迫儿童以适当的语言化完成以前只能以需要的姿势做出的反应。言语不仅逐渐使他获得一种表达自己声音的特殊方式和他所发展的言语模式,而且也使他成为他周围的人以不同的措辞和注意对他做出反应的对象。他们也期望能以较少的解释和姿势得到他的了解。其次,说出的话就是契约。别人记住了言辞有其不可改变的承担义务的一面,虽然儿童可能很早就不得不认识到某些义务(成人对儿童的)随时可以改变,而其他一些义务(他对成人的)则不可以。这种复杂的言语关系,不仅对于沟通的事实世界有关,而且对言语的义务和所说出的真情的社会价值也有关,它在标志着自我发展的各种体验的意义上是具有战略性的。我们必须学会将心理社会这个方面的问题与现在已了解得较多的心理性欲各方面联系起来,如表现为对语言的自体性欲享受;作为一种口唇的或性感的"接触"的言语的使用,或者做出排除性或侵犯性声音的这类器官的强调或语言的使用。因此,儿童在声音和字词的使用中,可以逐渐发展出一种嘀咕、唱歌、判断和争论的混合物,成为未来同一性的一种新元素的部分,就是说,成为"一个人如此这般地说话和与人交谈"元素的一部分。这个元素又将与儿童发展中同一性的其他一些元素(他是聪明的或好看的或鲁莽的)联系起来,也将用来与其他一些活人或死人、好人或坏人相比较。

正是自我的功能在一定发展水平上把心理性欲方面和心理社会方面加以整合,与此同时把新增加的同一性元素与已经存在的那些元素的关系加以整合——就是说,将人格发展的不同水平之间的必不可免的间断性加以沟通。因为当驱力在质和量上发生变化,在心理装备上有所延伸,以及新的、往往是冲突性的社会要求使以前的适应显得力不胜任,即对以前的各种机会和报偿有所怀疑时,同一性的一些早期雏形又有可能陷入复活的冲突之中。然而这种发展的和规范性的危机不同于强加的、创伤性的和神经症的危机,因为生长过程本身提供了新的能量,就连社会也依照其本身对生命各阶段的主要概念提供各种新的特殊机会。因此从发生的观点来看,同一性形成过程的发生就像一个不断进化的完形——在整个儿童期中自我经过连续的综合和再综合而逐渐建立起来的完形。正是这个完形把制度的赋予、特质的力比多需要、有利的能力、有意义的自居作用、有效的防

第四章 生命史和个案史中的同一性混乱

御、成功的升华作用以及连贯性的角色逐渐地整合了起来。

儿童期之末一切趋同的同一性元素的最后聚合（以及趋异的同一性元素的废弃）①，似乎是一项令人生畏的任务：一个像青年期这样"变态"的阶段，如何能被信任而完成这一任务呢？人们往往难以想到。尽管青年的一些"症状"和发生的事件与神经症和精神病的症状和发生的事件有其相似之处，青年期却不是一种苦恼，而只是一种规范性危机，也就是冲突不断增加的一个正常时期，其表现的特征是自我力量似乎时起时伏，而且富有高度的生长潜能。神经症和精神病危机受制于某种自我永存的性格倾向，一种防御能量的不断增长的消耗以及一种深刻的心理社会的孤立；而规范性危机相对说来则是可逆的或者是可以越过的，其所表现的特征是有丰富的可获得的能量，这些能量确实可使蛰伏的焦虑复苏并唤起新的冲突，但是在寻求新的机会和联系并与之打交道时，它能支持新的和扩大的自我功能。在有偏见的检查下被认为是神经症的初兆，往往不过是一种加重了的危机，可以证明具有自我清理作用，事实上甚至对于同一性的形成有所助益。

当然，青年在其同一性形成的最后阶段，的确也容易受到比以前甚至比以后更为深刻的角色混乱的痛苦。而且这类混乱的确也使许多青年无力防御以前潜伏的恶性障碍的突发影响。但重要的是要强调指出，一个不太严重的神经症青年的散乱而易受损害的、冷漠而未承担义务的、严格要求而固执己见的人格，包含着"我敢赌你"和"我敢赌自己"这一类半认真角色试验的许多必要元素。因此这样的表面混乱必须被认为是社会游戏——儿童期游戏的真正发生学上的继承者。同样的，青年的自我发展，如果大胆地说，也要求和允许在幻想和反思中进行游戏般的试验。当青年在他对危险的幻想（早期阶段被压抑，以后阶段仍会被压抑）在知觉上表示出接近"意识"时，我们不免易于感到震惊，特别是如果当我们在精神治疗情境中，强烈追求我们"使其神志清醒"的任务时，易于把一个过分探身于无意识悬崖之上的人推上一把。青年在任何悬崖之上的探身观望都

---

① 威廉·詹姆士曾谈到"古老的可供选择的自我"甚至"谋杀的自身"。见《信仰的意志》，《新世界》，卷5，1896年。

是一种正常的试验，只要他们不是那些过急的或神经症的成人以一种致命的严重性做出的不成熟的反应，社会将变得更易于受到自我的控制。对于常常引起临床医生真正关怀的青年"防御流动性"，也应当采取同样的看法。绝大多数这种流动性并不是病态，因为在青年期的危机中，只有流动的防御才能克服来自内部和外部要求的欺骗，也只有尝试错误才能引导到行动和自我表现的最适当途径。

一般可以这样说，对于青年的社会游戏，那种类似于一度对于儿童游戏性质的偏见并不容易被克服。我们不时地把这类行为认为是无关的、不必要的或者是不合理的，并赋予它以纯粹退化的或神经症的意义。正如过去一样，那时忽视了对儿童的自发游戏的研究，只看重无伴游戏的研究①，所以现在在我们关心个别青年时，对青年团伙行为的相互"结合性"便缺少正确的评估。某一青年新获得的各种能力是否倒退到幼儿期的冲突，在相当大的程度上要看他在自己少年团伙中所获得的机会和回报的性质而定，也有赖于一些较为正规的方式，其中社会一般地使社会游戏过渡到工作试验以及使仪式的通过转而为最后的义务承担，所有这一切都必须依赖个人和社会之间的一种不言而喻的相互契约。

同一感是有意识的吗？当然，它有时似乎只是太有意识了，因为在重大的内心需要与无情的外部要求的双重利刃之间，仍处于试验期间的个人可能变为一种暂时的极端同一性意识的牺牲品，而这种极端的同一性意识乃是青少年许多典型的"自我意识"形式的共同核心。凡是同一性形成过程被拖长之处（可以取得创造性成就的一个因素），这种"自我意象"的预先占有就非常普遍。因此在下述情况下，我们大多数都意识到我们的同一性：当我们正要获得同一性的时候，当我们〔电影称之为"先怔后悟"（double-take）〕多少有些吃惊地认出它的时候，或者，当我们正要进入一次危机并感到同一性混乱的侵袭的时候。关于同一性混乱的症候群，下面将加以描述。

---

① 另一研究见安娜·弗洛伊德和索菲·丹恩斯关于集中营儿童的报告：《一个集体抚养的实验》（"An Experiment in Group Upbringing"），见《儿童精神分析研究》，卷6，纽约，国际大学出版社，1951年，第127—168页。

第四章 生命史和个案史中的同一性混乱

相反，最令人满意的同一感仅仅被体验为一种心理社会的安宁之感。它的最明显的伴随情况是一种个人身体上的自在之感，一种自知有"何去何从"之感，以及一种预期能获得有价值的人们承认的内心保证。

三、病历的：严重同一性混乱的临床情景

病情记录保持着精神分析理解的传统来源。现在将对一些年轻人的疾病症状群做一概述，他们既不能利用他们社会中所提供的职业生涯，也没有为他们自己创造（如萧伯纳所为）和保持完全属于自己的合法延缓期。相反，他们来到精神病医生、牧师、法官和新兵征募处，以便找到一个从来不是舒适的权威场所，等待着把事情拖过去。以下便是对同一性混乱的较为严重的症状的初次阐述。根据美国伯克郡的奥斯汀·里格斯中心和美国匹兹堡的西方精神病学研究所的精神分裂症前的或者大部分是"边缘的"病案的个人诊断，受过临床治疗的读者将会正确地感觉到，在我把同一性混乱当作一种发展上的障碍来了解的努力中，我忽略了可以变成恶性的或不可逆转情况的诊断表征。当然，同一性混乱不是一种诊断实体，但是我认为，对于一种障碍有其严重根源的发展危机的描述，应当变成任何诊断情景的一部分，特别是任何预后和有关指定的那种治疗的任何叙述的一部分。本章的目的在于指出这种附加的诊断方向，但并不详细论证其中可以形成功能的方式。另一方面，没有受过诊断的读者必须提防对于心理状态的同情的和非医学的描述都会使任何读者相信他——或者任何与他接近的人——也具有所描述的情况。的确（就通常的意义说），描述一种或许多同一性混乱的症状并不困难，困难在于使它们形成一个较严密的整体，而对个人病案中的所有这些症状，只有训练有素的观察者才能予以证实。

急性的同一性混乱状态只有当年轻人发现自己面临着各种体验结合起来时才变得明显，这些体验同时要求他承担身体上的亲密（不是指明显的性的意义）、职业上的决定性选择、精力充沛的竞争以及心理社会的自我确定的义务。产生的紧张是否会导致麻痹，现在主要要看潜伏的疾病是否

将真的拉向退化的方向。这种退化的力量往往引起我们领域中工作者的极大注意,这部分是因为我们熟悉情况,能诊断出退化的表征,部分也因为正是退化本身要求治疗。但是若要理解我们所讨论的种种障碍,必须进一步知道某些特殊情况,它们可以将一种类似于努力拖延和躲避心理社会提前结束的暂时性的青年退化强加于个人。麻痹状态所产生的社会功能就是保持一种最低限度的实际选择和承担义务的功能,但是,疾病也就由此产生了!

1. 亲密问题

我们许多病人的崩溃年龄可以适当地称之为前成人期而不是后青年期,这是因为往往仅只参加亲密伙伴关系和竞争或是表现性的亲密企图,便充分暴露了同一性的潜在弱点。

与别人的真正"定约"(engagement)是坚定的自我叙述(selfdelineation)的结果和检验。当年轻人在友谊和竞争性的游戏以及恋爱、辩论和口角等方面寻找至少是游戏般亲密的试验性形式时,他很容易体验到一种特殊的紧张,好像这种试验性约定可以转变成一种人际间融合状态以致达到同一性的丧失,从而需要一种紧张的内心保留,谨防承担义务。当青少年还没有解决这种紧张时,他可能使自己陷于孤立,最多仅进入刻板式的形式主义的人际关系;或者,他可能在反复的兴奋企图和沮丧的失败中,寻找到并与最不合适的伙伴发生亲密关系。因为在一种确定的同一感正在失去的地方,就连友谊和风流韵事也绝望地企图以相互自恋的反应形式来表现同一性的模糊轮廓:陷入爱情往往意味着陷入一个人的破碎镜像,伤害了自己也损坏了镜子。在调情的或在性的幻想中,存在着一种性的同一性松懈的威胁,这种松懈甚至变得分不清性的兴奋究竟是由自己还是由他的伴侣所体验的,这在异性恋或同性恋中都是如此。因此,在与另一人融合而产生的性的或情爱的感觉中,自我失去了放弃自身的弹性,另一个人既是感觉到的同伴,也是一个人的连续同一性的保证者:与另一人的融合变成了同一性的丧失。相互依存所需要的一切能力的突然崩溃迫在眉睫,接着便是拼命想重新调动这一切能力,结果却倒退到只有幼儿能体验到的某种迷惑不解的愤怒的阶段。

必须记住亲密的对立面是疏远,即对那些在本质上似乎构成威胁的力量和人采取准备抛弃、忽视或加以摧毁的态度。与一群人表示亲密，如果不能有效地抛弃另一群人，思想上便达不到真正的亲密。因此，在抛弃上表现软弱和过分，乃是由于一种不完全同一性得不到亲密的一个复杂的方面：凡是对自己的"观点"不能确信的人便不能有明智的抛弃。

年轻人常常以委婉的方式表明只有出现一个"领袖"他们才能得救的感情，这个领袖是一个成人，他能够并愿意使自己成为试验投降者的安全对象，并在重新学习趋向于亲密的相互依存和合法抛弃的最初步骤中成为指导者。后期青年希望成为这一种人的学徒、信徒、追随者、异性的仆人或者病人，当这方面往往因其强度太大和极端性而宣告失败时，青年人便退缩到一个紧张反省和自我检验的地位。如果处于特别恶化的情况或者具有相当强烈的孤独倾向的历史，便能使他陷入一种麻痹的边缘状态。从症状学上看，这种状态包括一种高度痛苦的孤独感，一种内部连续感和一致感的分解，一种全面的羞怯感，一种不能从任何活动中获致成就之感。在这些年轻病人中，手淫和夜间遗精已不是过分压迫的偶然释放，而只是更加强了的紧张，它们变成了恶性循环的一部分。在这种恶性循环中，无上权力的自恋暂时地加强了，它只为身体上和心理上的阉割感和空洞感让路。在这种情况下，生活对个人就好像只是偶然的事件，而不是以他的主动性在生活；他的不信任只有让世界、社会以至精神病来证明他是存在于一种心理社会感之中，也就是他指望回复到他自己。

2. 时间前景的散乱

在拖延的和延长的青年期的极端例子中，对于时间的体验出现一种极端的干扰形式，其较温和的形式也属于日常青年期的精神病理学。它包括一种极大的紧迫感，同时对作为生活一个维度的时间却丧失了考虑。年轻人一方面觉得自己年轻，实际上像婴儿似的，同时又感到老得无法恢复活力。断言失去了豪气，申明不成熟以及丧失了可用的潜能，这些在我们的病人中表现得非常普遍。因为他们生活于其中的文化认为这类说法带有浪漫气息。这种隐含的恶意中也包含坚决不相信时间可能会带来变化，但又强烈地害怕时间会带来变化。这种矛盾经常表现为一种普通的减速，使他自己的活动和治疗的常规好像在糖浆中移动一般。他难以去睡觉而且难以入睡，他同样难以起床和面对清醒时必要的恢复；他难以按约定时间前来治疗，同时也难以离去。诸如"我不知道""我放弃""我离开"这一类抱怨绝不仅仅是一种习惯上表示轻度意气消沉的说法，它们往往是像爱德华·毕布林（Edward Bibring）所讨论的一种失望的表现①，在自我方面则是一种"让自己去死"的愿望。

假定随着青年期的结束，或者在暂时规定的以后"期满日期"生命能够真的结束，这倒不是一种毫不受欢迎的想法，而且事实上，还可以变成试验性新的开始所可依据的唯一条件。我们的一些病人甚至有这样的感觉，即治疗如果不能证明有真正价值，治疗者最好不要想办法使他们继续活下去。没有这样一种信念，合法延缓期就不是真的延缓期。同时"想死"并不是一种真正的自杀愿望，除非在某些罕见情况下，"做一个自杀者"已变成不可避免的同一性选择本身时才会如此。我在此想起了一个漂亮的年轻姑娘，她是一个磨坊工人的一群儿女中的老大，她的母亲不断地表示，她的女儿们如果去当娼妓就不如死了的好，同时她怀疑女儿们只要与男孩们为伍就是"卖淫"。女儿们最后被迫私自结成一个自己的妇女团体，明显地要避开母亲，以便试验一种模棱两可的、然而可以相互之间给予保护免遭男人损害的情境。她们最后陷入了遭到损害的情境之中。当局也想当然地认为她们是自愿卖淫，于是她们被分别送到各种社会机构，被迫留下了社会准备好了的"承认"的印象。对于一个她们觉得没给她们留下任何选择余地的母亲，她们是无法向之求助的，而社会工作人员的许多善意和理解已被不幸情况所破坏。由于种种原因，这位最年长的女儿已感到除死之外别无其他选择。她衣着整齐地悬梁自尽了，留下了一封遗书，最后是一句隐晦不清的话："为什么我只有丢掉荣誉才能得到荣誉……"

3. 勤奋的散乱

严重的同一性混乱照例伴随着一种工作质量感（sense of Workmanship）的激烈扰乱，其表现的形式或是不能集中注意力于所需要的或被提出的任务，或是专心致志于一种自我破坏性的片面性活动，即过度阅读。有时正

---

① E. 毕布林：《压抑的机制》（"The Mechanism of Depression"），见《情感失调》，P. 格里纳克编，纽约，国际大学出版社，1953年，第13—48页。

第四章　生命史和个案史中的同一性混乱

在接受治疗的这类病人发现能使他们重新获得他们曾一度丧失的工作质量感的唯一活动方式就是读一本书。此外还应很好地记住，在青春期和青年期之前的发展阶段，即小学年龄阶段，这时儿童被教给一些准备参与本文化特殊技术学的必要前提，并被给予发展一种做工感和参加工作感的机会和终生任务。我们看到，学龄期有意义地紧随于俄狄浦斯情结阶段之后，真正地（而不是游戏地对通向社会经济结构中一个位置的各步骤的完成）允许儿童对作为工人和传统负荷者的父母而不是对作为性的和家庭成员的父母进行再认同，从而至少培育了一个具体和更为"中性的"变得像他们的人的可能性。初步练习的技巧的各种有形目标，在各训练地点（兽皮脱毛所、祈祷室、捕鱼穴、作坊、厨房、教室），由同龄伙伴参加，大多数地点在地理上是离开家，也离开母亲，而且是与幼儿期记忆无关的，然而在对待性别方面存在着广泛的差异。于是工作目标绝不仅仅是支持或利用对幼儿期本能目标的压制，它们也增加了自我功能的作用，因为它们提供了一种建设性活动，在集体现实中使用真正的工具和原料。自我由被动性转为主动性的倾向需要一个新的表现领域，在各方面都要超过仅仅将幼儿期的幻想和游戏由被动变主动，因为现在寻求活动、实践和工作完成的内部需要，正准备去迎合社会现实中各种相应的要求和机会。

由于俄狄浦斯情结阶段直接存在于工作同一性开始之前，我们的年轻病人对待工作的态度就转回到了对俄狄浦斯情结的竞争性和对同胞的敌对性。因此同一性混乱不仅伴随着不能集中注意力，而且伴有对竞争性的高度觉知和憎恶。虽然我们提到的病人通常聪明能干，在事务性工作、学术研究和运动竞技上往往有成功的表现，他们现在却丧失了工作、训练和社交的能力，从而也失去了最重要的社会游戏的媒介物，也不能最有效地躲避漫无边际的幻想和模糊的焦虑。相反，幼稚的目标和幻想则被危险地赋予成熟的性器官和邪恶的攻击能力所给予的能量。父母中的一方变成了目标，另一方则又变成了障碍。然而这一次复苏了的俄狄浦斯情结的斗争，不能也不应当被解释为唯一的甚至是主要的性的斗争。它是返回到最早来源的一个转折点，是解决早期心力内投并重建动摇的童年自居作用的一种尝试——换句话说，这是一种再出生一次的愿望，想再次学会走向现实和相互依存的最初步骤，想再次被允许重新发展有关接触、活动和竞争的功能。

一个发现自己在大学中受阻的年轻病人，在治疗的开始阶段几乎读瞎了双眼。这显然是对父亲和治疗者的破坏性的自居作用所致，这两个人都是教授。在一位有才能的"住校画家"的指导下，他发现自己原来就是绘画天才，只是由于先前的治疗，这种活动才受到阻碍，同时变成了一种破坏性的活动过度。由于绘画被证明在病人逐渐获得一种关于自己的同一感的过程中是一份有价值的资产，有一天晚上他做了一个以前常常把他吓醒的梦，但梦境变了样。与往常一样，他正在逃避大火和迫害，但这一次他逃进他自己速写的一片树林，而当他逃入树林时，炭笔画变成了一片漫无边际的真正森林。

4．消极同一性的选择

一个人同一感的丧失，往往表现为他对于自己家庭和社区对他所提供的所谓适当和称心的角色表示轻蔑和怠慢的敌视。所需要的角色的任何或所有方面——如男子气概或女子气质、民族性或阶级成员资格——都能变成年轻人尖刻嘲弄的主要集中点。在最古老的盎格鲁-撒克逊人或最新的拉丁族或犹太人的家庭中，便会发生这一类对自己背景的过分鄙视。它可以发展成为对美国一切事物都加以憎恶，而对一切外来的事物普遍表现出不合理的高度评价或者高度鄙视。生命和精力仿佛只存在于他不在之处，而他所在之处则都存在着衰退和危险的威胁。有一段典型的病例报告，表明了超我成功地贬低了一个年轻人的动摇的同一性：在他的内心，一个正在贬斥他的声音大约在这时候开始增强。它达到了侵入他所做的一切事情之中的程度。他说："如果我抽一支烟，如果我告诉一个女孩我喜欢她，如果我做一个姿势，如果我听一首乐曲，如果我努力读一本书——这第三个声音无不在对我说——'你做这件事只是做给别人看的，你是一个伪君子。'"这个贬低的声音变得相当严酷无情。有一天他在从家中去大学的途中，当火车穿过新泽西州的沼泽地和城市的一些贫穷区时，他强烈地感到，他与住在这些地方的人们比与在校园或家中相处的人们更为志趣相投。生命似乎只存在于这些地方，相反，校园只是一个受保护的和失掉男子气概的地方。

在这个例子中，重要的是要承认不仅有一个被认为是一种贬斥的内心

第四章 生命史和个案史中的同一性混乱

声音的傲慢的超我（但还没有整合到足以引导年轻人达到另一种职业生涯的程度），而且还存在着投射于社会某些部分的严重同一性混乱。一个类似的病例是，一个出身于相当兴旺的矿城的法美混血女孩，每当单独与男孩同行时就害怕到足以瘫痪的程度，看来这是无数超我禁令和同一性冲突汇集而为的一种强迫性观念，认为每一个男孩都有权指望她像一般所描绘的"法国人"那样屈从于性行为。

这种对民族或种族血统的疏远很少导致对个人**同一性**的完全否认，虽然在想从借用一个新姓名标记来找到庇护的年轻人中间，愤怒地坚持要别人用特殊的名称或绰号来称呼自己的事屡见不鲜，然而一个人在交谈中重建他的血统的事也确实存在。一个具有高度创造力的中欧血统的女中学生，私下想找一个苏格兰移民做伴侣。她努力学习，很快地掌握了苏格兰人的方言与习惯，借助于历史书籍和旅游指导书，她为自己重构了一段在苏格兰某一真正城市、某一社会环境中的童年故事，而且在通宵长谈中，竟使该地的某些土著居民深信不疑。她把她美国血统的父母说成是"把她带到这里来的人"。而且当被送到我这里来时，她介绍自己叫"罗娜"，还生动详细地描述了她"在那儿"的童年。我附和了她的故事，并表明它的内部真实性胜过了它的现实性。这种内部真实性原来真的是一段回忆，就是说，这女孩以前曾依恋过一个女邻居，她来自英伦三岛，她给予这女孩所要求的那种爱胜过她的双亲所给的和所能给的。在这虚构的"真情"背后，那近乎妄想能力的力量反过来又是希望她父母死亡的愿望，这种愿望是潜伏于所有严重同一性危机之中的。当我最后问及这女孩如何设法安排在苏格兰的一切生活详情时，那种妄想的考虑不周便露出破绽了。"上帝保佑你！先生。"她用一种恳求的苏格兰土腔说，"我需要一个过去。"不用说，有这样的语言天才，善于表演，加上个人热情，"妄想"在性质和预后方面绝不同于真正的精神病情况。

然而，总的说来，我们病人的冲突更多地以一种更为精致的方式求取表现，而不是废弃个人同一性。他们选择的是**消极同一性**，也就是这种同一性反常地依赖在发展的决定性阶段曾经出现的、对他们说来是最不适宜和最危险的、然而也是最真实的自居作用和角色。举例来说，一个死去了长子的母亲，由于复杂的罪疚感情，再也不能给予后来活下来的孩子们以同样多的、为纪念死去的孩子而奉献出的宗教虔诚。结果，她的一个儿子引起了这样一种致命的信仰，认为生病或死亡是比健康等等得到"承认"的更好的保证。有一个母亲，对她的一个因多次酒精中毒而精神崩溃的弟弟充满了潜意识的矛盾感情。她在自己儿子的许多特性中，只对那似乎会重复她弟弟命运的特性做出选择性的反应。其结果是，对于这个儿子来说，这种"消极的"同一性似乎比他所有想要变得善良的自然企图更具有现实性。他努力变成了一个酒鬼，由于缺乏其他必要的条件，他的选择工作只能以瘫痪而告终。

在另一些病例中，消极同一性则是出于想寻找和保持一个人的适当地位，以对抗有病态野心的父母和权威人士的过分要求的不得已的结果。

在这两种情况下，父母的弱点和未表达的愿望都已为儿童清楚地识别出来。一个精明的剧务家的女儿逃离了大学，在一个南部城市的黑人区被当作一个妓女而逮捕；而一个有影响的黑人传教士的女儿，在芝加哥的吸毒成瘾者中被发现。在这类情况中，最为重要的是得承认在这种角色扮演中的嘲弄和报复性托辞，因为白人女孩本人并不是真正的妓女，而且黑人女孩还没有成为真正的吸毒成瘾者。但是不用说，她们都已把自己置于一个边缘的社会领域，要让执法官和精神病机构来决定给这种行为打上什么印记。类似的病例是个被介绍到精神病诊所的男孩，据说是一个小城镇的"在乡下搞同性关系的人"。经过调查，这个男孩并无任何真正同性恋的行为，他被冠以这个称号，只是因为在他幼小时候，被几个大孩子强奸了一次。

消极同一性这种报复性的选择，当然表明了是拼命地想夺回某一情境中的某种优势。而在这种情况中，有效的积极同一性成分已互相抵消了。这样一种选择的历史表明了一组情况，病人在其中可以从总的自居作用中获得一种同一感，但他用以自居的绝不是他内心努力得不到的那种可接受角色的现实感情。一个年轻人说："我宁愿十分不安全而不要一点点安全。"一位年轻妇女说："至少在贫民窟里我是一个天才！"这些话表达了继消极同一性总的选择之后对自己的宽慰。当然，这种宽慰往往也在青年同性恋者、吸毒成癖者和社会愤世嫉俗者的帮伙中得到了集体的表达。

此处也包括了上层社会势利行为的某些形式。因为这些形式允许某些人通过求助于不属于自己挣得的东西，如自己父母的财产、背景、声望，或者求助于不是他们自己创造的东西，如风格和艺术形式等，来拒绝相信自己的同一性混乱。但是还有一种"低级的"势利行为，它以自己貌似一无成就而自豪。不管怎样，有很多病态的或绝望的后期青年，如果面临着持续不断的矛盾，则宁愿做一个微不足道的人或十足的坏人，或者真正死去——这可以自由选择——而不愿做一个马马虎虎的人。在这方面，"十足"（total）这个词的用法并非偶然。我们在第二章中已经提到，如果在发展的各个决定性阶段，似乎不可能重新整合为一个相对的"整体"时，人类则会产生一种"全体性"（wholeness）的重新定向的倾向。关于精神病突变的全体性解决，在此不能加以讨论了。①

5. 家庭和儿童期的一些特殊因素

在讨论到病人所共有的有关发病机制倾向时，我们有时不免自问，他们的父母有些什么共同之处。我认为人们可以说，在我们的病案史中，有很大一部分母亲具有一些不一定与她们的实际社会地位相关的共同特性。第一，是一种明显的向上爬的身份意识和各式各样矫揉造作的"紧握不放"。她们几乎在任何时候都不愿意理会忠实感情，不愿明智地判断问题，而是要做出有钱有势、体面"幸福"的姿态。事实上她们是在试图强制她们敏感的孩子们故意做出一副"天生的"和"善于"交际的样子。第二，她们具有一种无孔不入的特殊品质。她们通常的声音和最温顺的啜泣是尖锐的、哀婉的或令人烦躁的、在相当大的范围内无法避开的。有一个病人整个童年期都反复梦见一把剪刀在室内飞舞。这把剪刀被证实为他母亲的声音，它不断地在剪割。② 这些母亲们有着爱，然而是一种绝望的和侵入

---

① 我在本领域内的方向得之于 R. 赖特：《临界精神分裂症患者的管理和精神治疗》（"Management and Psychotherapy of the Borderline Schizophrenic Patient"），见《精神分析病理学与心理学》，奥斯汀·里格斯中心，卷1，R. P. 赖特、C. R. 弗里德曼编，纽约，国际大学出版社，1954年，第110—122页；及 M. 布伦曼：《论戏弄与被戏弄：与道德受虐狂问题》，见《精神分析病理学与心理学》，第29—51页。

② 一方面，性的象征（此地指阉割）如果被治疗者过分强调，只能增加病人自觉有危险的幻想；另一方面，对自我的危险表象（此处是一个人受到失去自主的威胁）的交流，事实上是安全讨论性意义的一个条件。这个例子很好地说明了必须在对这类病人的解释中保持两方面的平衡。

性的爱。她们本人如此渴望获得赞同和承认，以致总把数不清的抱怨倾泻在儿女的身上，特别是对父亲的抱怨，几乎是恳求他们以他们自己的存在证明其母亲的存在。她们的嫉妒心很重，对别人的嫉妒也非常敏感。在我们的背景中，特别重要的是，母亲对儿童主要以父亲自居的任何迹象，或者更糟糕的是，对儿童以他父亲的同一性作为他自己同一性的基础，都表示出强烈的嫉妒。必须进一步说明的是，不管这些母亲是什么样的人，她们对于病人更是如此。在母亲经常抱怨父亲把她看作是一个女人的背后，潜伏着母亲和孩子都深切感知的这种抱怨，于是病人也不把她看作是母亲。不可避免的结论是，这些病人从他们生命一开始，由于最初看上去是极端的气质差异，就避开了母亲，从而深深地伤害了他们的母亲。这些差异原来不过是一种主要共鸣的极端表现。我说这话的意思是，病人的过分退缩或胡乱动作的倾向和母亲绝望的社会侵入性，都有一种共同的基本社会易损性。

我在此处所描述的，就其温和形式来说，是一种普通的典型，不能归咎于儿童的疾病，特别是因为并不是家庭中所有儿童的反应都带有同等的恶意。我们必须记住，我们通常遇到的这些母亲已经有了双倍的防御，但是我认为我们可以肯定地说，此处又是母亲和儿童的一种循环的消极反应，这种反应是恶性对立的相互依存性。

父亲们在自己的领域内虽然是成功的，而且往往很突出，但在家庭内却不敢反抗他们的妻子，因为他们对妻子有着过分的依赖，其结果是他们也深深地嫉妒他们的孩子。他们所具备的主动性和整合性，不管是屈服于妻子们的侵入性，还是像有罪似的避开她们，其结果总是母亲在对自己的所有孩子或几个孩子的要求上变得更加贫乏，更加凄婉，也更加是奉献式的了。

关于我们的病人与他们的兄弟或姐妹的关系，我只能说比大多数同胞关系似乎更加处于共生状态。因为有一种早期的同一性饥饿，我们的病人很容易使自己以一种类似于孪生子行为的方式依附于一个兄弟或姐妹①，只是我们此地仅有一对孪生子，而他力图把非孪生子当作孪生子看待。他

---

① D. 伯林厄姆：《孪生子》(*Twins*)，纽约，国际大学出版社，1952年。

们似乎易于屈服于对至少是一个兄弟姐妹的一种总的自居作用,其方式大大超出了安娜·弗洛伊德(A. Freud)所描述的"自居作用的利他主义"①。似乎我们的病人使自己的同一性屈服于一个兄弟或姐妹的同一性,希望以某种并入的动作重新获得一个更大更好的同一性。他们有成功之时,但是随着人为的孪生子关系的破裂必然产生的失败,是更带有创伤性的。当突然领会到——一对孪生子中的一个也可能如此——同一性只够一个人,另一个人的同一性似乎要由它产生时,愤怒和麻痹便随之而起了。

总的说来,我们病人的儿童早期历史显然是盲目的。人们往往看到一些幼儿孤独症,但通常被父母们加以合理化了。然而人们有着这样的印象,即青年后期的急性同一性混乱的恶意行为程度,要看这种早期孤独症的程度而定,而且它将决定退化的深度和回复到旧的心力内投的程度。关于在儿童期或青年期的特殊精神创伤,有一项似乎是经常发生的,即在俄狄浦斯情结时期或在青春早期发生的严重身体创伤,通常都与和家庭分离有关。这种创伤可以包括一种外科手术或迟迟诊断出来的身体缺陷,也可以是一种意外的或严重的性的创伤。

在其他方面,早期病理学还与我们已经视为典型的占优势的精神病学诊断资料相一致。很明显,同一性混乱并不是一种临床诊断。但是这里经常还有一个悬而未决的重要问题,比如说,妄想狂型的同一性混乱是否可以当作偶然发生于青年期的妄想狂病案,还是作为因急性的同一性混乱而加剧的妄想狂的倾向。如果混乱可以平息,这种倾向相对来说也是可以逆转的。这种"技术"上的问题不能在此讨论。但是从我们整个讨论中,仍可看出另一个至关重要的问题。用 K. T. 埃里克森(K. T. Erikson)的社会学名词②来讨论,就是存在着这样一种危险,这一年龄组的病人情愿选择恰好是病人这个角色,作为同一性形成的最有意义的基础。

---

① A. 弗洛伊德:《自我与防御机制》,纽约,国际大学出版社,1946 年。
② 见 K. T. 埃里克森:《患者角色与社会不确定——心理疾病的一个困境》("Pationd-Role and Social Uncertainty—A Dilemma of the Mentally Ill"),《精神病学》,卷 20,1957 年,第 263—247 页。

四、社会的：从个人混乱到社会秩序

（一）

在描绘了急性的同一性混乱的整个情况以后，我现在要着手处理已描述的每一个部分的症状，并将它与看来毫不相干的两种现象联系起来：个人的儿童期和文化史。既然我们理所当然地认为，我们在严重恶化的个案史中所遇见的冲突，原则上对于所有的个人都是普通的，那么，所提供的描述就不过是对正常的青年状态的一种歪曲的反映罢了。我们现在可以问：第一，这种状态怎么能够表明恢复了旧的童年期冲突；第二，文化提供给"正常"青少年的是一些什么不同的途径，足以使他们能够克服那些将他们拉回到幼儿期的退化的力量，并找到动员自己内部力量去追寻光明未来的各种方法。

首先谈谈拉回到童年期即青春期冲突的退化方面。为了在我们的心理社会发展图式中确定退化趋向的位置，我希望重新介绍这种表格时不要把事情弄得过于复杂。我知道有些读者会感到难于应付表格中尚未派定的部分，另一些人则可能情愿继续阅读下去而把图解这一工作留给那些对图表发生兴趣的人。因此，光是为了图表迷，我也要在这儿插上一段，在本节中向他们解释有关图表的某些项之后的数字。其余的读者对以下一段以及随后圆括号内所有数字都可以置之不顾。对他们来说，我想正文本身将说明一切。

在第三章中，仅对渐成说表格的斜行进行了充分的讨论。我们说，它描绘出了心理社会活动（I_1—VIII_8）各主要成分的个体发生的展开，我们又从婴儿期到同一性，即从I_5到V_5的竖线的一些方面填写了内容。这些是先前的各发展阶段直接对同一性发展做出的特殊贡献，即：互相承认的最初信任；希望自己处于正常状态的意志雏形；预期自己可能成为什么样的人，以及在变化过程中学习怎样应用技巧成为什么样的人的能力。但这也意味着每一个阶段都为同一性混乱提供了一种特殊的疏远：与互相承认的最初信任俱来的是一种"孤独的"无能所建立的相互依存性。我们刚才已看到，同一性混乱的最根本形式可以追溯到这一类早期障碍，此处是一种矛盾的心力内投的基本混乱，似乎削弱了一切未来的自居作用，因而也削弱了它们在青年期的整合作用的基础。从利用刚才描述的临床现象得来的线索参照表格，我们现在就会在表格横线 V 区分出各种不同的混乱的部分症状，并表明我们应怎样沿着倒退的竖线 1、2、3、4，向下追溯到他们儿童期的各前项，读者只需沿着这些竖线去寻找出现于主要项目之后的数字位置。

让我们从刚才所描述的病理学的第一项，即对时间本身的不信任和时间混乱的优势（V_1）开始。维持前景和期待的自我功能的丧失，无疑是退化到了时间还未存在的幼儿早期。时间的体验只产生于婴儿对需要的紧张和满足延缓的初期循环的适应。当紧张增长时，婴儿心中便以一种"幻觉"的方式预期着将要到来的满足，如果满足被延缓，就会产生无能为力的狂怒，此时信任看来已不复存在；任何接近满足的迹象都再次给时间提供了一种强烈希望的特性，而进一步的延缓则会引起加倍的愤怒。就如我们看到的，我们的病人不信任时间，也不能使他们相信，充分的满足可以充分预料到需求和"劳动"是值得花时间的。

我们的大多数严重退化了的年轻人，实际上显然怀有某种对时间不信任的普遍态度，诸如：每一次延缓就像一场欺骗，每一次等待就是一次无能的体验，每一次希望就是一次危险，每一次计划就是一次灾难，每一位可能的供养者就是一个潜在的叛徒。因此，如有必要，必须使用紧张症不动性（catatonic immobility）的魔术方法使时间停滞不动，这些极端性虽很少见，但在许多同一性混乱病例中都潜伏着。我宁愿相信，每一个青少年都至少知道飞逝的瞬间与时间本身是不一致的。在它正常的、短暂的形式中，这种新的不信任很快地或逐渐地屈服于某种观点，即允许和要求对未来进行一种激烈的、甚至狂热的心力投注，或是对若干可能的远景进行迅速而连续的心力投注，这些在年长者看来往往是互不协调的，至少是极度乌托邦的，也就是说是基于期待历史变化的规律发生变化。但接着，青少年能再一次将自己的貌似空想的世界表象结合在一起，这种表象假如有正确的领导者和历史的好运，则证明是可以部分实现的。因此，时间混乱或多或少在这一或那一阶段对所有的青少年都具有典型性,虽然仅只在某些人身上表现为病态。

从文化到文化,从一个时代到另一个时代的社会过程是怎样处理的呢?我仅能提供一些有启发性的例子。例如,在过去的浪漫时期,青少年们(还有艺术家和作家)关注的似乎是比现实更为"永恒"的死去的过去所留下的废墟。然而,此处所要强调的不仅仅是遥远的过去,而是短暂经验整个性质中的一种伴随的改变。在不同的文化或历史条件下(可以从本书已介绍的例子中挑选),我们能在不同的背景中获得这一点,有的背景像想象探索中的令人目眩的大草原的阳光,或者像通宵达旦伴着鼓点的舞蹈,像由吸毒引起的在"绝对"时间里的漂浮,或像为千年德意志帝国做准备的随着嘟嘟喇叭声的正步行进。事实上,有一种必不可缺的时间方面存在于所有的意识形态中,包括不同文明的目的和价值对青少年所具有的思想意义。依照新发展的同一性潜能可以倾向于皈依或改革,冒险或征服,理智或进步。因为在它们为青少年所提供的本质中有一种堪与有条理的世界表象相吻合、在感觉上令人信服的**时间前景**,它为人们造成一种至高无上的感觉。今天,当预期的未来的标准化达到了它的最高点时,成千上万的年轻人将选择合法延缓期作为一种生活的方式或一种分离的文化。由于他们选择了忘却他们的未来,社会便忘记了他们的未来只不过是一种旧现象的现代形式,即不过是更大众化、宣传得更广泛的形式罢了。正如我们一些年轻人所表示的复活了的品质所清楚揭示出来的那样。

我们也诊断了同一性混乱中的**同一性意识**。我们所说的同一性意识指的是痛苦的自我意识的一种特殊形式,而这种自我意识表明了一个人的自尊,即作为一个自主的人夸大了的自我表象与他在其他人眼中的形象之间的差异。在我们的病人中,自尊的偶尔完全丧失与别人自我陶醉的、势利的、蔑视的判断形成了鲜明的对比。但是,如果不是太极端的话,我们看到了青少年的那种敏感性,在面对批评时会与对抗的无耻现象交替出现。其次,这些现象是一些原始的防御,维持着因疑虑和羞怯感(II_2)而动摇的一种不稳定的自我肯定。虽然这是一种正常的暂时现象,它却始终存在于某些性格形成之中,它保持了许多有创造性的人的特征,他们根据自己的证明,体验了重复的青春期,以及随之产生的敏感性退缩和强有力的自我表现的整个周期。

自我意识（V_2）是关系到父母和孩子自己可信赖性原始疑虑的一种新版——只是在青年期，这种自我意识的疑虑关系到现已成为过去的整个童年的可靠性以及当前所面临的整个社会环境的可信赖性。现在一个人把具有自由意志感的自身托付给自己的自主同一性，能引起一种痛苦的羞愧，这种羞愧与在老练的成年人身上见到的原始的羞愧和狂怒有某种相似之处，这种原始羞愧现在只依附于一个人可受同龄同伴影响的并受领导者判断的公开的人格之上。在事态的正常发展中，所有这一切都被自我肯定（V_2）所超出，这种自我肯定现在所表现的特征是来源于家庭确定的独立感，它是自我意象的基质，也是对预期的一种确信。

在与这第二种冲突相一致的社会现象中，有一种对趋向于穿着特定制服或与众不同服饰的某种一致性形式的普遍倾向，从而把不完善的自我肯定暂时地隐藏在一种集体肯定之中。这种肯定性往往由古老的标志，由授权式、坚信社和入社式的献祭所提供，但它也能由那些愿意有所不同并同意要发展成某种不同一致性的人暂时而任意地创造出来。这些和一些不明显的一致性，因为同伴中的共同羞愧、判断上的取予，以及因毫不容情地捆在一起，而得到增强，结果留给局外人的只是"两手空空"的痛苦的（如果有时是创造性的）孤独。

对角色固着的一次完全信奉以反对许多有效角色的自由试验的表现（V_3），与幼儿期的现实、幻想和游戏中的自由的主动性和俄狄浦斯情结罪疚感之间的早期冲突有着明显的关系。如果我们的病人退化到了俄狄浦斯情结危机以下而导致整个信任的危机，则一种自我拆台的选择往往就成为前进或后退的主动性方式的唯一可接受的形式，并且是彻底否定抱负的形式中唯一可能完全避免感到罪疚的方法。然而，青少年内心的相对无罪，事实上或多或少是"少年犯罪"的主动性的正常表达，乃是一种对角色的试验，遵循青春期各社会集团的不成文准则，因此并不缺乏它自己的规律。

当社会公共机构鼓励这种主动性而从事沟通，以及当它们平息了内疚而提供了报偿时，这儿我们要再一次提到入会式和坚信社：它们在一种神秘的永恒性的气氛中，力求将某种牺牲或屈服的标志与一种朝向认可的行为方式的有力推动结合起来——这种结合只要发生作用便能保证在新手身上发展一种按照最大自由选择和团结感的最佳条件。青少年的这种特殊倾向——即作为一种仪式般严密组织而产生的一种自由选择感的达成——当然被普遍地用于军队生活中。

184　　极度的工作麻痹（V_4）是对一个人的整个资质的深刻不适当感的逻辑后果。这种机能不全之感，当然一般并不反映出真正的缺乏潜能。相反，它可能传达仅满足于无所不能或无所不知的一种自我理想意愿所引起的不现实的要求；它可能表达直接的社会环境并没有为个人的真正才能提供一席之地的事实；它也可能反映出一个人在早期学校生活中就被引入一种远远超过他的同一性发展的特殊的早熟状态。由于所有这些原因，这个人可能被排斥于游戏和工作中的试验性的竞争之外，而他本来是可以通过游戏和工作学会发现并坚持属于他自己的成就和他的工作同一性的。这一点在少年刚开始转向犯罪时最有关系——少年犯罪者在许多方面是我们病人的"积极的"复本，因为他们至少潜意识地显露出伴随着孤独压抑而出现的东西。对工作甚至对工作竞争的嘲弄，常见于诸如"干活"（指盗窃行为）或"干得真不赖"以表示完成了一次破坏等少年犯罪的词语之中。从这儿到另一种明显的考虑仅一步之遥，即年轻人为了不必为破坏而胆战心惊，肯定已学会了欣赏一种学徒身份（IV_4）的感觉。类精神分裂症患者和少年犯罪者都对自己表示不信任，不信任自己甚至还可能完成任何有价值的工作。这在由于这种或那种原因而没有觉得自己正参与他们时代的技术同一性的那些人身上当然表现得特别明显。其原因可能是他们自己的天资与机器时代的生产日益无缘，或者是他们自己属于一个社会阶层（在那儿根本无所谓高贵、低贱之分）而置身于进步潮流之外。

　　社会公共机构给予萌芽的工作同一性的力量和明确性以支持，为仍然正在学习和试验的那些人提供某种**学徒身份**的地位，提供有明确的责任和认可的竞争以及以特殊许可为特征的合法延缓期。

185　　这些都是同一性危机中的退化倾向，而这些倾向在同一性混乱的症状中，以及在日常生活内抵制它们的某些社会过程中，被特别清楚地加以描述。但是同一性形成在某些方面可以预见到未来的发展。第一，是我们可以称为**性别差异的极化**（V_6），即与同一性发展相一致的男性和女性特别比例的精细制作。我们的一些病人经受着比青年期经常出现的那种表现为轻度的和过渡性的形式更为持久和恶化的形式：年轻人不能清楚地感到自己是男是女，结果使他因容易受到譬如说来自同性团伙的压力而成为牺牲品。因为对某些人来说，被定型为某种事物或任何事物的类型，都比时间拉得太长的两性混乱更能忍受。当然，有些人对性欲感到厌恶而决定做一个禁欲主义者，其结果可能戏剧化地摆脱了使人手足无措的冲动。至于青年期当中的两性混乱（V_6），在一心关注一个人可以变成怎样的男人或女人，或者是怎样的中间物或乖戾者这种问题时加入了**自我意识**。一个青年在他的心灵的全体性的结构中可以感觉到，在一种性别上居于弱势就意味着另一种性别如果不是占了绝对优势也是占了很大优势。如果这时发生了什么事，表明他是一个社会上的乖戾者，他就会产生一种深邃的固结，这种固结因受到对一种消极同一性的过分评价而强化，真正的亲密似乎便是有危险的了。在这里，文化和阶级的性的风俗习惯有助于在男性和女性的心理社会的分化上形成巨大的差异。在性器官活动的年龄，种类和分布上也形成了很大的差异。这些差异可以模糊上面已讨论的事实，即心理社会亲密的发展不可能缺乏一种坚定的同一感。陷于混乱中的年轻人，由于受了特殊习俗的诱惑，可以因集中注意力于早期性器官活动，缺乏亲密，从而提前结束了他们的同一性发展；或者相反，他们可以集中精力于社会、艺术或智力的目标，因而冲淡了性器官成分的重要性，以致在与异性的生殖器极化中存在着持久的虚弱。

　　社会公共机构在此为部分的性的合法延缓期的广泛不同模式提供了意识形式上的理论说明，这些不同模式可表现为在一个特殊时期内施行绝对的禁止性欲，也可以是不承担个人责任的乱交，或者不用生殖器接触的性的玩弄。一个集体的或个人的"力比多节约"的有效与否，既有赖于儿童期遗留下来的性质，也有赖于从所选取的这一类性行为中自然生长起来的同一性的增进。

　　但是青少年学习在同伴中充当领导者和追随者时往往在所承担的功能中产生惊人的预见性，他们也就向父母身份和成人职责迈出了重要的一步。其所以能在个人的充分成熟以前就产生这种预见，恰恰是因为普遍的意识形态为领导方向提供了一种格局。基于同样的原因，共同的"理由"

也容许别人追随和服从（而领袖自己也服从更高的首领），从而在幼稚超我中建立起来的父母意象将会被抑制一连串有效理想的有等级的领袖意象所代替——对少年犯罪集团和任何有高尚动机的集体表现同样典型的一种过程。如果青少年既不肯服从别人又不能命令别人，那他只好设法过着孤独的生活从而导致有害的退缩，但是他如果聪明而幸运，这种情况也能帮助他通过书籍、图画和音乐对多少世纪以来的指导者声音做出反应。

接着要谈论的便是各个社会以时显时隐的意识形态形式向青少年所呈现的理想体系了。到现在为止，我们提供给青少年的意识形态有以下几种功能：（1）包括一切可预见的时间从而抵消了个人的"时间混乱"的一种简化了的时间前景；（2）包含理想和罪恶的内心世界与本身具有目标和危险的社会环境之间的某种强烈的一致感；（3）一种显示某种表面一致性并抵制个人同一性意识的行为的机会；（4）导致对有助于克服一种抑制和予人罪疚感的角色和技术进行集体试验；（5）引进普及技术学的社会风气从而引起合法的和规定的竞争；（6）为年轻个人的萌芽同一性提供作为框架的一种地理—历史的世界意象；（7）为与深信不疑的原则系统和谐共存的一种性生活方式提供理论基础；（8）对作为超人形象或"老大哥"的领袖的服从就是超越了父母—孩子的关系。没有这些**意识形态的信奉**，不管"生命方式"所蕴藏的意义如何，青少年总经受着**价值混乱**（V_8）的痛苦，这种混乱不仅对某些人可构成特别的危险，对于社会结构也肯定具有普遍的危险性。

因此我在一个病历概述的结论中，也简要提到了属于社会科学范围内的某些现象。我能证明这一点是正当的，只是因为我相信在临床工作中，为了做出个人病理学方面的某些有价值的概括，就不得不接触到社会过程中必然要被社会科学忽略掉的一些方面，而这些方面正是关于个案史和生活史的心理社会研究不能不加以注意的，所以我们再一次回到对萧伯纳的系统阐述，从而引导我们得出几个有结论性的想法。

（二）

萧是一位缜密的抽象理论家，正如他不断地思考自己任何阶段的性格

第四章 生命史和个案史中的同一性混乱

一样，他也不断地努力探索着萧伯纳的公开同一性。但是要扩展到较早引证的萧伯纳风格：小丑往往不仅是大马戏团中最好的角色，而且也是最诚挚的角色。所以在这一点上将萧对自己"转化"为一个年轻人的故事所表现的特征评论一番，也是值得的。

我被拉入 80 年代初期的社会党人的**复活**，在英国人当中，正是对**影响全世界那真正的和主要的罪恶**，表现出**忧心忡忡和烈火般的愤怒**。

我认为用黑体排的话包含着以下的含义："拉入"，是具有一种强制力的意识形态；"复活"，包括返老还童状态中的一股传统力量；"忧心忡忡"，甚至允许愤世嫉俗者投入真挚感情；"烈火般的愤怒"，表明需要废弃对正义的制裁；"真正的"，一种模糊的内心罪恶对社会现实的某种恐怖的投射；"主要的"，指望努力参加社会的基本重建；"全世界"，为一个全部规定了的世界意象赋予结构。此处是一种集团同一性的若干成分，它们控制着年轻个人的攻击性和辨别性的能量，为意识形态服务，在其完成任务时有助于打下个人同一性的印记。所以，同一性和意识形态乃是同一过程的两个方面。二者都为个人的进一步成熟提供必要的条件，从而为随后的高级的自居作用形式，亦即为共同的生活、行动和创造行为中联结某些共同同一性的团结一致提供必要的条件。

当年轻人似乎处于最为混乱和激进之时，将一个人消极同一性的无理性的自恨与对不友好他物的不合理的否定二者结合起来成为一个观念系统的迫切需要，有时可以导致他们道德上的强迫性和内心的保守性。同一需要也形成他们在寻求一种世界意象时的好争辩性，这种世界意象与萧所称的"对于基于明白易懂理论的生活的一种清晰理解"是不可分割的，尽管明白易懂往往似乎只是在儿童期所吸收的有关过去的逻辑，但是却以骇人听闻的新名词表达出来。

就费边社会党人而言，萧在表达一种具有明显理智光辉的意识形态特色的用词上，似乎是完全得当的。然而，更为普遍的是，一种意识形态体系乃是参与其中的各种意象、观念和理想的一个合理的集合体，这个集合体所依据的,不论是一种系统阐述的教义,一种含蓄的世界观,一种有高度结构的世界意象,一种政治信条,或者的确是一种科学信念(特别是用之于人的),或者是一种"生活方式",都为参与者提供了如果不是系统简化了的,也是在时间和空间中、在手段和方法上表现出前后一贯的全面倾向性。

"意识形态"当然还有一层不好的意思在内,就其性质而言,明显的和宣传的意识形态是与其他意识形态相矛盾的,是"前后不一致"和伪善的,而对意识形态的全面批评来说,则所表现的特征是最普遍的简单化,是表现集体虚伪癖的一种系统化形式。然而我们没有理由为了暂时地限制这个词的更广泛意义的政治涵义而对这个词弃之不用。我们能够称之为虚伪的东西的确是这个钱币的另一面,只要存在着思想简单化,就不能不找一些事实上的借口与所可达到的理智上的复杂化背道而驰。同样的事实是,一般成人和实际上的一般社会,如果不是介入意识形态的某种激烈的极化之中——只要叫喊和争吵一终结——就很容易将意识形态划归他们生活中的一个密封的分隔间,在那里可以方便地举行定期仪式或加以合理化,并且不会过分损害手头其他事务。然而意识形态是对即将到来的事情的简单化了的概念,从而后来也能对刚刚发生的事物加以合理化,这一事实并不排除在个人发展的某些阶段和历史上的某些时期导致武装冲突和承担崭新义务的意识形态极化与一种不可避免的内心需要相符合的可能性。青少年需要将自己的取舍置于意识形态的选择基础之上,而这些选择与现存的同一性形成的选择范围有着密切的联系;而在彻底变革时期,这种主要表现的青年的性格倾向,在集体心理中占据支配的地位。

各种意识形态似乎为一个集体的思想中最古老的和最新的观念提供了有意义的结合。它们将青少年强烈的真诚、虔诚的苦行和渴望的愤怒引导到保守主义和激进主义斗争最激烈的社会前线。在这一前线,狂热的思想家们迫切地工作着,精神病态的领袖们则干着肮脏的勾当,但是那里也有一些真正的领袖促成了各种有意义的团结一致。但是,作为被允许获得未来的最好报偿,各种意识形态必须对价值的某些绝对层次和行为的某些刻板原则要求承担起不可协调的义务。如果未来是祖先们的人间王国,那么原则就是完全服从传统;如果未来完全是另外一个世界,原则便是完全的屈从；如果未来是保留着某种牌号的武装超人，原则便是全部的军事纪律；如果未来被认为是天堂在人间的一种进步摹本，那原则就是内心的全部改革；或者最后，如果不断的生产似乎将现在和未来紧紧地捆在一起（只提到我们时代中意识形态的各种成分之一），则只有任凭人的配合和生产的过程了。正是由于意识形态的这种全体主义，幼稚的超我才不难从青年期的同一性中重新获得它的领土：因为当已建立起来的一些同一性变得衰败，而新的一些同一性仍然易于受到损坏时，某些特殊危机就迫使人们进行圣战，使用最残酷的方法，去对他们还不稳定的意识形态基础提出质问或对构成威胁的那些人进行反抗。

我们做总结时，还可以对全面事实再次加以深思，即我们现代的技术和经济的发展不断破坏了在农业、封建贵族或商业时代便已发展起来的传统的各种集体同一性和团结一致。正如许多作者已指出的那样，这种全面发展的结果似乎导致了宇宙整体感、天意安排感以及上天对生产方法和毁灭手段的裁定感等的丧失。在大部分世界，这显然迅速引起了对全体主义世界观的迷恋，这些观点预示着未来的黄金时代和社会巨变以及提倡自封的人间上帝。现代技术上的集中化，可给予一小部分这类狂热的思想家以极权主义国家机器以及大大小小秘密和公开的灭绝人性的机构的具体权力。

此处再叙述另一个传记项目，即讲讲一个人的合法延缓期。我不能把他与萧伯纳并列，因为他也许从来没有发自内心地笑过，也从没有使任何人在一生中衷心地笑过，他就是阿道夫·希特勒。希特勒唯一的一个童年朋友曾叙述过，希特勒为何在他的青年期销声匿迹了足足有两年时间，后来出现时却带着某种狂热的意识形态倾向性。①

整个埋名隐姓的延缓期消磨于极端孤独之中，继而在他的青年后期又是深深的失望。青年希特勒曾经渴望成为一个城市设计师。他整天在城市中散步，（仿佛在迷乱中）重建他的家乡林茨城。当然，要重建一个城，他必须想象要毁掉一切大建筑物，但无疑他要尽全力在巨大的甚至是在妄

---

① A. 库比泽克：《我所知道的青年希特勒》（*The Young Hiter I Knew*），波士顿，H. 米夫林公司，1955 年。

想的规模上成为"建设性的"。直到最后，他把建造一座新歌剧院的计划呈交给一个奖金委员会却遭冷遇以后，他才真的与社会隔绝并隐匿起来，直到作为一个报复者重新出现。但是到了他的晚年，在他已经毁灭了大部分欧洲并最后退守地堡一隅时，他才仔细地考虑到要进行自我清算，直到这时他还没有忘记检查一下他在林茨几乎要着手建造的歌剧院。在这样一个充满破坏性需要的人身上，在青年后期要承担的一项义务竟持续了如此不可思议的时间。

我在此并不是说像希特勒这样的人格是可以"治愈"的，虽然有人断定他曾经为了一些孤立的症状而寻求过精神分析治疗。希特勒能把他的无比破坏性和建设性伪装的特殊混合物加之于世界，并不证明他的罪恶天才与历史灾难有重大的密切关系。正如我们在第二章中所看到的，德国的失败和《凡尔赛条约》产生了一种带有普遍损伤性的同一性丧失，特别表现在德国青少年身上，从而也在一种历史同一性混乱中，导致在一伙具有犯罪性格并畸形发展的青年的领导下，形成全国性青少年犯罪的状态。但是我们在深思这种全国性灾难之时，不应当由于憎恶而看不见建设性的潜能，在某一个国家，这种潜能可因其他国家的恶行而被引上邪路。

在第二章中，我表明了在构成这种或那种极权主义事业时，工艺技术的发展所扮演的角色竟是如此惊人的成功。但是我应当再次承认，我们对于人在运用他的技术权力时内心深处究竟发生了些什么变化，仍然所知很少。

(三)

最后，我还得提一下一个新的国家。我曾经有一次机会在耶路撒冷的专题座谈会上与以色列学者和医生们谈到什么是"以色列"同一性，从而面对了一个极端现代意识形态的倾向性。[①] 以色列既吸引了它的朋友，也吸引了它的敌人，来自欧洲历史的大量思想断片在这个小国家的意识中找到了地盘，而以色列在短短几十年内却面临着在美国存在了一个半世纪的

---

① 此次座谈会由 S. 艾森斯塔德（S. Eisenstadt）和 C. 弗兰肯斯坦（C. Frankenstein）于 1955 年在希伯来大学组织举办。

许多同一性问题。由许多土地上被压迫的少数民族所建立起来的一个新国家，在"疆土"上似乎不属于任何人，而一个新的同一性则是由自由主义者、清教徒和以救世主自居者等进口思想创造出来的。关于以色列的多重性及其最迫切的问题的任何讨论，迟早要导致形成以色列集体农庄运动的那些开创的犹太爱国主义定居者所宣布的非凡成就和不平常的意识形态问题。这些欧洲的思想家们，就像被赋予了因首先在土耳其帝国，后来在英国托管地巴勒斯坦的特殊国际和国家地位而创造的一种地理——历史的合法延缓期，为犹太爱国主义者的意识形态建立起而且巩固了一个具有重要意义的乌托邦式桥头堡。这些"聚拢来的"犹太人在他们自己的"家园"耕耘他们自己的土地，一定要克服由长期流浪、经商营生以及理智化而产生的不良同一性，而在身体和精神以及民族性上再次变为整体。以色列集体农庄运动创造了一种辛勤的、负责的和令人鼓舞型的个人，这是无可否认的，虽然它的教育制度的一些细节（如从诞生起就在幼儿园培育儿童，高中男女学生寄宿在一起），在以色列国内外都受到了批判性的调查研究。但是把一个大都市标准的空想的精神卫生，应用于周围暴露的前沿条件，应用于只能为判断生活方式所产生的原理和合理化提供格式的历史事实，那都是毫无意义的。这些开拓者无疑在一夜之间提供了一个带有历史理想的新国家。然而有一个合理的问题，一个美国历史学家并不陌生的问题，并涉及革命的杰出人物与后来涌入占领的土地上并在创造出来的东西上繁荣昌盛起来的人们之间的关系问题。① 在以色列，现在犹太人集体农庄多少带有排外性的杰出人物——他们在本国传统上所起的作用堪与我们的开拓者们相比拟——面对着一种在意识形态上完全混杂在一起又无法消化的绝大部分人口：非洲和东方移民，强有力的有组织的劳动力，大城市的居民，宗教的正统观念，新国家官僚主义，当然还有经纪人的"老好人的"商人阶级。再者，犹太人集体农庄运动的较为不调和的部分仍然在犹太复国主义与其保存着牢固历史联系的两个世界之间找到了自己的位置，那就

---

① 我们可以假定，发生于历史变化时期的那些杰出人物是这样一群人，他们来自最深层的同一性危机，设法创造出一种新的方式，用以对付本社会的最明显的危险情况。他们在这样做时，释放了被压迫和被剥削者的"革命的"能量。

是美国和英国犹太人（他们从阿拉伯在外地的地主那里买了大量犹太人集体农庄土地），以及苏联共产主义（共产主义者犹太人集体农庄运动①觉得在意识形态上与之相接近——只是被莫斯科视为政党的异端形式而遭摒弃）。

　　因此以色列集体农庄运动乃是现代意识形态现实性的一个例子，这种现实性看起来好像是在乌托邦理想的基础上解放了那些把自己看成是属于一个"民族"的青少年身上的未被发现的精力，并且创造了一种具有普遍意义的集体理想，仿佛是工业世界中一种难以预测的历史命运。然而，以色列无疑是迄今存在过的最富有意识形态意识的国家之一。"农民"和工人在日常的决策上从不会有过多的争论。我认为一个人对于同一性形成的意识形态知道得最多，是通过把这种高度词语化的和强有力制度化了的意识形态与在年轻人或青年集体生活中作为最有意义部分的那些未成文和较为短暂的转换和厌恶症状加以比较的结果，而无须他们周围成年人的理解或好奇心。无论如何，任何地方的青少年在其辩论中充满的许多极端语调、意见和口号，以及许多参加破坏性行为的突变冲动，都是一些历史同一性断片的联合表现，有待某种意识形态去把它们联合在一起。

　　在本书的病情记录部分，我指出了在某些个人身上的一种消极同一性的全体选择。他们根据孤独癖和退化的倾向而完成了这类逃避。许多有天赋然而尚不稳定的年轻人，如果不是觉得自己无法服从那日益增长的对一致性和标准化要求的普遍发展，是不一定要逃入自己内心的乌托邦的。在美国，对大规模从众的要求还没有发展成明显的极权主义意识形态；迄今为止它一直在避开政治意识形态，相反地把自身与教会的清教徒教义和刻板的商业行为联合起来。我们在研究这种意识形态时，发现我们的青少年能以朴实的信任、幽默的不协调、技术上的精湛技巧、"不同意见者"的团结一致，以及对意识形态明显性的厌恶等，来对付一种工业民主的同一性混乱，我们对于他们这种能力很欣赏。世界上技术最为先进的美国的青少年，正代表了意识形态上的含蓄性——这是一个极其重要的问题，不能

---

　　① 那就是，在个人社会范围内相对的共产主义与民族经济相联系，反而表现为资本家的合作团体了。

在这样的书中详加讨论。我们也不敢随意评估作为世界斗争结果的意识形态所发生的变化，可能使军事同一性在和平时期成为年轻成人期的一部分。

然而，对于在一些青少年身上普遍存在的向消极集体同一性的恶性转变还比较易于描述，特别是在我们的大城市中，伦理的和宗教的条件不能为积极同一性提供有力的基础。从邻里、团伙到吸毒帮伙、同性恋集团直到犯罪集团等自发的帮派形成中，无处不存在消极同一性，可以指望临床经验对这个问题做出重要的贡献。但是我们必须警惕自己，不要把临床的名词、态度和方法毫无批判地转移到这一类社会问题上去。相反，我们要回到上面已经提到过的一点。与青少年打交道的教师、法官和精神病学家们终于成为"承认"的战略行动的重要代表人物，社会通过这种行动"承认"并"肯定"它的年轻成员的身份，从而对他们正在发展的同一性发挥一定的作用，这一点本书开始时已经有所描述。如果为了简便起见，或者为了套用法律或精神病学的已有习惯，他们把一个年轻人诊断为或者看成是一个罪犯，一个违反规章制度的人，一个注定会成为社会上无用的人，或者一个精神错乱的病人，而他只是为了个人的或社会的一些边缘性原因才接近于选择消极同一性的，那么这个年轻人就会把他的精力投入恰恰是这个漫不经心和吓人的社会所指望他成为的那种人——事情就是如此。

希望同一性理论最终将对这个问题做出更多的贡献而不是仅限于警告。我也不建议让这个问题老是停留在这种情况，以后的研究必须考虑到所选取的一系列手段——个案史、生命史、历史、梦生活——的特殊动力学性质。①

五、传记的（2）：混乱的返回——每夜的精神病态

在本书开始时我引证了两个人的观点：西格蒙德·弗洛伊德和威廉·詹姆士。在我看来，他们都已经有力地和富有诗意地系统阐述了一种重大

---

① 见 E. H. 埃里克森：《青年路德》（*Young Man Luther*），纽约，W. W. 诺顿，1958 年。

的同一性的感觉是什么。他们现在能帮助我们再一次"超过同一性"去进行观察。因为恰好他们两个人都记下并报告了一些梦，在梦中证明了同一性混乱感的返回以及青年后期同一性的恢复。梦当然是个人与早期危机继续进行斗争的最敏感的指示器，而且在所有已经成功地掌握了其他退化的个人当中，同一性危机仍然在生命后期不断发生的危机中得到复苏，但是这些"阈下的"和象征性的动作充其量也只属于每天的——或者说每夜的——精神变态。这种复活当然预先假定了同一性危机是曾经一度经受过的，而且它的基本程式已经生存下来，足以用日常的手段使之恢复。弗洛伊德的梦证明了一种在繁殖阶段的同一性问题。詹姆士则证实了老年失望的同一性问题。[①]

（一）弗洛伊德关于爱玛的梦

在已经援引了弗洛伊德所说的与犹太人有必然联系的"积极"同一性——即一个人天生有不受约束的智慧并离开"紧密大多数人"而自甘孤独工作的同一性——之后，我指出我们还可以承认他的另一项独一无二的自白，即弗洛伊德关于对他的病人爱玛的分析[②]，这相应的消极同一性的痕迹，在一定范围内，与积极同一性的关系就如形影相随。弗洛伊德在做有关爱玛的梦时已年近40。此时我们可以称之为繁殖危机——也确实如我在别处已指出的[③]，关于爱玛的梦关系到一个中年男子的关怀，关系到他对自己事业成就关心的问题，以及他是否有时太不关心以致不能维系自己野心的问题。我想仅从较早的一篇论文中摘录这一类项目，便足以表明同

[①] 65页图示的最后一处参考：以后各阶段中混乱的回复可"定位"于 VI_5，VII_5，和VIII_5。其中第一项，同一性混乱采取了如第三章所指出的将同一性问题有干扰地与亲密和巩固继续发生联系的形式。其他两项的说明是：在弗洛伊德的梦中，说明了同一性混乱和一种孤独感（VI_5）；而在詹姆士的梦中，对于急性混乱（VIII_5）所体验的老年的失望，只有在对职业同一性、繁殖和整合的再坚持中才能予以克服。

[②] S. 弗洛伊德：《释梦》（*The Interpretation of Dreams*），《弗洛伊德基本著作》，A. A. 布里尔编，纽约，现代图书馆，1938年，第195—207页。

[③] E. H. 埃里克森：《精神分析样梦》（"The Dream Specimen of Psychoanalysis"），《美国精神分析协会杂志》，卷2，1954年，第5—56页。

一性在这后期危机时的复活。

首先，重要的是将梦与弗洛伊德在一生中做这个梦的时间联系起来——正是他产生梦的解释的创造性思维的时刻。关于爱玛的梦的重要性，不仅仅在于它是《释梦》一书中详尽报道的第一个梦例这一事实。弗洛伊德在给他的好友弗利斯（W. Fliess）的一封信中，幻想到可能立一块碑，有朝一日可以为他的避暑别墅生辉。碑文将向世界表明，"1895 年 7 月 24 日，在这间屋内，梦向弗洛伊德医生揭示了自身的秘密"①。这个日期正是做关于爱玛的梦的日期。

当时他是维也纳城一个 39 岁的医生，一个神经学专家。他是天主教君主制度下的犹太公民，这个君主政体曾经一度是德国民族主义的神圣罗马帝国，现在则受自由主义和日益增长的反闪族主义的双重统治。他的家庭迅速成长，他的妻子又怀了孕，当时梦者正希望巩固他的地位。事实上，他的收入源于他所获得的学术地位。这个愿望变得岌岌可危，不仅因为他是一个犹太人，还因为他和一位年长的同事布洛伊尔不久前合写了一本书出版，由于他提出的理论过于独特而且普遍受到指责，以致这位年长作者宣布退出与这位年轻作者的合作。这本名为"癔症研究"的书强调了性欲在"防御性神经精神病"病因学中的作用，这种病症乃是为了必须防御意识不受主要属于性的性质的那些不相容的和受压抑的观念的侵犯所引起的神经错乱。这位年轻作者越来越感到要为这些想法表明态度；带着一种往往是绝望心情的骄傲，他开始感受到，他注定要用"梦想不到的"方法来完成一项革命的发现。

弗洛伊德当时已经发现，梦事实上是癔症发作，即"一种轻微的防御性神经精神病"的正常等价物。在精神病学史上，正常现象与变态现象的比较并不是什么新事物。希腊人已把"性欲高潮"称为"轻度癫痫"。但是，如果癔症症状，甚至于梦都基于内部冲突，基于对潜意识思想的不自

---

① S. 弗洛伊德：《精神分析的起源》（Aus den Anfanges der Psychoanalyse），伦敦，意象出版公司，1950 年，第 344 页。英译本为《精神分析的起源：致 W. 弗利斯的信的草稿和注释：1887—1902》（The Origins of Psychoanalysis: Letters to Wilbelm Fliess, Drafts and Notes: 1887–1902），A. 弗洛伊德、E. 克里斯编，纽约，基本图书，1954 年。

觉的防御，那么有什么理由责备病人不容易接受长期的回忆，或者一贯地利用精神病医生提供给他们的解释呢？弗洛伊德不久便意识到，为了使这些工具具体化，从生理学概念到纯粹心理学概念，从权威性的医学技术到强调的、直觉的观念甚至到自我观察，必须有一个基本的转变。

然而当时的情况却是：因为他是犹太人，这在学术环境范围内似乎限制了他的机会；他正处于开始警惕地看出了老年迹象的年龄，实际上是看到了疾病的一些初步征兆。肩负着一个迅速成长起来的家庭重任——一个医学科学家面临着这样的抉择：是把他已经证明了的才华用于惯例的实践研究，还是接受在自己心中证实的以及向世界传达一种新领悟的任务。这种新领悟是：一个人不能明显地意识到自己内心的最善与最恶。在爱玛的梦之后不久，弗洛伊德以毫不掩饰的恐惧写信给好友弗利斯说，为了想要解释心理防御，他发现他自己的某些解释已是"在本性核心之外"了。在做这个梦时，他知道他可能必须要承受一项伟大的发现——而此处的"承受"具有"孕育着的"的另一重含义。接着的问题就是他是否要实践同一性的核心——正是这个核心后来构成了这个孤独的研究者抛弃了"紧密的大多数人"的支持和命运。当然，他的未来著作已经处于初生态，无论如何，他不能再怀疑他所承担的义务了——除了在他的梦中。

在做这个梦的当天晚上，弗洛伊德体验到了自己内心中突出的疑虑。他碰到一名叫"奥托"的同事，他刚刚从避暑胜地回来。奥托在那里看见一位他们共同的友人，一位少妇"爱玛"，也是弗洛伊德的病人。由于弗洛伊德的努力，这位病人的癔症焦虑已经痊愈，但还留有某些躯体症状，如剧烈的喉痛。在她去度假前，弗洛伊德已为她提出一种解释，作为解决她的问题的"办法"，但她未加采纳。现在弗洛伊德从奥托介绍病人情况时所说的"看来似乎好了一些，但不见多大起色"的话语中，已察觉到有责备之意；在这责备的后面，他想到他察觉到了M医生严峻的权威。他是"我们医学界的头号人物"。弗洛伊德回家以后，会见奥托的印象犹新，他给M医生写了一篇长长的病案报告，解释了他对爱玛的疾病的看法。

他就寝时，显然已感到这个报告定可解决问题，于是也就心安理得了。然而当晚与这件偶然发生的事有关的人，即爱玛、M医生、奥托以及另一个医生利奥波特（Dr. Leopold），全都在梦中出现了。

第四章 生命史和个案史中的同一性混乱

> 一个大厅，我们正在接待许多客人——爱玛也在宾客当中。我马上把她领到一旁，好像是回答她的来信，并责备她为什么还不采用我的"办法"（他的解释）……她回答说："你是否知道我现在是多么痛？"

梦者现在将病人带到了一个角落，检查了她的喉咙，真的发现了令他大惑不解的一些躯体症状。

> 我立即把 M 医生叫了进来，他重新检查了一次并且证明属实。……我的朋友利奥波特隔着衣服叩诊了她的胸部说，"她的胸部左下方有浊音"，又指出她的左肩皮肤上有一块浸润性病灶［虽然隔着衣服我也能和他一样（梦者的意思是指自己的身体）感觉到患处］。M 医生说："这肯定是感染了，但是不要紧；就会发生痢疾，毒物会排泄出去。"……我们都很清楚（直接地）是怎样感染上的。不久以前，因为她感到不舒服，我的朋友奥托就给她打了一针丙基制剂……丙基……丙酸……三甲基氨（这个药名以粗的印刷体呈现在我眼前），不应该轻率地打那种针……而且当时注射器可能也不干净。

一个医生的梦，而且是一个涉及医学界的梦。弗洛伊德当时用这个梦来解释梦是愿望的满足这一事实。

> 整个病的结论乃是，我对爱玛的病痛缠身不应负责，而是咎在奥托。……整个辩护——此梦并无他意——使人想起了一个人的主动防御；他的邻居说他还了一把坏水壶，这个人为了辩护，先说他还的水壶并无破损，然后说他借时水壶上原来就有一个洞，最后他干脆说根本没有向邻居借过水壶。

奥托医生前一晚的话中的含义，即梦者可能是一位粗心大意的医生，这话显然唤醒了梦者的幼儿期的感情，觉得自己无价值。但是我们现在看到，这些感情也牵涉到他的同一性原则问题，就是说，他对独立工作和思考的认可问题。因为爱玛"不单是一个病人",她还是一个作为测试的病案。而弗洛伊德对于癔症的解释并不只是另一个诊断范畴,它也可能是对人的改变了的意象的突破。然而对于更高级的认可来说,人指望的是严格的仪式,而我认为(基本上为此目的而摘录)在关于爱玛的梦中(如在笛卡尔的"睡梦三部曲"中同等重要的"创造性"的梦一样),我们能识别出一种仪式的轮廓,即一种梦的仪礼,可使烦恼的梦者对一些有罪的原始想法予以认可,此处这些想法就来自那些梦见的同事,他们在梦的另一水平上受到嘲弄,在生活上则被抵制。我将把这个梦再意译一次,在括号内加进去的我的意见则是一种仪式的概括。

节日场面(礼仪集会),**明显的我们状态**(集合)以及(我们接受了)梦者的显著地位,为梦的开始提供了一个礼仪背景。然而这个背景不久便消失在对病人的重重忧虑之中了(孤立、自责)。充满了迫切的心情。**梦者迅速地叫** M 医生(求助于高级权威)。对这一求助做出反应的不仅有 M 医生,还有利奥波特医生和奥托医生(在职集团)。当对病人进行检查时,梦者忽然觉得在**自己的身上**出现了病人的病症。这个男医生因而和**病人、和女人融为一体**,就是说,他变成了受苦者和被检查者(衰竭、屈服)了。言外之意,现在乃是他在受审查(审问、供认)。M 医生怀有信心地列举了一些无意义的东西(仪式的熟套话、拉丁文、希伯来文),似乎有**魔术般的效力**,因为它唤醒了梦者和梦中所有人的**直接信仰**(启示),相信病例中的因果性现在已经得到理解(魔术、神意)。这种共同的信念在梦中恢复了一种理智的(精神的)"我们状态"(共享、集合),当梦者的妻子和宴会客人消失之时,这种"我们状态"也丧失了。与此同时,这种状态为梦者恢复了他对绝对相信(信仰)的**权威**(神父)所支配的等级团体的一种**从属性**(兄弟关系)。他从自己新赢得的有利状态中**立即得到了好处**:他看见在自己面前(启示性的神奇现象)呈现出一个**粗黑印刷体公式**(真理),而现在他就有了将一切罪过归咎于奥托医生的许可(不忠诚)。带着作为信仰者的惩罚和武器的**正义性愤慨**,他现在能够把原来的起诉者说成是一个粗心大意的医生(一位不讲究清洁的医生)。

在弗洛伊德梦中出现的这些仪式平行物所提示的问题,我不准备在此予以答复。当然,弗洛伊德是在一个天主教文化居支配地位的若干犹太人社区里长大的：天主教环境的全部背景本身对这个少数民族的儿童能不产生印象吗？弗洛伊德对这一点谈得很多，他告诉弗利斯，在他儿童时代的一个最具决定性时期——即当他还是一位年轻母亲的长子，又必须接受一个弟弟和一个妹妹出世的时候——一个年老而迷信的捷克妇人老是带他到他家乡四周的各种教堂里去。① 他对这类事情显然印象很深，以致当他回到家时（据他的母亲所述），他总是向家庭布道、说教并向他们表明上帝是如何行使权力的。这显然涉及了神父，他把神父奉为上帝。然而所描述的完形却代表着一种基本仪式，这种仪式在其他的宗教，诸如犹太教、天主教或其他教会中都发现有集体的表达。无论如何，爱玛之梦的梦者可以证明既显得渺小同时又要在一个"紧密的"大多数人中（在这个梦例中，就是要在对他持怀疑态度的医学界中）暂时寻求成员资格。这个梦在为自己防御同事们的谴责的同时，又让自己在一个嘲弄的仪式中加入他们，并重新肯定白天全神贯注的事务，即去调查、揭露和承认的强烈冲动——梦者同一性的柱石。

大约在弗洛伊德的青年期（如他自己所述，在听到歌德的《自然颂》之时），"自然主义者的"意识形态代替了曾经一时被犹太教或（在他的儿童时期）天主教所唤醒的内心的一切宗教狂热。如果我们在一个上了年纪的人的梦中仿佛识别出某种青春期的仪式，我们可能触及弗洛伊德在信中常提到的一个问题，即富有创造精神的心灵的"复现的青年期"。富有创造的心灵不止一次地面临着绝大多数人在青年后期或成人早期就一劳永逸地安顿下来了的东西，正常个人把自我理想的各种不同的禁令和挑战结合而为一个严肃的、朴实的和有效的单元，这个单元在一套技术及随之而产生的任务中多少已经巩固了下来。而不知休息的个人，不管好歹，总是通过再次宣称他的独特的同一性来减轻不断复苏了的俄狄浦斯情结罪疚感。然而，凡是在积极同一性可能与最高级理想相联系而导致一种教条主义和仪式的联想（精神分析技术、"精神分析运动"和精神分析研究所）的地方，**消极**同一性则根植于儿童期被鄙弃的类型之中。仔细阅读弗洛伊德的梦就可清楚地知道，他必须改正而使人忘掉的（或在梦中忘却的）消极同

---

① S. 弗洛伊德：《精神分析的起源》。

一性，乃是与犹太蠢徒和德国笨蛋相类似的某种东西。无论如何，在他的幼年生活中，一件最具有普遍性和最有影响力的事情（根据《释梦》），乃是他父亲所声称的——在特别难堪的情况下，即这个孩子在不适当的地方解小便的情况下——"这个孩子永远不会有出息"。因而在爱玛的梦中，这位正要有所成就的成人就必须和这种"咒骂"做斗争。人们揣测，主要是因为要有某种成就，归根到底就是要战胜父亲的预言——当然，这种战胜乃是许多利用羞辱而向孩子们挑战的父亲们所热切希望的。

（二）威廉·詹姆士的最后的梦

回到我们第二位伟大的见证人，我们所引证的①可能是梦中关于同一性混乱最具决定性的报告了——其所以具有决定性，只是因为梦者能够再断定他的积极同一性，作为一位研究者，在若干年后，他回忆并把梦记录了下来。詹姆士在 1906 年 64 岁时所做的一个梦，也许是他一生中公开报告的最后一个梦了。他死于四年之后，终年 68 岁。因此不足为怪，这个梦中的同一性混乱乃是他的内心风暴的一部分，意味着在世界上失去了立足点——是莎士比亚根据戏剧的表现法则在《李尔王》中描写的那种风暴，是投射到本性之上的然而仍清楚地显示出是一种内心风暴。詹姆士做这个梦时，正处于他在寻求摆脱"自然"心理学的束缚而去了解人可超越自己的某些神秘状态的时期。然而他抱怨说，这个梦正是"神秘启示的对立面"，因此容许我们认为，它是介乎人对高级整合的持久希望与他的最终失望之间的冲突的产物。

事实上，詹姆士以描述性词语阐明了我们在此所说的内容与我们所概括的非常相近，所以似乎必须说这个梦是我最近才注意到的——这也是我为什么在学生中间论及情绪问题，介绍《哈佛医生手册》（*Harvard Doctor's Book*）时要提起他的原因了②——詹姆士从他自己的经验中已经知道我们

---

① W. 詹姆士：《对神秘主义的一点看法》（"A Suggestion about Mysticism"），《哲学、心理学和科学方法杂志》，卷 7，1910 年，第 85—92 页。

② G. B. 布莱思、C. C. 麦克阿瑟：《大学生情绪问题》（*Emotional Problems of Student*），纽约，阿普尔顿，1961 年，第 xiii—xxv 页。

在这些论文中所描述的"临界"精神病状态。但他显然从来没有发生过类似于这个梦中真正精神病的经验——我把这一事实归于他的这个生命阶段的内心深处的"最后关怀"。

> 我绝望地告诉读者们我的无比混乱的心灵中任何刚刚出现的观念,由于我的整个生命中这种最为强烈的特殊经验,我被抛入这种混乱之中。在它发生以后,我花了两天的时间把它完全记录了下来,并附加了我的反思。即使如此,似乎也对神秘主义的情况没有启示。这个记录之所以值得发表,只不过是对作为精神病理状态的描述性文献有所贡献。所以我听其自然,原封不动,只改动几个字使叙述更为清楚些。

因为我不想以惊人的评论打断这个叙述,我想要求读者们注意这个梦中表明的激烈的同一性混乱特征的清晰度:时间和空间的不连续性;觉醒和入睡之间的蒙眬状态;自我疆界的丧失和随之而来的在梦中被梦到而不是主动"做梦"的体验;以及读者们所能想到的许多其他标准。

> 1906年2月14日,旧金山——前晚我睡在斯坦福大学,大约早上7点30分,我从一种安详的梦中醒来,正当我"清醒头脑"之际,仿佛突然陷入了一个完全不同的梦的回忆。这个梦好像套入了第一个梦,一个关于狮子的梦,既详细又带有悲剧性。我断定这个梦是同一次睡眠中的前一个梦,但是这两个梦的表面混合非常奇特,我以前从来没有体验过。
>
> 次日晚(2月12—13日)我从初睡中突然醒来,当时显然睡得很熟,醒时一个梦刚做了一半。我正想着这个梦时,突然混入了其他两个梦的内容,强行搅乱了第一个梦的各部分,我找不出它们的来源。我暗暗思忖,这些梦从何而来?它们似乎离我很近,也很新鲜,**好像我刚刚梦见了它们,然而又离第一个梦很远**。三个梦之间没有丝毫联系。第一个梦是"伦敦佬"环境,梦见的是伦敦的某个人。另两个梦则是美国人。一个梦包括试穿一件外套(我是否就是从这个梦中醒来

的），另一个是一种梦魇，必须同士兵打交道。三个梦各有其完全清楚的情绪气氛，构成各个梦的特征互不连续。然而马上这三个梦又交替地相互套入和退出，似乎我本人就是它们的共同梦者，它们似乎在那段睡眠中又不是先后出现的梦。那么，**什么时候**呢？也不是在前一晚，那么，**什么时候**，我又是从**哪个梦**中刚刚醒来的呢？**我再也说不准了**。这个梦和那个梦都同样距我很近，但它们又彼此抵制，因此我好像同时属于三个不同的梦系统，其中没有一个是与其他两个或者是与我的醒时生活有联系的。我开始心慌意乱，惊恐不已，我试图使自己更清醒些，但又觉得已经够清醒的了。突然一阵恐怖的冷战遍布全身：莫不是我正在进入另一个人的梦境吗？这是一种"心灵感应"体验吗？或者是两重（或三重）人格的发作吗？或者是大脑动脉中的血栓吗？或者是一种连我们自己也不知道会发展到什么程度的一般性"意识模糊"和定向障碍吗？

　　明显地我是失掉了"自身"（self）的控制，正感受到以前从不知道的一种精神痛苦。它很像一个人在森林中发现自己真的"迷失了方向"时的那种下沉的、晕眩的焦虑。大多数人的苦难总希望有一个终结，大多数恐惧总指向一个方向并集中于一个高潮，大多数坏人的攻击可能碰到奋起防御，唤起一个人的原则、勇气、意志和自豪。但是在这种体验中，一切都是中心涣散，立足点一扫而去，一个人在最迫切需要支持时支持物本身顷刻间分崩离析。同时各种梦的生动知觉（或回忆）交替袭来。这是哪个的？谁的？什么人的？除非我能**紧紧地靠近它们**，否则我就会被抛入无边无际的大海，**湮没无闻**。这个念头再次引起"极度恐慌"，从而害怕再次入睡引起同样过程。那是昨晚开始的，当时的意识模糊不过才是第一步，只是觉得**好奇**而已，这是第二步了——采取了第三步之后我又将置身何处呢？

　　现在我觉得这方面的叙述恢复了（如弗洛伊德的梦）梦者的职业同一性方面的活动。已经近似一个"病人"，同时也感到临近生命的"终点"。他现在采用了具有心理学家特色的"客观的"感情移入和系统的同情，这一点在措辞上，我们极为乐意用来为我们自己对同一性混乱的描述做结论。

与此同时，我发现自己对患有精神分裂性痴呆或第二人格发作的人充满了一种新的怜悯。我们简直把他们看成是稀奇古怪的；但他们在不按习惯的自我的可怕漂泊中，企盼的乃是任何可以固定的坚定性原则。我们应该一再对他们做出保证，我们决不袖手旁观，并且承认他们内心的真正自我，一直到底。我们应当让他们知道我们是和他们在一起的，而不是（如我们经常对他们的那样），仅仅是进一步证实并公布他们的软弱性。

我无疑富有反思的机智，因而每当我客观地想到我在其中的处境时，我的焦虑便平息了。但是仍存在着再次陷入梦境和回忆的倾向，而且复发时异常生动。此时混乱再度发生，同时伴有唯恐其进一步发展的恐惧情绪。

当时我看了我的手表，12点30分，所以正当午夜。这使我产生了另一个想法，我有一个习惯，一上床就沉沉入睡，一直要到夜间2点以后才自然而然地醒来。所以，我从来没有像今夜这样从午夜的梦中醒来过。因此我对午夜的梦在我日常的意识中是记不起来的。当我今夜醒来时，睡眠似乎特别深沉。梦的状态带来了梦的回忆——为什么两个代替的梦（在三个梦中随便哪两个都是代替的梦）不可以是当晚12点钟梦的回忆闯了进来，随着刚刚消逝的梦进入刚刚醒来的系统呢？总之，我为什么不可以以一种被我的日常工作习惯，即我过去的午夜层次所排除的方式而受触动呢？

这种想法产生了极大的安慰——我现在觉得我充满了理性的灵魂……所以，在我的情形中，仿佛仅仅是在理性的和病态的状态之间的阈限降低了，仿佛同样的混乱在我们所有人身上都很可能发生。

甚至如人们经常感到的（特别是在关于爱玛的梦里），弗洛伊德做的那些梦是揭示了梦的本性，所以詹姆士在报告结尾时说，这个恰恰是"神秘启示的对立面"的梦渗进了"现实被发现之感"——他发现这种感觉本身是一种"最高级神秘"的感觉。而在他渴求超越并接近超越时,他以这种感情结尾,即他的梦是在"现实中"做的梦——但梦者是另一个"我"(Ⅰ),是一个神秘的陌生人。

第五章　理论上的插曲

我现在必须向我的一些同事和一些对我们临床和理论方面深表同情的研究人类行为的学生，提出几个要花很长时间才能详尽阐述的理论问题。到现在为止，这样的人已为数很多，但并不是每一个读者都会发现这一章符合他的经验和兴趣。

一、自我和环境

迄今为止，我已审慎地在几种不同的含义上试用了"同一性"这一名词。有一个时期它似乎指的是个人独特性的意识感，另一时期指的是经验连续性的潜意识追求，再一时期则指的是集体理想一致。在某些方面，这个名词显得通俗而朴实，而在其他方面，它又与精神分析和社会学的一些理论有关联。在更多的情况下，使用这个词是一种可以使事物显得更为熟悉的习惯，而不是一种说明。我现在必须回到"自我"这一概念，因为当我第一次报道这一题目（在《一个临床医生的笔记》的第二章中）时，我称呼我正在研究的东西为**"自我同一性"**。

同一性的最为含混的意义被不同的人们在不同的形式中暗示为自身（self）*，如自我概念（self-concept）①，自我系统（self-system）②，或如希

---

*　"ego"和"self"两词都译为"自我"。此处为区别起见，将单独的"self"一词译为"自身"。"self"的复合词很多，一般仍译为"自我"，如"self-concept"（自我概念），必要时附原文。——译者注

①　C. H. 米德：《心灵、自身和社会》（*Mind, Self and Society*），芝加哥，芝加哥大学出版社，1934 年。

②　H. S. 沙利文：《精神病学的人际关系理论说》（*The Interpersonal Theory*），纽约，W. W. 诺顿，1953 年。

尔德①和费登②所描述的动摇不定的自我经验（self-experience）等等。在精神分析的自我心理学方面，哈特曼（H. Hartmann）在讨论所谓的自我（ego）在自恋中的力比多投注时，突出地对这一普通领域下了较为清楚的定义。他得出的结论是，它毋宁是一种如此被投注（cathected）的自身（self）。他提倡"自我表象"（self-representation）这一名词，以区别于"对象表象"（object representation）。③ 弗洛伊德在他偶然提到的自我的"对待自身的态度"和对这个自身（self）在"自尊"（self-esteem）的不稳定情绪下赋予易变的精力投注时，也曾更早地不太系统地使用过"自我表象"这一名词。④

我们在此首先关心的是这一自我表象的发生连续性，这种连续性无疑起因于自我的作用。没有其他内部力量能够完成整个儿童期具有重要意义的自居作用选择性的加强和自我意象（self-image）在同一性方面的逐渐整合。正是由于这个原因，我才首先称呼同一性为"自我同一性"（ego identity）。在选择一个类似"自我理想"（ego ideal）的名称时，我提出了自我理想与自我同一性的关系问题。弗洛伊德把环境影响的内在化归因于"超我和自我理想"的功能，他指出环境和它的传统所提的要求和禁令。让我们比较一下弗洛伊德与此有关的两段说明：

儿童的超我并不真正建立在双亲的模型之上，而是建立在双亲的超我模型之上。它接收了同样内容，成为传统和一切以此方式代代相传的长远价值的运载工具。比方说，在对人类社会行为的理解，在犯罪问题的掌握，或者，在为我们提供有关教育的实际线索等方面，你

---

① P. 希尔德：《人体的意象和表现》（*The Image and Appearance of the Human Body*），纽约，国际大学出版社，1951年。

② P. 费登：《自我心理学与精神病》（*Ego Psychology and the Psychoses*），纽约，基本图书，1952年。

③ H. 哈特曼：《自我精神分析理论评注》（"Comments of the Psychoanalytic Theory of the Ego"），见《儿童精神分析研究》，卷5，纽约，国际大学出版社，1950年，第74—96页。

④ S. 弗洛伊德：《论自恋》导言（1914），标准版，卷14，伦敦，霍格思出版社，1957年，第73—102页。

第五章 理论上的插曲

能轻易地猜想得到由于超我的辨认能提供多么大的帮助。……人类从来不完全生活于现在。超我的意识形态使过去永存，种族的和人们的传统，对于现在的影响和新的发展只能做出缓慢的适应，而且只要它们是通过超我进行的，就会在人的生活中起到重要作用。①

必须注意的是，弗洛伊德此处用了"超我的意识形态"，由此给了超我以概念性内容。然而，他也把它看作"运载工具"，即把它作为精神系统的一部分，传统观念就是通过这一系统进行工作的。看来，弗洛伊德是想通过超我的意识形态，对某些前理性的东西根据超我与古代的亲缘关系限定其内容，同时把一种魔术般的内心强迫性归属于它们。他也使用"意识形态"这一名词，却明显地有别于它作为政治方面的专门术语，我自己则力图把意识形态上的事实作为心理逻辑来探讨，也需要与政治现象相联系，却不用政治现象来解释。

在第二个说明中，弗洛伊德也承认了自我理想的社会方面：

> 自我理想对于集体心理（group psychology）的理解是十分重要的。除开它的个人方面以外，这种理想有其社会方面。它也是一个家庭、一个阶级或者一个民族的共同理想。②

"超我"和"自我理想"这两个名词此处似乎与种族的个体发生和种系发生的不同关系而有所区别。超我被认为是人类的先天倾向对原始的、绝对道德发展的一种更为古代的、更为完全内在化的、更为潜意识的代表，因此，与早期心力内投有关的超我保持了一种"盲目"道德的严峻的复仇和惩罚性的内部力量，而自我理想则似乎更为灵活，更有意识地受到童年这一特殊历史阶段所吸收的思想的束缚。它与现实检验的自我功能更为相近：理想是能改变的。

---

① S.弗洛伊德：《理想人格的剖析》，见《精神分析引论新编》第31讲，纽约，W. W. 诺顿，1933年，第95、96页。
② S.弗洛伊德：《论自恋》，第101页。

比较而言，曾被我称为"自我同一性"的东西甚至更接近于变化着的社会现实，因为它可以按照青少年的意识形态趋势来试验、挑选和整合那些来自童年的心理社会危机的自我意象。如果说自我理想的意象为自身（self）描述了一套为之奋斗却永远不能完全达到的理想目标，自我同一性的特征则可说成在社会现实范围内确实达到了的但却永远需要修正的一种自身的现实感。

然而，按照哈特曼的自我表象的意思来使用"自身"这一词时，人们对这一专有名词作出了慎重的考虑。自我（ego）如果作为一种中心的、部分潜意识的组织力量来理解的话，则在生命的任何阶段都肯定要对付一个变化着的自身，后者要求与被放弃的和预期的各种自身（self）进行整合。这种说法也适用于身体自我（body ego），这种身体自我可说成是一个人的身体的经验所提供给自身的那一部分，因此，称之为"身体自身"更贴切些。它与代表观念、意象以及可以长久与**理想自身**（ideal self）作比较的完形的自我理想有关。最后，它还适用于我所称之为"自我同一性"的那部分，即包含了角色意象那一部分。后来被称为"自身同一性"（self-identity）的东西是由一些经验产生的，在这些经验中，暂时混乱了的各个自身，在一个也为社会所承认的角色整体中被成功地重新整合了。因此，同一性的形成可以说既有自身的方面，也有自我的方面。

因此，自我同一性是一个人的自我疆界之一，即在连续的童年危机期间被传导给儿童的社会现实中那个"环境"的综合功能的结果。在这方面，同一性应被视为青春期自我的最重要的成就，因为它同时有助于包括青春后期的本我，随之而新产生的超我以及抚慰常常是相当高尚的自我理想——全都根据一种由意识形态的世界表象所构成的可预见的未来。当一个人根据自我的中心的心理社会功能讨论自我的综合能力时，他就可以谈到自我同一性，当讨论个体的自身的和角色的意象的整合时，就可以谈论自身同一性。

我可以在这儿简短地讨论一下用"同一性混乱"（identity confusion）一词来取代"同一性扩散"（identity diffusion）一词。第二个词的错误含义已有人重复向我指出过多次，特别是研究人类学的朋友们。对他们而言，"扩散"一词最普通的意思是严格用于空间的：各元素从起源中心的向心分布。在文化扩散方面，即便如一件工艺品、一种艺术形式或一条语言项目，都可以用迁移或逐步传送的方式，由一种文化转移到遥远的另一种文化。因此这个词的这种用法谈不上杂乱无章和混乱。然而同一性扩散意味着自我意象的分裂、中心的丧失和消散（dispersion）。"消散"一词倒可能是个较好的选择，虽然它可能又暗示了同一性由一个而传送给许多，但它本身尚不至于土崩瓦解，而"混乱"一词则可能又激进了；一个青年可能处于温和的同一性扩散状态而不感到完全的混乱。

但是因为"混乱"对所要描述状态的主观和客观两方面都明显地是一个较恰当的词，那它最好对连续体的一端强调"温和的"混乱而对另一端则强调"激怒的"和"恶毒的"混乱。

二、混乱、移情和抵抗

这儿似乎可以从临床观察的传统中心向整个问题接近了。

在治疗中，一些病人经历了一个特殊的恶性阶段。当然，当退化深度和潜意识显露（acting out）的危险必须引导我们的论断决定时，重要的是从一开始就要认识到，病情恶化者在这种转变中存在一种机制：我称它为"最低的态度"。它是病人类似审慎的（quasideliberate）对退化的屈服，对最低点的根本的搜寻——如：退化的最终极限和仅有的能重新取得进展的坚实基础。这种蓄意搜寻"底线"的假设，似乎会将欧斯特·克里斯（Ernst Kris）的"为自我服务的退化"带到一个危险的极端。但是有时我们病人的康复恰好与发现先前隐藏者的艺术才能相吻合，这一事实暗示着的正是要对这一点进行更深入的研究。

在"真正的"退化上再加上审慎的成分往往是用一种充满嘲弄的形式表达出来的，这种嘲弄是这些病人最初接触治疗时的特征。这种施虐—受虐狂满足的奇怪气氛常常使人们难以看出，更难以相信在他们的自贬和愿意"让我死亡"之中包含了破坏的真实性。正如一个病人曾说："不知道怎样去获得成功的人已经是够糟的了，但更糟的是他们不知道怎样去取得失败。我已决定要好好地失败。"从这个病人的除了不信任外还不相信其他一切东西的决心中可以发现这种"致命的"真诚。然而从心灵的一个黑暗的角落里（常常是眼角），他却在守望着想要获得一种使相互信任得以恢复的简单而直接的新经验。治疗者明显地面对着一个年轻成人的嘲笑和对抗时，必须把"生活是可靠的"这一概念灌输给他。治疗的中心是病人需要重新描绘自己并因此而重建他们自己的同一性的基础。刚开始时，这些描绘会突然转移，正如病人的自我疆界经验中所表现的激烈转移一样。病人的灵活性可能突然发生一种"紧张症的"减速；他的注意可能会转化为极度的嗜睡；他的血管舒张系统可能因反作用过强而导致昏厥的感觉；他的现实感觉可能会屈从于人格解体的感觉，或者他的残余自信可能会在肉体不复存在之感的有害气氛中消失。谨慎而坚定的询问有可能揭露出"发作"前的大量的对立冲动。首先有一种突然想彻底毁灭治疗者的强烈冲动，伴有一种想要毁灭他的实体和他的同一性的"吃人肉的"愿望。与此同时还可能有一种被吞噬的恐惧和愿望出现或交替出现，从而通过被治疗者的实体所吸收而得到一种同一性。当然，两种趋势却经常长时期地表现出不一致或躯体化了，只有在治疗完毕时才找到隐藏着地！的表达方式。这种表现可能是一种冲动的逃避，潜意识地表现为没有性满足或任何分享感觉的杂乱性交，专注于手淫或过量地摄食，过量地饮酒或疯狂地开车，或自我毁灭性地长期不思饮食和睡眠，只是一味地阅读或听音乐。

在这儿我们看到了可以称为同一性抵抗的最极端形式，这种抵抗远不只限于在这儿所描述的病人。它是一种经常出现、但在分析过程中又经常未被人认识到的普遍抵抗形式。同一性抵抗的较温和及更通常的形式是病人害怕分析者可能因其特殊的个性、背景或哲学而漫不经心地或蓄意地摧毁病人同一性的脆弱核心，而将自己的同一性强加给病人。我将毫不迟疑地说，存在于病人中以及正在受训的候补者中讨论得如此之多而又未获解决的移情性神经症，就是同一性抵抗经常被无系统地分析这一事实的直接结果。在这些病例中，精神分析对象可能在整个分析中抗拒分析者对他的同一性评价的任何突然袭击，而同时却在所有其他方面表示屈服；也可能病人会以自己的方法吸收分析者的更多的同一性；或者会带着仿佛分析者欠了他而又没有提供给他某种本质东西的终生难忘的感觉而放弃这种分析。

在急性同一性混乱病例中，这种同一性抵抗变成了治疗接触的核心问题。精神分析技巧各式各样，但有一个问题却是共同的：主要的抵抗必须作为对技术的主要指导而被接受，解释也必须适合于病人可利用它的能力。在这些病例中，病人如果没有确定某些基本的——如果是对立的——结果，就会一直蓄意破坏感情和思想的交流。病人坚持说治疗者将他的消极同一性作为真实的、必要的东西接受了下来，而没有断定这种消极同一性是"完全属于他的一切"。如果治疗者要满足这两个要求，他必须通过许多严峻的危机证明，他能理解并喜爱病人而不把他吞掉或作为图腾餐奉献出去。只有总是如此勉强下去，较好形式的移情才能出现。

这些只不过是反映在大多数显著的以及直接移情和抵抗中有关同一性混乱现象学的几个暗示。然而，个别治疗只不过是讨论的这些病例中治疗的一个方面。这些病人的移情仍然是扩散的，同时他们的潜意识显露仍是一种长期的危险。因此，一些病人需要住院治疗，在那儿，可以观察到和限制他们超出治疗的关系。在那儿，超出与治疗者新建立起来的双边关系的最初表现会立即得到充满同情心而又坚定的护士、合作病友以及能干的指导者使用各种恰当的行为等方面的支持。

在医院环境中，病人的进步可以记载在一个从坚决的"单独状态"（oneliness）开始，经过他的想破坏医院环境的企图、他的不断增长的想利用自己能力的努力，直至最终他能离开这种制度化了的合法延缓期而回到社会上他原来的或新的地方去。医院团体不但使临床研究人员可能成为个别病人个人治疗的参与观察者，也可成为"治疗设计"的参与观察者。这种设计应当要符合与之分担一种生命问题——这儿所指的是同一性混乱——的病人的合理要求。应该坚持认为，这样一个普遍的问题说明了医院团体要适应因此而引起的特别困难。在这种情况下，医院变成了一个有计划地制度化了的世界中的世界。它给年轻人重建他那已废弃了的最富生命力的自我功能以支持。与个别治疗者的关系是建立一种新的、诚实的相互关系的功能的基石，这种关系必须使病人正视一种他从来就认为是十分渺茫也极不愿意接受的未来。然而，就是在这个医院团体中，病人迈出了走向复活了的社会实验的第一步。由于这一原因，一个活动方案——不是"职业疗法"——是极为重要的，这一方面允许每个病人在职业指导者的指导下去发展他们的才能，这些指导者对自己的职业都十分尽责，但却从不强迫病人做出任何过早的职业决定。特别要紧的是病人有尽快服从这一计划的权利和义务。这也是符合同伴病人的需要的——顺便说一句，也包括全体工作人员的需要。这是因为，像医院这样一个设施，不仅要符合那些碰巧生了病的人的同一性需要，也要符合那些自愿选择把他们作为自己的兄弟姐妹看待的护理人员的同一性需要。职业的等级制度对这种护理人员的功能、报酬和地位的作用以及对种种反移情和交叉移情的拓通，确使医院变成了家庭的复本。这方面的讨论已经很多了，就目前的观点来看，这样的研究也揭示了病人特地选择做病人这种角色来作为他的定形的同一性基础的危险性，因为这种角色可能证明比他以前所经历过的任何潜在同一性有更多的意义。

三、我、我的自身和我的自我

为了澄清乃至确定一个人对他自己的态度，哲学家和心理学家们创造了诸如"我"（Ⅰ）或"自身"（self）之类的名词，从说话的态度来表达想象的实体。就我看来，句法特性更能说明这种含糊不清的主体。没有一个照料过患孤独症儿童的人，会忘记在观察那些孩子在说"我"和"你"时是怎样拼命地想掌握但又掌握不住这两个字的意义时的恐怖，因为语言是体验一个前后一贯的"我"的先决条件。基于同一原因，照料那些深受扰乱的年轻人的工作人员也会面临病人表现出来的无能力感受认知存在的"我"和"你"，以及害怕在还没有经历这种感觉——恋爱——之前生命就会消失的可怕意识。没有其他苦恼能同样清楚地表明仅靠自我心理学是不能包罗某些至今仍属于诗歌和玄学范畴的人类主要问题的。

"我"反映在它所看到或考虑的身体、人格和依附着生命——不知以前来自何处，也不知将去何方——的角色，就是构成我们合成的"自身"（composite self）的各个不同的自身。在这些自身之间存在着经常不断的冲击似的转变，无论是在黑暗中或突然暴露在光天化日之下裸体的自身，还是处在朋友或成群的上、下级之中的衣冠楚楚的自身；无论是刚被唤醒的昏昏欲睡的自身，还是刚从波涛拍击声中清醒过来的自身，或是被恶心或虚弱所压倒了的自身；无论是处于性兴奋中的身体的自身，或是处于狂怒之下的身体自身；有能力的自身或重要的自身；马背上的自身或患牙痛的自身，或是被锁起来的或被拷打的自身，凡此种种，人们都称之为"我"。确实，要让"我"在任何时刻都能以证实一个合理的、连贯的"自身"的方式说出这一切情况，是需要一个健全人格的。

各种"自身"的对立面是"别人"，这是"我"不断地把各个自身不管好坏与之对比而得的。也是由于这个原因，我愿意遵循 H. 哈特曼（Hartmann）的建议：当精神分析学家们在把自身的意思当作"我"的客体的时候，应不再使用"自我"一词。例如，在我们希望我们的自身成什么意象时，说理想的自身就比自我的理想较为妥帖，在"我"把它的各个自身看成在时间上是持续的和在本质上是一致的这个含义时，最好说自身同一性而不说自我同一性。因为如果"我"赞美它的身体自身的意象（就如纳西斯所做的那样），它就不会爱恋它的自我（否则纳西斯就保持了他的平衡），而是爱恋上它的许多个自己中的一个——那个被自体性爱的眼睛所反映出来的身体自身。

只有在我们将"我"和各个自身与自我区别开来之后，我们才能将自我托付于弗洛伊德最早期的、从神经病学到精神病学和心理学这一它已占领的区域：这种内在"力量"的领域，当一切印象、情绪、记忆和冲动等在任何一段时间企图进入我们的思想、控制我们的行为时，可以通过筛选和综合保卫我们连贯的存在，而如果没有这种成熟缓慢而又可靠的筛选系统的话，这些东西是会把我们撕裂的。

一个人应当毫不犹豫地说，"我"是完全有意识的，而且只有当我们能说"我"并能弄清它的意义时，我们才真正是清醒的（一个醉汉说"我"时，他的眼神却与此不符，而且事后也不会记得他神志不清时说得那么肯定的那些话）。这些自身几乎都是前意识的，这意味着当"我"使这些自身变得有意识而且自我又允许时，它们是能够变得有意识的。然而，自我却是无意识的。我们能意识得到它的工作，却永远意识不到它。无论如何，牺牲一种像心脏和大脑那样为我们服务、为我们安排我们永远也不能有意识地计算出或计划出来的无意识自我的概念，就意味着将精神分析当作一种工具抛弃掉。如果忽略了有意识的"我"与其存在的联系

（就如精神分析理论所做的那样），则意味着删掉了人类自我意识的核心，也即抹杀了自我分析能力的可能性。

然而，与自我对立的又是谁或什么呢？当然，应首推本我或超我，次之，则是如理论所说的"环境"了。前两个词在英文中显得很笨拙，英文中没有德文中那种学术性的神话式的词。在德文中，"das Es"或"das Ueber-Ich"从来就不是实体般的事物，而是有魔力的、原始的与件（givens）。用简单的话来说，自我的全部任务是将被动变为主动，也就是将它的对立物的过分要求加以掩蔽，使它们变成意志。在被体验为"本我"（id）的东西必须变得熟悉甚至驯服，然而却极为愉快的地方，感到沉重负担的良心必须变得可以忍受甚至是一个"好"良心的地方，这内部边界是真实的。在精神分析的情况下，一个被麻痹了的自我可以看出已变成被动的，或者，我可以说，它的防御和适应功能已变得迟钝了，这一点已很清楚地得到证明。然而本我和超我也确实可以成为自我的伙伴，这一点从舍弃性欲和正确行为上可以看得出来。

再提到"环境"，这几页中已指出，作为自我的对立物，它缺乏特殊性。还指出了，这是真正过时的自然主义习惯于谈到的"这"有机体及"其"环境的结果。生态学和习性学已坚决地超越了这种简单化。同种和其他种的成员都是彼此间**环境**（Umwelt）的成分。由于同样的原因，也接受人类环境是社会的这一事实，**自我的外部世界**是由**别人的**对它有意义的自我构成的。它们之所以有意义，是因为在许多层次的粗鲁或细致的交往中，我的整体看出他们对我的内部世界且包括了他们在内的安排方式很友好、殷勤，这反过来使得我对他们包括我在内的对世界的安排方式也很友好——一种相互的肯定，这种相互肯定可以使我的存在活跃，同样我也可以使他们的存在活跃。对这一点，我限制了使用"**相互关系**"（mutuality）这个词，它是爱的秘密。另一方面，我可以将别人拒绝参加我的安排或者不让我参与他们的安排称为"**相互否定**"（reciprocal negation）。在自然界中或一切可能中，没有什么东西能与由此而引起的仇恨相比拟，也再没有什么比矛盾情绪使我们在相互关系上更为不确定的了。有些动物在犹疑不决的情况中表现出愤怒、不安和恐惧的混合情绪，而在欢迎的仪式上——它们的和我们的——投入了大量情爱，使我们很好地想到了矛盾情绪的种系发生的先祖们。无论如何,人类生活中最为复杂的就是在自我水平上的交往。在这种交往中,每一个自我都在测试一切由感觉和肉体得来的信息,以语言为基础和下意识地决定与其他的同一性是肯定还是否定。这种把这些过程联合地安排为信任的相互关系和相互否定的心理社会"领域"(territory)的持续努力,我们称之为"**集体自我**"(group ego)。我还进一步指出了这种领域的边界一直穿过每一个组成的自我,把它分成积极的和消极的自我。同样,内部的冲突(和外部的矛盾情绪一样)引起一种特殊的人类焦虑,只有当我们在我们的联合安排中,清楚地肯定或否定自己和彼此相互肯定或否定时,才有了同一性——心理社会同一性。

但是"我"正是根据我所感到的我是一切体验的觉知中心这一信念的言语表达,在这种体验中,我有着一个连贯的同一性,我拥有我的才智,能说出我所看到的和所想到的东西。没有任何对这种体验的修饰词能公正地说明它的主观的荣耀,因为它就是意味着:我是活着的,我就是生命。因此严格地说来,"我"的对立面只能是把这种荣耀借给一个凡人的神,**他自己**也就被所有承认这一礼物的"我"们赋予一种永恒的神圣。那就是为什么当摩西问上帝他应当说谁召唤了他时,上帝回答说:"我就是我。"然后他命令摩西去告诉群众:"是我把我送给了你们。"的确,仅仅当群众被一种共同信仰团结到一起时,才能分享到一个共同的"我",因此只有"上帝的兄弟姊妹们"才能在相互的同情和联合的崇敬中彼此指定真实的"你"们。印度人打招呼时望着别人的眼睛——手掌合起来举到脸前——并且说"我在你身上认出了上帝",正表现了这件事的中心。一个恋人仅仅从他的一瞥中就能认出所爱的人脸上的神圣,同时感到他的全部生命就依赖于如此被认出来。那些把他们的脸全部转向于神的少数人,除了兄弟之爱以外应避开一切其他的爱:"除非你愿意抛弃……"

四、自我的集体性

所谓精神分析的基本生物学倾向性(由于成为习惯)渐渐变成了一种假生物学(pseudobiology),在人的"环境"的概念化方面尤其如此。在精神分析著作中,"外部世界""环境"这些名词通常都是用来指地图上没有的地方,它之所以被称为外部,仅仅是因为它不能成为内部——不能进入个人的肉体,进入他的精神系统,或者进入最广泛意义的他的自身之内。这样一种模糊的却又无所不在的"外部",由于必要,假设了许多意识形态方面的、绝非生物学的含义,例如机体与环境的对抗性。"外部世界"有时候被认为是反对婴儿本能欲望世界的"现实的"阴谋,有时又是别人存在这一无关紧要或令人烦恼的事实,但是即使最近对母性关怀的仁慈一面做了最低限度的承认,一种顽固的倾向却仍旧坚持要把"母子关系"多少当作与它的文化背景相隔离的"生物的"实体,这种文化背景于是又变成了模糊支持的,或者是盲目压迫的和纯粹"惯例"的"环境"了。于是我们便逐渐被曾经是必需并颇有成效的并列作用(juxtapositions)的残余所阻碍,因为要建立道德的和伪善的社会要求很容易打破成人的本能性和剥夺儿童的本能性这一事实是非常重要的。把个人利益和社会利益内在的对抗性加以概念化是重要的。认为个人的自我可以对抗或脱离特殊的人类"环境"而存在,认为这就意味着社会组织,这种含蓄的结论是没有意义的。作为假生物学的倾向性,这种含蓄的假设有把精神分析与现代生物学丰富的生态学观点隔离开来的危险。

又是哈特曼开辟了新的思考途径。① 他认为人类婴儿预先适应地出生于一个"日常期待着的环境"这一说法,暗示了一个更为生物的同时又是不可避免的社会的公式。因为即使是最好的母子关系,也不能单凭他们自己对能允许一个人类婴儿生存且助长其生长和独特潜能的微妙而复杂的"环境"(milieu)做出说明。人的生态学要求自然的、历史的和技术的不断再适应,这就使得永恒的传统的重新组织能够保证每一代新生婴儿接近"日常期待着的"环境立刻就一目了然了。现在,当技术的迅速变化在全世界占了领导地位的时候,为了孩子们的生长和教育,在任何地方建立和保持"日常可期待的"连续性,事实上已成为人类的生存问题。

人类婴儿特有的那种预先适应性——即由通过心理社会危机的渐成步骤逐步成长的准备性——不但要求一个基本的环境,还要求一个整套连续

---

① H. 哈特曼:《自我心理学与适应问题》,纽约,国际大学出版社,1958年。

的"可期待的"环境,因为当儿童适应了短暂的迸发和各阶段之后,在任何达到了的阶段中,他要求得到一个"日常预期的环境"。换句话说,人类环境作为一个整体,应当允许和保证一系列多少不太连贯、然而却在文化和心理学方面始终如一的发展,每一发展都沿着扩展的生命任务辐射并延伸。这一切使得人的所谓生物适应成为生命周期,在他们社会的变化历史中发展。其结果,精神分析社会学面临的任务是将人的环境加以概念化,为世世代代加入提供一个整体系列的"日常期待着的环境"的组织力量做出不懈的努力。

在一篇回顾关于接近文化和人格关系的努力的评论中,哈特曼、克里斯(E. Kris)和洛温斯坦(R. M. Loewenstein)说:"在考虑文化条件时,头脑中**可以**也**应当**同时考虑它们欢迎或阻止哪些或什么样的可使自我功能避免冲突的机会。"[①] 对有关研究此类"文化条件"在个人分析中反映的可能性方面,作者们似乎劲头不足。他们说:

> 分析家们也意识到由文化条件引起的行为上的差异。他们并不缺乏总是强调这些差异的普通常识,但是当工作向前开展的时候,当可用的资料由外围移向中心,即从明显的行为转向资料时,其中一些部分仅能为分析的调查研究所理会,它们对分析的观察者们的冲击就似乎减少了。

我胆敢建议,也希望仅是这本书中提出的病例材料中的片断能指出:正是自我发展的中心问题——的确仅能为分析的调查研究所理会——要求精神分析家对文化差异的认识大大超过那种"普通常识",这三位作者似乎在这一观察的特殊领域中能找到这种足够的普通常识,而在其他领域中又肯定会极力主张更为"分析了的"普通常识。因为我们曾指出,组织起来的价值(organized values)一方面与社会的制度努力之间的关系,另一

---

① H. 哈特曼、E. 克里斯、R. M. 洛温斯坦:《关于"文化与人格"的某些精神分析评注》("Some Psychoanalytic Comments on 'Culture and Personality'"),见《精神分析与文化》,C. D. 威尔伯、W. 闵斯特伯格编,纽约,国际大学出版社,1951 年,第 3—31 页。

方面与自我综合之间的关系，是更为系统的，而且从心理社会的观点看，无论如何，基本的社会文化过程只能被看作成人自我的联合努力，通过联合组织，去发展和保持相互支持的心理社会平衡中最大限度的无冲突能量。只有这样的组织，才能对成长中的自我和成人在他们发展的每一步骤中给予连续不断的支持。因为在第三章中已指出，为了各自自我的力量，年轻的一代依靠年老的一代，年老的一代也同样需要年轻的一代。看来似乎是在整个年老一代和年轻一代的发展中，在驱力的相互性和自我利益的范围之内，某些基本的和普遍的价值在它们的相互补偿和防卫力量上，变成并保持着个人自我发展和"集体自我"的重要联合成就。事实上，我们的临床史也因此开始显示出这些价值为成长一代的自我发展提供了必不可少的支持，因为它们给予了双亲行为以某些特殊超个人的连贯性，虽然这种连贯性因价值系统和人格类型不同而异。

只有代表多重性相互关系的各种社会过程，才能通过仪式的再奉献（ceremonial rededication）或系统的反复阐述才能再创造环境的"日常可期待性"。在这两种情况中，被选出的或自荐的领袖和杰出人物又会感到被召唤去说明一种令人信服的"有超凡魅力的"概括化了的繁殖，即保持并恢复制度活力的一种超个人利益。在历史记载中，某些这样的领袖被认为是"伟大的"，他们似乎能从最深的个人冲突中获取能量，以适应他们那个时代对普遍的世界影像进行再综合的特殊需要。无论如何，只有通过不断的再奉献，各种公共机构才能从年轻成员的新能量中得到积极的和令人兴奋的精力投注。更理论地说，只有在价值和自我发展的主要危机中保持一种有意义的一致性，社会才能自由支配本身特殊的集体同一性的最大限度的无冲突能量，这种能量是大多数青年成员从他们的儿童期危机中逐渐积累起来的。

人们仅能断言，发挥作用的自我在保卫个性时绝不是孤立的，因为一种集体性把各个自我在一种相互激活状态中联结了起来，自我过程中的某些东西和社会过程中的某些东西是同一的。①

---

① 我后来在《领悟和责任》（*Insight and Responsibility*，纽约，W. W. 诺顿，1964年）中，把这种相互激活称为"现实性"（actuality），使这方面有别于仅由承认是真实的（factual）而得出的真实性（reality）。

五、理论和意识形态

在研究自我与变化着的历史现实的关系时，精神分析接近了一种新的强大的潜意识抵抗。这些抵抗位于观察者的内心以及他们**概念化的习惯**之中并由它们做出评估，这一点是隐含在精神分析调查的性质之中的。这些抵抗在被观察者身上出现以前是能得到理解和治疗的。在调查研究人的本能性时，精神分析学家知道他对调查的驱力是他本性中的部分本能。他知道他对病人的移情做出了部分反移情的反应，那就是，为了他自己的特殊理由，他可以纵容病人的模棱两可的愿望以满足他的幼稚努力，在治疗情况中达到治愈的目的。分析者承认这一切，然而他在方法学上前进到自由的边缘，在这儿对不可避免性的清楚描述，使得毁灭性的抵抗成为没有必要，于是就为创造性工作释放了能量。

因此，一个精神分析者在他能够希望完善那种人类的天赋——能理解不同于他的东西的能力——之前，必须意识到使他成为一个精神分析者的历史决定因素，已是一种普通常识。在新的概念倾向变成了精神分析实践的组成部分的地方，由自我分析新倾向所启示的一种新的普通常识已成为前进的标志。如果我严肃地提出，一个心理社会的观点可能会变成精神分析关切的一部分，我也必须考虑到特殊的抵抗可能以前一直在阻碍着这种领悟的可能性，而且只有被抵抗的领悟的性质才能指出这种抵抗的性质。在这种情况下，它可能成为这一代观察者的职业同一性与他们时代意识形态倾向之间的关系。

"容许"社会考虑进入"官方的"精神分析这一问题，自从阿尔弗雷德·阿德勒（Alfred Adler）的作品发表以后，有过一段暴风雨般的历史。人们的印象是，这继续成为既是意识形态的也是方法论的问题。最紧要的问题似乎是，一方面是弗洛伊德的最珍贵的假设，认为精神分析与任何其他自然科学一样是一门科学；而在另一方面，许多最有才能的年轻精神分析学家坚持认为，精神分析作为对社会的批判，应加入在欧洲已赢得了团结许多最有创见的人的革命潮流。在这背后是颇为巨大的马克思—弗洛伊德的两极分化，它是这两种看法的内在冲突的结果，似乎它们真正是两个互相排斥的意识形态——它们最初确实是互相排斥，后来却教条般地忽视了相当明显的共同兴趣和领悟。

从长远的观点看，似乎对精神分析的性质是什么或不是什么的最热烈和最顽固的回答，来源于另一个更为刻不容缓的问题，那就是，对一个特殊的工人来说，精神分析应当是什么，或者应当保持或变成什么。因为一个特殊的世界意象对他作为一个人、一个职业的和公民的同一性，已变成必要的了。

现在精神分析已为种种职业同一性提供了丰富的机会。它给予各种分散的努力以新的功能和范围，如自然哲学与犹太教法典的争论、医药的传统与教会的教学、文艺的描述与理论的建立、社会改革和赚钱等等。精神分析作为一个运动，包含了各种不同的世界意象和乌托邦，它们来源于不同国家的不同历史阶段。这一点我认为是一种不可避免的需要的结果。因为人，为了能够与其他的人有效地发生交往，尤其当他想去治疗和教育别人时，必须从某一阶段的部分知识中不时做出完全的定向（total orientation）。弗洛伊德的个别学生发现，他们的同一性在他的孤立的论点中得到最好的证实，这些论点允许一种特殊的精神分析的意识形态以及随之产生的一种稳固的职业定向的可能性。同样，对弗洛伊德某些暂时性和过渡性的论点发表得过多的反论点，则成了这一领域中其他工作者的职业和科学定向的教条主义的基础。因此新"学派"变成了不可逆转的体系化，使它们自己超越于辩论——或自我分析之上。

当我回忆我早期作为一位移民的精神分析者进入美国的过程时，我才迟迟意识到散居犹太人的精神分析历史的另一个意识形态因素。我的病人容许我有一种延缓期，在此时期中，我可以掩饰我对英语的完全无知，更不用说那一切最能传达病人背景的口语上的细微差别了。我可以固执地墨守书上所说的在任何地方对任何人都是共同的东西。我现在已理解到病人（以及候补者）与我都协力促成这一点，因为我代表着一套整合的信仰系统，它可以代替他们父母和祖父母在政治或宗教上的原教旨主义的脆弱的残余。如果我能在有说服力的文化相对性方面加入我的美国朋友玛格丽特·米德（Margaret Mead）、约翰·多拉德（John Dollard）、斯克德·麦奇尔

(Scudder Mckeel)，能够学会看出在我的"笔记本"里所描绘的文化差异，我就会认识到，正是由于植根于我的生命史中的特殊动机，使我在有关家庭、民族、宗教和职业方面处于边缘地位，并为我能对一个移民的意识形态不感陌生做好准备。

这似乎是用一种人格主义的方法来总结某些理论方面的论点。然而我并不是想要"相对处理"这些问题，而是想要把必要的机会和历史的相对性引入其中。我绝不希望忽略来源于弗洛伊德精神分析的理论和技术原则的、有独创性的意识形态力量和鼓舞人心的源泉。正是因为精神分析的某些"修正主义分子"对那个基本原则进行不必要的投机取巧（把一些意识形态的差异作为科学差异大加讨论），我才一直未能把我的方法论和术语学的建议是否可以适应他们这一问题多加考虑。在我看来，逐步提高我在精神分析研究所的教学而不放弃我们无与伦比的意识形态基本原则是更为重要的。因为最好的工作总是在地下墓穴里开始的。我们许多人仍在怀恋当初我们在社会和学术上被孤立的情况下坐着学习的日子。这种孤立曾经几乎是一个真正有创造性观念的精神背景：那种**治疗**观念，邀请病人参与庞大的询问精神治疗的过程，通过这一过程，病人与分析者观察内化了的世界的现象和规律，从而同时增强了内部的自由和外部的现实性。最好的情况是：病人碰巧也是这一类人，他想加入我们这一类治疗者，从我们的方法所提供的这种宣泄中能得到好处。我说"一类人"的意思就是指"同一性"，因为精神分析的治疗预先设想在治疗者与病人之间不仅有观察的集体性，而且有治疗的思想意识方面的力量和方向，使得这种集体性对双方都有成效。这在若干代工人中产生了梦想不到的智力能量，但它也假定过程保持得很生动，而分析者和病人都变得不依赖那共同的、教条的协作，仅仅只唤起那碰巧适合于理论的过去意识形态状态和精神分析本身在政治组织中的特殊的地方或地区倾向。

在仅仅意识到它自己的历史才能进一步发展的领域中，还有另一件工作可做。每一个有关人类中心问题的心理学名词，在开始采用时都伴有从弗洛伊德所称的"古老的超我意识形态"到现代意识形态影响的含义。当然，当这些名词变成习惯的和仪式化了时，尤其在外国语言中，这两者就都很快被取代了。就说超我本身（superego self）吧：德语的"Ueber"（超过）就大大地有别于英语的"super"（超）。一小群工人当然能同意这个名词所意味的东西，尤其当它被描绘来反对其他如本我和自我等项目时更是如此。但是当这一领域扩展时，个体工人和工人集体就根据他们自己的过去和现在赋予每一个名词以新的意义了。我曾再三指出，在我们最基本的词汇"trieb"（驱力）和它的形容词"triebhafe"（冲动的）的最初用法中，含有一种"使崇高"和"基本力量"的自然哲学的性质["die suessen Triebe"（甜蜜的内心动力），德国的诗人可以说，严格的生理学家们可以谈到"崇高的力量"]；因此，为了节约的原因，弗洛伊德在给"Olympus of Triebe"指定一个新的"基本的"要素之前，不得不受到突出的限制。别的（美国的）生理学家们能想到一大串带一个小"d"的驱力，目的不是为了神话学的信仰，而是为了验证。

同样，从它可以与冠词连用这一事实本身就可以看出，"die Realitaet"这个词是一个类似"Anangke"和"Fate"那样几乎人格化了的力量，要求比对真实现实的合理适应有更多的东西。"现实"本身就是一个在使用中最容易腐化的词，因为对一切联合起来自我否定地用理智去建立相互同意并可赖以生存的世界意象，可以证明是现实的，而对许多人来说，它只意味着是所有人的一个总和。人们能够离开它而不太感到有罪，或者在他们碰巧被强迫进去时便用规则和条例避免冲突。很可能含义变得最为变化多端的名词是"自我"这个词，对有些人来说它永远不能完全失掉利己主义（egotism）的极端可恶性质，对另一些人它是自我中心的意思，而对许多人来说，它保留着内部转化过程中一种封闭系统的性质。最后是指"机制"这一名称。如安娜·弗洛伊德说：

在整个儿童期，一个成熟过程都在起着作用，它为不断增加的知识和对现实的适应服务，其目的在于使自我机能得到完善，使他们的情感变得越来越客观和独立，一直到它们变得像机械化的仪器那样准确和可靠。①

---

① A.弗洛伊德：《儿童分析的指征》（"Indications of Child Analysis"），见《儿童精神分析》，卷1，纽约，国际大学出版社，1945年，第127—149页。

第五章 理论上的插曲

她描述了自我有一种超越了神经系统和大脑（人因此可以制造机器）的意义的共同倾向，但是她绝不是提倡将机械适应作为人类生命的目标。事实上，她的"防御机制"作为精神生活的必不可少的**部分**，使人被**控制**得一成不变和力量枯竭。然而当人和他的机器过分自居认同（overidentifies）时，他可能由于找到机器适应的缓和方法而想要变得更为易于驾驭。总的说来，我不否认人能同意一个名称的逻辑意义，我也不提倡（上帝禁止）在社会科学中避免使用含义丰富的词。但是我要指出，认识它的最重要的那些词的多变含义是一个"自我分析的"心理社会倾向性的要求之一。

在谈到科学证明和科学进步时，在与人的直接需要有关的领域中，不仅有必要说明方法论的、实践的和伦理的因素，而且要说明职业的意识形态的必要性。为了这一理由，精神分析的训练必须围绕各种职业同一性的形成，而理论教学也必须有助于对在发展领域不同阶段中什么被认为是最实际、最真实和最正确的主要差异的意识形态背景有所理解。如果另一种普遍的抵抗，即同一性抵抗，似乎在此要求类似"本我"和"超我"抵抗那样的分析，我必须在绪论中重复指出，任何有关同一性的东西都比自我的其他对立面更接近于历史时代。这种抵抗不仅能被对个人分析的进一步强调所抵消，尤其重要的是，可以被重新应用精神分析于精神分析的联合力量所抵消。①

我要补充的是，我非常清楚在指导一个新的方向时，人们容易片面性、暂时性地忽略其他先驱者们驶惯了的航程和可供选择的多方面的航向。但重要的问题是：新的方向能导致新的观察吗？

---

① 见我的即将出版的《甘地的真理：好战的非暴力起源》（*Gandhi's Truth：On the Origens of Militant Nonviolence*），W. W. 诺顿，1993年。

第六章 当代青少年问题

一

对于一些个人和情况的极端病态和堕落的**描写及分析**，在教科书和小说中，都因其本身的扩展而成为一种社会批判方式了。因为当年轻人看到他们自己在这些宣传工具中被如此从反面加以渲染时，他们的同一感就只能使他们把大部分能力似乎至少发挥成为现在的这些症状。我发现，除了这些"公共关系"的原因以外，我有必要自问，我们辨认的精神病理学方面的平衡是什么，每一阶段要建立的正面目标是什么。在许多范围内，"积极的"常常暗示着对丑陋现实的妄想性逃避，但是难道它不是对"本性"研究的所有临床态度中的一部分吗？这种本性在我们的诊断帮助下是"可以治愈"的。我在第三章中已指出，我将给每一阶段确定其最主要的力量，以及所有阶段中这些力量的渐成体系。这些力量对于人类（此处指世代）的生命力是有帮助的。如果我称这些力量为基本效能（basic virtue），我的目的是想指出，没有它们，所有其他一切善良与价值都会缺少活力。我使用这个词的正当理由是，对某些具有内在力量和有效性质的东西（如药物或饮料），当它丧失了它的实质时，我们要对这种涵义加以描述，就说它"没有了效能"。依照这一意思，我想我们可以使用"主要德行"（vital virtue）* 这一名词，来表达能使人在一生各个阶段中充满生机

---

* "virtue"一词可译为"德行""效能"。在埃里克森的发展渐成说中，以译"德行"为宜。——译者注

的某些品质，希望就是其中首要的和最基本的。①

不过这种名词的使用对于个人生长和社会结构的交互作用产生的一种品质的概念化，使许多读者想起了自然主义的谬误。那就是，一种天真的企图，把发展人的某些装饰性善行的意愿归于进化。然而，较新的环境概念［如人类文化学者的"Umwelt"（周围世界）］里包含了人生潜能与环境结构最合适的关系。即使人是一种善于适应环境各种变化的动物，或者可以说，也是一种根据自己的创造而使自己易于与周围环境重新适应的动物，然而他却仍是一种要随着适合他这种改变了的环境的生命周期而进化的动物——这只能意味着不断更新着的重要的适应潜能。如果人由于这种进化的安排使自己能以一种其他动物所不能称之为生活的方式而经历着生老病死，他也就有能力做出诊断、治疗、批评和变化。反过来，这一切又有赖于力量的再生、价值的复苏和创造力的恢复。因此，我认为生命周期是一种发生的原则，使从婴儿期的希望至老年期的**智慧**这一系列重要德行得以永远延续。至于青年期及其最热烈、最不稳定的追求中心是什么这一问题，我断定**忠诚**（fidelity）是其主要力量，这种力量需要有机会去发展、去使用、去召唤——甚至去为之死亡。做出这一基本的声明之后，我只能重复所表明的青年期这一主题的某些变化，来观察忠诚是否确实被认为是具有普遍性的。

虽然我在此并不想回顾生命的其他阶段，以及各阶段所赋予人的不稳定适应（precarious adaptation）的特殊力量与弱点，我们却必须再回顾一下青年期之前的那一学龄期阶段，然后再回到青年期来。

学龄期介于儿童期与青年期之间，它表明儿童以前受着游戏、准备、愿望等的支配，也能致力于对他的文化工具、武器、象征和概念形成必要

---

① 德行的含义一度是指"固有的力量"和"积极的品质"。从这种意义上来说，我考虑到人生的各连续阶段的重要德行如下：婴儿期为希望，游戏期为意志和目的，学龄期为技能，青年期为忠诚，成人初期为爱，成人期为关怀，老年期为智慧。为了给生命周期的这个概念以理论基础，可参见作者的《德行的根源》（"The Roots of Virtue"），见《人本主义者的结构》，J. 赫胥黎爵士编，伦敦，阿伦和昂温，1961年。该文在作者的《领悟与责任》中修订后，以"人的力量与世代周期"（"Human Strength and the Cycle of Generations"）为题发表，纽约，W. W. 诺顿，1964年。

准备的基本技能。它也表明他急于要实现真实的角色（以前是在游戏中扮演的）。这预期着他终将在他的文化技术学的专门领域中得到最后的承认。所以我可以说，**胜任**是人在学龄期出现的特殊力量。每个人发展史上儿童期的收获会给他在最值得骄傲的成就上留下幼儿经验的标志。由于游戏期给一切方法上的追求遗留下夸大的幻想，学龄期留给人的则是一种"什么起作用"的天真的承认。

由于学龄儿童能使某些方法成为他自己的方法，他也允许某些被接受的方法使他成为它们自己的。只有起作用的才被认为是好的，只有当事物起作用时才感觉到是被接受的，支配和被支配可以成为他最主要的快乐与价值。由于技术的专门化是人类部落或种族与文化系统和世界意象的固有部分，人对能利用材料和牲畜进行劳动的工具所感到的自豪，扩展到了成为对付其他人群和物种的武器。这种能唤醒在动物世界中极为罕见的冷酷的狡诈以及难以估量的愤怒，当然乃是由于发展的结合。在这一切之中，我们最为关心的（因为在少年时即已显著）乃是人需要将技术学的自豪与同一感结合起来，一种从幼儿期经验自然发展而成的个人自我一致性，和在与不断扩大的社会接触中所体验到的分享一致性结合的双重感。

这种需要在进化上也必须受到计划的影响并为其所理解，因为人们——已不再是一种自然的人种，也还没有成为人类——必须感到他们是属于某一特殊的类属（宗族或民族，阶级或社会等级、家族、职业或类型）。他们以虚荣和深信的心情佩戴这一类属的徽章（随着他们为自己类属而坚持的经济要求），抵抗外来入侵者、敌对集团和不人道的人们。这样他们就可以非常系统地使用一切他们引以为荣的技术和方法，即使在非常具有理性和文化极为发达的情况下也是如此，并且认为不这样做就是不道德。

我们的目的并不是想停留在人的道德易于腐化和堕落这一方面，而是要决定哪些是核心的德行（virtue）。这些德行在心理社会进化的这一阶段需要我们协同一致的注意和伦理上的支持，因为无论是反道德主义者和道德主义者，都容易为了一种强大的伦理学而忽视人类本性的基础。正如我们所指出的那样，忠诚是青年自我力量的德行和品质。它属于人的进化的遗传，但是它——像一切基本品质那样——只能在一个生命阶段与一真实集体中个人和社会力量的交互作用中产生。

年轻生命寻找某些可以为之效忠的人和物的迹象,可从多少受到社会鼓励的各种追求中看得出来。这种迹象常常隐藏在改变忠诚与突然反常交织的令人迷乱的结合之中,有时是较为忠诚的反常,有时又是更为反常的忠诚。然而在一切青少年的表面变换当中,可以察觉出一种对变化持续性的寻求,这种寻求可表现于科学、技术方法的精确性或服从的忠诚中,表现于历史和小说描述的确切或比赛规则的公平中,表现在艺术作品的真实和再创造的高度忠诚中,或表现在服罪的真心实意和承担义务的可靠性中。这种寻求很容易被误解,而且常常也只是被他本人模糊地察觉出来的。因为青少年总是要同时掌握原则的多变性和多变的原则性,他们在决定做某事之前一定先走极端。特别是有时在意识形态混乱和同一性扩展的边缘上,这些极端不仅包括叛逆的,而且还包括了不正常的、犯罪的和自我毁灭的倾向。然而这一切都可归之于合法延缓期的性质。在这一延缓时期中,在把身体和精神的力量交付现存(或将存)的秩序之前,可以先试探一下某种真理的究竟。"忠诚的"和"合法的"无论在语言符号上还是心理学方面都具有同一根源,因为如果没有体验作为忠诚的最高选择感的基础,法律上的承担义务就会是一种不安全的负担。而要发展这种感觉,乃是个人生命史的连续性和历史进程的道德力量的联合任务。

二

此地让我们用一个伟大的悲剧来说明人所遭遇到的危机的基本性质。如果是一个王子的危机,我们可不要忘记天国和历史上的"王室"有个时期将人的骄傲和悲惨的失败人格化了。哈姆雷特王子正在20多岁,成为不再年轻的青年,正要丧失他的合法延缓期。我们发现他正处于一种悲剧性的矛盾之中,他不能实践他的年龄、性别、地位和历史责任同时向他提出的一个行动原则,即王室的报复。

要使莎士比亚对人的某一时期的理解变得清楚明白,对学戏剧的学生来说是犯禁的,尤其对于一个训练有素的心理学家更是如此。除他们之外，每个人都按照一种流行的、通常是朴素的心理学来解释莎士比亚。然而我并不想解决哈姆雷特不可思议的性格之谜，因为我相信"不可思议"就是他的本性。我感到莎士比亚通过波乐纽斯（Polonius）之口，像一个精神病医生那样以讽刺的口吻对我做了足够的警告。他说：

> 除非我这副脑筋忽然不灵了，
> 不及往常地善观风色，
> 那样的有把握——我以为我已经发现了，
> 哈姆雷特忽然变得疯疯傻傻的原因。*

哈姆雷特决心装疯是观众们开始时就知道的秘密，他们一直感觉到他是站在即将发疯的边缘。"他的疯狂，"T. S. 艾略特（T. S. Eliot）说，"不够疯狂，但又胜似假装"。

如果哈姆雷特的疯狂已超过了伪装，那么他那习惯性的忧郁、内倾的个性、丹麦人的气质、悲哀和爱的剧烈状态就更使它加剧了四五倍。所有这一切使之倒退到了俄狄浦斯情结，正如欧内斯特·琼斯（Ernest Jones）所假设的那样，这一悲剧和其他伟大悲剧的主要主题似乎是完全合理的。①这意味着哈姆雷特不能宽恕他母亲最近的非法背叛，因为他已不能像孩提时那样对母亲和父亲对自己的合法背叛加以宽恕；但是同时，他又不能对他父亲新近的被谋害加以报复，因为作为一个孩子时，他已在幻想中背叛了他，而且希望他滚开些。因此他一直拖延着对他叔父进行报复，只有这一报复才能把他亲爱的父亲的鬼魂从一种"判定有一个时期在夜中出现，白天限定要忍受火焰的燃烧"的境况中解脱出来。

没有一个观众不会认为他是一个心地非常善良、超越他的时代的人，这种良心会允许他毫不踌躇地进行报复。

---

* 本段及以下摘自《哈姆雷特》的诗句均见卞之琳的译本，"莎士比亚丛书",《哈姆雷特》，人民文学出版社，1958 年。——译者注

① E. 琼斯：《哈姆雷特与俄狄浦斯情结》（*Hamlet and Oedipus*），纽约，W. W. 诺顿，1949 年版。

还有一个必然产生的暗示是,哈姆雷特显示了剧作者和演员的人格,因为当别人领导人们改变历史进程时,他就相应地在舞台上调动角色(戏中之戏),简言之,别人行动,他演戏。确实,从历史的观点来说,哈姆雷特代表着一个夭折的领袖,一个顽固的叛逆者。相反,他却是他那个时代病态的年轻知识分子,因为他不是新近才从维滕贝尔格学习回来吗?那不是人类腐化的温床,他那个时代与诡辩学家雅典人和现代为存在主义和精神分析所侵扰的学习中心的对应物,或者更有过之而无不及吗?

这部剧中共有五个年轻人与哈姆雷特年龄相仿,在他们的同一性中都确信为尽责的儿子、朝臣和未来的领袖。但是他们都被哈姆雷特想要用自己的阴谋去打败的多重阴谋拉入了不忠诚的道德深渊:戏中之戏。

因此,哈姆雷特的世界是一个扩散的现实和忠诚的世界。只有通过戏中之戏和精神错乱中的疯狂,哈姆雷特——这个演员中的演员——才能在假装的同一性中揭示出高尚的同一性——致命的伪装中的优越的同一性。

他的疏远是同一性的一种混乱。疏远了生存本身是那段著名独白的主题。他疏远了人类:"男人不使我高兴,不,女人也一样。"他疏远了爱和生育,"我说我们不要再有婚姻"。他疏远了他国家的方式,"虽然我是本地人而且态度也是生成的"。正像我们一些有"疏隔感的"青年那样,他疏远了他那个时代的多重标准的人。

然而哈姆雷特的单纯和命中注定对忠诚的悲剧性的寻求冲破了这一切。这是历史的哈姆雷特的本质,是在莎士比亚把他现代化和永久化以前就在群众舞台上存在了若干世纪的古代英雄模型:

> 他厌恶被认为对任何事情都说谎言,也希望不与虚伪为伍,因此他把机智与坦率结合得如此巧妙,以致虽然他的话里不缺乏真理,却又没有什么东西能表示真理并能暴露他的敏锐的程度。①

这与哈姆雷特真理的普遍扩散是相符合的,在那老笨蛋给他儿子的信

---

① S. 格拉姆梯克斯:《丹麦史》(*Danish History*), O. 埃尔顿译, 1894, 琼斯前书引, 第163、164页。

中说明了这一中心主题:

> 波乐纽斯:
> 这一点要高于一切——要忠于自己,
> 就如同先有了白天才会有黑夜,
> 要这样才不会不忠于自己。

然而也正是哈姆雷特最热烈的宣告中的中心主题,使他的疯狂成了他的高尚的附属品。他憎恶世俗的虚伪而崇尚感情的真实:

> 好像?不。我不懂什么叫"好像"。
> 好母亲,尽管我披一件墨黑的外套,
> 按礼从俗,满身都穿起丧服,
> 好容易从肺腑吐出来长吁短叹,
> 眼泪像江流滚滚一泻千里,
> 再加上垂头丧气,形容憔悴,
> 再加上千种表情,万重姿态,
> 都不能真正表现我。这真是"好像",
> 像如此,像这般,是人人会耍的把戏:
> 我的心事是无法表现出来的——
> 这一切都只是哀痛的衣服和装饰。

他寻求只有高尚人物才能真正理解的"作风正派":

> 我曾经听见你说过一段台词,可是从没有在台上演过。要是上演过,也不会超过一次,因为,我记得,那个戏并不受大众喜爱……可是它(照我看来,也照……的见解,比我有分量的人说来),写得又朴实又巧妙,我记得有那么一位评价过它,字里行间没有加香料,添怪味,句中没有着痕迹,显造作,说它是"作风正派"。

他狂热地寻求形式的纯洁和再现的忠诚：

> ……可以拜你们自己酌量行事的见识做自己的导师。用动作配合字句，用字句配合动作。特别要注意一点，你们切不可越出自己的分寸，因为无论在哪一点上这样做过了分，就是违反了演戏的目的。该知道演戏的目的，从前也好，现在也好，都是仿佛要给自然照一面镜子，给德行看一看自己的面貌，给荒唐看一看自己的姿态，给时代和社会看一看自己的形象和印记。

最后，是对他朋友的真正性格的迫切（或过分迫切的）承认：

> 自从我亲爱的灵魂会自己选择
> 会鉴别人物以来，她就挑中了你，
> 打好了记号。因为你始终一贯。
> 遭受一切而不受半点伤痛，
> 无论受命运的打击还是照拂，
> 你都能处处泰然，同样谢谢。
> 有福的是感情和理智相称的一种人，
> 他们并不做命运吹弄的笛子
> 随她的手指唱调子。只要我看见谁
> 不是感情的奴隶，我就要把他
> 珍藏在心坎里，心坎的心坎里，
> 就像我珍爱你一样。这不必多说了。

这就是哈姆雷特中的哈姆雷特。它适合于演员、知识分子、青年和神经症患者的联合体，他说的话就是他更好的行为，他能清楚地说出他不能体现的东西，他的忠诚一定要给他所爱的人带来毁灭，因为他最后完成的事正是他开始时企图避免的事。他仅仅在实行我们称之为"消极同一性"方面，以及使自己变成自己的伦理感所不能忍受的疯狂复仇者方面获得了成功。这样一来，内在的现实性和历史的现实性通力合作，把这一悲剧性人物的积极同一性排除了，而这种同一性正是他所唯一选择的。当然，观众正是从哈姆雷特的真诚中一直觉察到了死亡的成分。最后他对他的历史舞台上的反面演员发出了"垂死的声音"，这反面演员就是胜利的年轻的福丁布拉斯，也反过来坚持：

……把哈姆雷特当军人抬到台上去；
他如果有机会临朝当政，干一下，
一定是一位极端英明的国王。

悼念会上空洞而响亮的喇叭声宣告了这个孤独青年的末日。他的伙伴们进一步证实了他出身的皇族标志。但是观众却感到一个特殊的人被埋葬了，他是出身于皇族，然而却超越了他的标志。

三

我们曾说过，人类需要个人和集体同一性的一个重要的元素，就是要成为特殊的一类——这一切在某种意义上说就是假种（pseudospecies）。"假"（pseudo）意味着虚伪（falsehood），也可能表明我正努力强调背离一切神话化了的事实。应当明白，人是一种说谎的动物，正是因为他设法想成为唯一真实的动物，无论歪曲还是纠正都是他言语上和观念上的装备。为了有坚实的价值，他必须把它们绝对化；为了要有风格，他必须相信自己是宇宙的主宰。每一部落或民族，文化或宗教，为了上帝规定的唯一独特性而创造的历史和道德标准达到了某一程度，则不论他们的其他是什么或完成了什么，他们的假种也就达到了那种程度。另一方面，人在他的文化同一性和文明完善的最伟大时刻中也发现了一种短暂的满足，每一次这种同一性和完善的传统都可以显示出人能成为什么样的人，他能在同时成为一切。我们自己时代的乌托邦预言：人将成为一个世界内的一个物种，用一种普遍的技术同一性去代替分裂了他的幻想的虚假同一性，用一种国际伦理学去代替一切迷信的、压抑和压制的道德体系。与此同时，意识形态体系力求表明不仅能够提供实际的道德,而且也能提供对那个未来世界最普遍信仰的政治道德和私人道德,而普遍信仰首先意味着要在青少年眼中看来是可信赖的。

在青年期,自我力量来自个人与集体的相互确认,社会要承认年轻的个人是新生能量的负荷者,而被如此确认了的个人要承认社会是一个活跃的过程,它鼓舞忠诚并接受忠诚,保持忠顺并吸引忠顺,要求信任也尊重信任。因此,让我们回到驱力状态和有训练的能量、不合理性和勇敢才能的结合根源来吧,这种结合是生命周期讨论得最多却又最令人迷惑的现象。我们必须始终同意,迷惑是这一现象的实质。因为人格的统一必须统一得无与伦比,而每一新世代的功能作用却无法预言完成它的功能。

在新能量的三个源泉中,身体的生长是最容易测量和系统训练的,虽然它对攻击性内驱力的作用很少为人理解——除非在真正有意义的活动中,使用体力时的任何阻碍产生一种克制的愤怒,从而引起破坏或自我破坏,这一点则似乎可以肯定。青年人的理解和认知能力可以进行实验研究,并可有计划地应用于学徒期和学习,但是它们与有关意识形态的想象之间的关系却较少为人所知。最后,长期延缓的性器官成熟是未知能量的一种来源,但也是一种伴随有内部挫折的驱力状态。

当繁殖后代的身体能力成熟时,人类青少年仍不能以一种只有两个人给予对方以合理形成的同一性的结合方式互相去爱,也不能时时注意维持做父母的身份。当然,两性在这些方面有很大的差别,个人也是如此,社会在这方面提供了各种不同的机会和制裁,使个人必须在此范围内保护其潜能——以及他们的性能力。由此,心理社会的延缓期似乎是建立在人类发展的时间表之内的。正如人的发展程序表中的一切"潜在因素"那样,成人期的延缓和加强可以达到一种强有力的和决定性的程度,它因此正可以说明人类的特殊成就,也正可以说明这些成就中的特殊弱点。不管各种文化中婚前性生活的部分满足和部分禁欲的特点如何——不论是不承担义务的强有力性活动的快乐与自豪,还是没有性活动的情欲状态,或是专心致志的故意延宕——自我发展总是利用青年期的心理性欲的力量去增强一种风格感和同一性。人绝不是牲畜:即使社会促进了两性的性器官接近,

242 它也是以某种风格方式进行的。另一方面，从生物学方面讲，性的活动是繁殖的活动。在任何性的情境中，总有一种心理生物学方面的不满足，这种不满足对于繁殖的完善与关怀终究是不利的。在某一时期和某种情况下，为了同一性的完成能为健康人所容忍，正如部分禁欲能被接受一样。无疑，这种不满足对妇女起着更为重要的作用，因为她在生理和情感两方面在性活动中受到更深的约束，把它看作她承担繁殖任务的第一步，她的月经周期就是身体和情感上的有规律的提示者。这一点在下一章中将有更详细的讨论。

男性青年性器官成熟达到完满的各种阻碍对一个人有极深的影响，它对他将来的计划提出一个重要的问题。人们最熟悉的是情绪上平稳的学龄初期以前那种早期心理性欲的复现。那就是具有夸大幻想和精力充沛的自体性爱操弄倾向的幼稚的生殖器和运动器官期。① 在青年期，自淫、夸大和玩弄都因性功能和运动器官的成熟而大大加强，并由于我们即将描述的年轻心灵中新的历史前景而使之大为复杂化了。

243 青少年不满足的追寻及其精力充沛最普遍的表现是对运动的渴求。它表现在一般性的"忙个不停""拼命追赶某些东西"或是"到处乱跑"上，也表现在精力充沛地工作、全神贯注地运动、疯狂地跳舞、到处漫游以及胡乱使用飞跑的动物和机器等方面。它还表现在参与当时的运动（不论是地方骚乱中的造反还是重大意识形态势力的示威和战斗），仅仅由于他们有感到"被运动"和感到是在把某些事物推向公开未来的需要。很明显，各种社会团体提供许多意识形态前景和生动活泼的运动（跳舞、游戏、游行、示威、骚乱）等仪式化的联合，其目的就是要拴住青少年为它们的历史目标服务。如果社会在这方面失败了，这些模式就会以小集团的形式联合来进行严肃的运动、善意的愚弄、残忍的恶作剧和违法的斗殴等等。生命周期中没有任何其他阶段是把发现一个人自己的希望和失掉自己

---

① 在经典精神分析著作中，关于心理性欲和青少年自我防御的有：S. 弗洛伊德：《性学三论》(*Three Essays on Theory of Sexuality*)，标准版，卷7，伦敦，霍格思出版社，1953 年，第 130—243 页；A. 弗洛伊德：《自我与防御机制》，纽约，国际大学出版社，1946 年。更新的著作见 P. 布洛斯：《论青年期，一种精神分析解释》(*On Adolescence, A Psychoanalytic Interpretation*)，纽约，格伦柯自由出版社，1962 年。

的威胁如此紧密地相联的。

与运动相关，我们必须叙述两件工业上的伟大进步：动力机车和电影。当然动力机车是我们工业技术的中心和象征，对它的掌握是现代青少年的目标和抱负。与未成熟的青少年接触时，必须理解，动力机车和电影给予那些酷爱被动运动者以一种紧张而主动的令人陶醉的幻觉。少年中偷盗汽车和摩托车事件的盛行正遭到了大力反对（虽然公众要花很长时间才能理解偷盗是为了占有，而摩托车被年轻人偷去常常是为了寻找骑车时的那种陶醉）。然而，当"摩托万能感"正在受到大力鼓吹时，积极运动的需要仍旧没有得到满足。

电影给那些坐着的、情感机器飞转的观众在扩大的视野中提供极快的和猛烈的动作，其中还掺入一些暴力和性占有的特写镜头——丝毫也不需要智慧、想象和努力。我在此处指出青少年经历着广泛的不平衡，因为我认为它能解释青少年各种新的感情爆发并指出其对新的需要的掌握。这种掌握可由最新的舞蹈风格表现出来，它把机械的跳动与对节律的沉湎和仪式般的忠诚结合到一起来了。那飘忽的、允许他分散地与舞伴接触的乐曲加强了每一位跳舞者的孤独，似乎比那种两人粘在一起却又互不理解的虚假亲密更能真实地反映青少年的需要。

一种同时被内在的冲动和机械的不停息跳动所压倒的危险感，在部分青年时期可以得到部分的平衡。这一时期可以主动处理技术上的发展，并设法学会使之与发明的单纯性、生产的改进以及对机器的照管统一起来，由此而使青年的才能得到新的、无止境的运用。如果青年在这种技术上的体验被剥夺了，它就会以一种紊乱的行动爆发出来，如果缺乏这种才能，在技术学与非技术才能达到某种一致之前，就会感到与时代疏远了。

十多岁青少年的认知才能的发展，给他们的任务增添了一个有力的工具。皮亚杰（J. Piaget）称这种十四五岁青少年在认知方面的获得为"形式运算"的成就。① 这意味着少年能在假设的前提上进行运算，并能

---

① B. 英海尔德、J. 皮亚杰：《儿童期到青年期的逻辑思维的成长》（*The Growth of Logical Thinking from Childhood to Adolescence*），纽约，基本图书，1958年。

考虑到可能的变量和潜在的关系——仅只在思想上考虑，不依靠以前必需的具体核对。正如 J. S. 布鲁纳（J. S. Bruner）所说的那样，儿童现在可以"系统地想象出存在于任何既定时间内的整套交替变化的可能性"①，这种认知定向完成的不是反对而是补充年轻人发展同一感的需要，因为在一切可能的和可以想象得到的关系中，他必须对个人的、职业的、性别的和意识形态等方面所承担的义务做出越来越狭窄的选择。

多变和忠诚此时又两极分化了。它们使对方互有意义并保持活力。没有多变感，忠诚就会变成一种窘困和烦恼；没有忠诚感，多变就成了空虚的相对性。

四

面对一系列可能的同一性时，同一感就变得更为必要（也更成问题）了。在前一章里，我已指出这真正的条款是多么复杂。现在我们再加上这具有压倒一切意义的一致感（sense of sameness），一种可能被骄傲地视为不可逆转的历史事实的人格统一性。因此，我们已经把同一性混乱描述为这一年龄的主要危机，它可以把自己表现为过度推延的合法延缓期（哈姆雷特提供了极好的榜样），或者表现为想要用突然的选择来终止这种延缓期的反复冲突性尝试——那就是玩弄历史的可能性，然后否认某些不可逆转的义务承担已经发生，或者有时也表现为如上章所说明的严重的退化性病态。所以，正如其他阶段一样，这一阶段的主要问题是要保证主动的、有选择性的自我，负有并能够承担一种社会结构的责任。这一社会结构允许某一年龄集体有所需要的地位——即在其中被需要的地位。

威廉·詹姆士在给温德尔·霍尔姆斯的一封信中说，想要在他们的友谊中"使自己再受到洗礼"，这句话说出了社会觉知和社会需要青少年的基本倾向。从十四五岁时起，思考能力和想象能力已能超越青少年的个人

---

① J. S. 布鲁纳：《教育过程》（*The Process of Education*），剑桥，哈佛大学出版社，1960 年。

和个性所能深入的程度。青少年对所"代表"的并加以选择的人们作为有意义的巧遇的爱和恨，其所包含的问题确实大于"你"和"我"。哈姆雷特宣布他对他朋友霍拉狄奥（Horatio）的爱，这一宣布很快就被认为"在这儿太过分了"而破产。这是一个新的现实，为了它，个人希望和他的以及由他所选择的新的祖先和他的同辈一同获得再生。

这种常常被解释为与背叛或离开父母环境有关的相互选择，表达了一种真正的新观点，我称之为"历史的"——是一个有时可以使新意义特殊化的古老而又多重特殊化的词的一种松散用法。我用"历史的观点"这个词的意思，是指某些东西是人类只有在青年期才能发展的。它意味着一些有意义事件的不可逆性和在思想上发生的哪类事情可以决定其他事物，并为何如此。我们已看到，一些心理学家如皮亚杰认识到青少年具备这种能力，懂得只要回顾它的步骤从而在思想上追溯时，任何进程都能得到理解。然而说他能理解这样一种逆转便在现实中也能认识它这种说法并不矛盾，在一切所能想到的事件中，有一些事物（在人的事例中）不论应不应该，有意或无意，都受到历史宿命论的互相决定和限制。

因此，青少年对任何在生命史上或历史上以前毫无希望地被决定了的提示都非常敏感。从心理社会角度上说，这意味着儿童期不可逆转的自居作用会剥夺一个人自己的同一性；从历史上说，那种被赋予的权力会阻碍一个集体认识它的合成的历史同一性。为了这些原因，青少年常常抵制他们的双亲和权威人士，并希望贬低他们，因为在对个人和运动的寻求中，他们宣布能预言那些不可逆转的东西，由此而超越了未来——这意味着把它颠倒过来，这又转而说明了青少年接受那些预言宇宙进程和历史倾向的神话和空想的原因。因为即使是聪明的和实际的青年，也希望这些更大的结构能固定下来，以便他能专心致志于一些他能处理的细节，只要他知道它们代表着什么。由此，"真正的"意识形态便被历史所证实——在一段时期内，因为如果它们能鼓舞青年，青年便能使预言的历史超过真实的历史。

在指出在青年头脑中人"代表"什么时，我并不想对青年过分强调那些被他们崇拜的人的意识形态的明确性。对有意义的人的选择可以在某些指定的实例，诸如受教育、职业选择以及宗教和意识形态的志同道合的选择框架中进行，而选择英雄的方法则可从平庸的礼节和敌对直到危险地玩弄健全与合法的边缘。但是当个人比自己表现得更强，他们的潜能又为等级所需要时，一般的情况就会有一种相互估量和相互承认的渴望。成人世界中的这些代表可能是技术精确性、科学调查方法、令人信服的真理演讲、公平的准则、艺术真实性标准，或者是个人真诚方式的倡导者和实践者。他们在年轻人眼中成为杰出人物的代表，完全不顾家人、公众或警察是否这样看待他们。这种选择可能是危险的，但是对某些青少年来说，这种危险也是试验的一个组成部分。基本的东西都是危险的，如果青少年不能过分献身于危险，他就不能让自己献身于真正有价值的生存——心理社会进化的主要推动的机制之一。基本的事实是，只有当忠诚找到它表现的场所时，人类才可以依赖它自己的翅膀在生态学等级中找到成人的位置，在自然中安顿下来。

如果在人类青年期这种表现的场所变成了极端遵奉或极端乖戾，或者重新献身或叛逆时，我们必须记住人在情况变化中起反应（在他的青年期反应最为紧张）的必要性。在心理社会进化的背景中，即便在不同的历史条件下，我们也能把长期的意义归于特异的利己主义者，归于反抗，也可归于遵奉者。因为健康的个人主义和忠诚的偏离在有待恢复的整体性中包含着一种义愤，没有这种义愤，心理社会的进化就会遭到毁灭。因此，人类在适应方面有它的忠诚的偏离者，也有它的反抗者，这些人与通常一度被称为"人的情况"相适应。

在某些特殊人身上，忠实的偏离和同一性的形成常与神经症和精神病症状相联系，或者至少也与在青年期所遭受的一切疏远中相对孤立的延长了的合法延缓期有关。在《青年路德》一书中，我努力把一个青年的苦难放在他的伟大与他的历史地位的前后关系之中。① 然而，不幸的是，这类工作未能答复对许多青少年来说仍是最迫切的问题，那就是：特殊天赋与神经症的确切关系。我们只能说在一个人的天赋独创才能和他的个人冲突深层之间存在着一种内部的关系。但是传记详细记载的一个人一生中的独创性或者伟大，对现代有深刻矛盾又有创造天赋的人来说毫无帮助且可能

---

① E. H. 埃里克森：《青年路德》，纽约，W. W. 诺顿，1958 年。

引起混乱。不论是好是坏,我们现在的确有了精神病学的启发,而且确实还有一种联合一切其他因素造成同一性混乱的自我意识的精神病形式。因此,要提出青年路德的天才究竟是否会比他的精神病更为久远这样的问题,是没有多大意义的。同样,把我们当代年轻人的疑惑与我们这"治疗的"年代以前所经历的那种踌躇相比较,对我们当代青年也是没有多大帮助的。这样说也许显得有点没良心,但是现在的独创性和创造性都不得不去碰碰我们的最主要价值的运气——也包括去碰碰是接受治疗还是拒绝治疗的运气。同时,可以找到一个简单的测验,可以问他自己,在他可控制的一些复杂因素中是否还有一种神经症,是否因此而坏一些。在这种情况下,接受由继发的被动范畴回到原发的主动范畴的帮助并不是降低身份和危险的。独创性能自己照顾自己,但无论如何,如果它否认有帮助的需要,它也将难以成为同一性的支柱。

五

再一次回到精神病学的历史上来:在一个青年神经症的经典病例中,弗洛伊德刊布了他与一位18岁的患有最一般症状的轻微癔症的女孩相遇的经历,有趣的是在治疗结束时,弗洛伊德为这个女孩到底需要他"哪一种帮助"感到困惑。他已告知了她关于她神经症错乱结构的解释,这一解释已成为他有关癔症形成的心理性欲因素这一经典著作的中心主题。① 弗洛伊德的临床报告几十年来仍很新颖,时至今日,他的病案史清楚地说明了这个女孩有关忠诚的故事的心理社会中心。事实上,人们可以说,不太严格的话,三个字就可以表示出她的社会历史特性:在她生活中某些最重要的成人的性的**不忠实**(infidelity);她父亲否认他的朋友企图诱惑她时的那种**背信弃义**(perfidy),这种诱惑的企图实际上正是促使她发病的原因;这女孩周围所有成人方面的一种奇怪的倾向,使这女孩成为所

---

① S.弗洛伊德:《一个癔症病案分析片断》(*Fragment of an Analysis of a Case of Histeria*),标准版,卷7,伦敦,霍格思出版社,1953年版,第7—122页。

有事物的**信任者**（confidante），却对她认清有关自身疾病的真相没有足够的信心。

当然，弗洛伊德也注视着一些其他的问题，以一个精神病医生的专注，把她的症状和它们的象征意义集中起来；但是，也像往常一样，他只报告了他感兴趣的一些资料。因此，在使他迷惑不解的那些问题中，他报告说病人"一想起别人猜疑她仅只是幻想这个念头就几乎要发疯"，（由此创造了）一些使她发病的情况，还说她一直"焦急地想要确信我对她是否很坦率"——或者像她父亲那样背信弃义。当最后她离开了分析者和分析，"以便能带着她所知道的秘密去面对她周围的成年人"时，弗洛伊德认为她这种敢作敢为的信赖是对他们和他的一种报复行动。在他一切解释的总趋势中，这一部分解释也是能站住脚的。然而，我们现在能看得出来，对历史真实的坚持比对内在真实的否认有更多的意义，在青年心中尤其如此。因为到底是什么不可逆转地确定他们成为忠诚的或欺骗的、病态的或反叛的类型这一问题，在青年头脑中是至关紧要的。再一个问题——他们憎恶使他们害病的那些条件是否正确——对他们来说也和看透他们疾病"更深"的意义同等重要。换句话说，他们坚持自己害病的事实在历史真实的系统阐述范围内求得再承认，而这种历史真实超过它本身，指向可能是新的、改变了的条件，而不是按照希望他们适应或恢复理智〔如杜拉（Dora）的父亲把她带到弗洛伊德那里时说的那样〕的陈腐的环境条件。

毫无疑问，杜拉那时是一个癔病患者，她的症状潜意识的象征意义是心理性欲的。但是在这个病例中，她的失调和突发事件的性方面性质不应使我们视而不见，在一切能联想到的性的情境中，不忠诚是一个普遍的主题，我们不应该看不见，其他的不忠诚（以其他形式出现的家庭和社会的背信弃义）也能使青年在其他年龄和其他地方以各种不同的方式致病。

事实上，只有到了青年期，系统的病症形成能力才能发生：只有当心灵的历史功能巩固了，有意义的遗漏和抑制才能变得明显，才足以引起连贯的病症形成和明显的性格变形。倒退的深度决定着病状的严重程度，并根据它采取治疗措施。虽然癔症作为一切神经症苦恼中的"最高者"，对各个组成部分较少恶意并且甚至有点故意做作,然而在第四章中,对一切有病青年的共同病理的描述,在杜拉的整个情况中都能清楚地看得出来。这一描述的特征是拒绝承认时间的流动,而一切双亲的前提都要重新加以考证。杜拉患有"可能并不完全是真正的生命的厌倦",但是这种减速(slowing up)使疾病延缓期本身告一结束。我们说,此时死亡和自杀能够变成一种谬误的成见——"不完全是真正的",然而有时也会导致无法预言的自杀。杜拉的双亲发现"一封向他们告别的信,因为她再也不能忍受生活。她父亲……猜想这女孩的自杀打算并不很坚决"。这样一种有限的决心,很可能在生命还没承担成人的义务之前就结束了。另外,还有一种排除任何团结感的社会孤立。杜拉"想要避免社会交往",并且是"冷漠的"和"不友好的"。神经症患者可以与同一性形成的最初步骤伴随发生的这种强烈遗弃的突然发作,可以转而对付自己——"杜拉既不满意她自己,也不满意她的家庭"。

一个被遗弃了的自身(self)也不能提供忠诚,当然,也害怕爱和性接触的融合。与这一情境经常联系着的工作抑制(杜拉患有"疲倦"和缺乏"集中"的毛病),实际上是事业的抑制,因为技术和方法上的努力都被怀疑总是通过这一活动将个人与任务和地位结合在一起,由此任何真正的合法延缓期就成为不可能的了。只要形成的是一些不完全的同一性,它们就会成为高度自我意识的,而且立刻受到考验:杜拉明显地希望击败自己,怀有成为知识妇女并与成功的哥哥竞争的愿望。这种自我意识是势利的优越感——认为自己真的过分有益于他的社会、他的历史时期或确实有益于这种生活——和同样深刻的自卑感的一种奇怪的混合。

六

我们已概述了青年精神病理学的最明显的社会症状,部分指明了神经症症状的潜意识意义和情结结构总是伴随着一种如此公开的行为情境,以致有时人们会怀疑病人诉说这么简单的事实是否在撒谎,或者诉说事实时明显地在回避事实真相。回答是人们必须聆听他们在说些什么，而不仅仅只是听他们叙述中所隐含的象征。

在所提到的概述中，也对孤独的青年患者与那些为了想通过比他们年龄大些的人解决自己的疑虑而加入了不正当的小集团或团伙的青年作了比较。弗洛伊德发现"精神神经症可以说是反常的否定"①，它的意思是说神经症患者遭受反常者力图要"活过"（live out）的倾向的压制。这一公式可用于这个事实：孤独患者想用退缩的方法解决不正当的小集团的参与者试图用阴谋解决的问题。

如果我们现在转向这种形式的青年病理学，历史时代不可逆转的否定，似乎表现在集团或团伙带着完全是它自己的传统和伦理标准而自命为"人民"或"阶级"。这类团伙的假历史性质在"那伐鹤人"（The Navahos）、"圣人"或"爱德华七世时代的人"等名称中表示出来，而一旦谋杀事件发生过多，一旦这些"秘密社会"只是一些缺乏任何组织目标的一时风尚时，他们的挑衅就会引起社会对他们无可奈何的愤怒，交织着一种病态性畏惧的过分关注和紧接而来的恶意压制。但是他们表现出一种不易受攻击的内在冷漠的正确感。这是每一个成员在心理逻辑上的需要，也是他们团结一致的基础，这一点可以从孤独青年的烦恼与集团参与者因其能被接纳进入假社会（Pseudosociety）所得的暂时收获的比较中理解清楚。孤独者由于不能正视事业而感到时间漫长的毛病，因参与者对工作——偷盗、破坏、斗殴、谋杀或变态性行为和吸毒上瘾——的专注而"治愈"了。这种工作方向也照顾到那些工作抑制（work inhibition），因为这些集团或团伙的成员，即使仅只是"四处溜达"，他们也常常是"很忙"的。他们那种在任何羞辱的控诉下缺乏退缩的准备，被认为是个人的全部沉沦的记号，而事实上这是一种商标，是这种"种"的真实徽章，大部分处于经济和道德破产边缘的年轻人宁愿隶属于这种"种"，一直至死，而不愿到一个迫切想把他定为罪犯然后又去"改造"他的社会里去碰运气。

---

① S. 弗洛伊德：《一个癔症病案分析片断》（*Fragment of an Analysis of a Case of Histeria*），标准版，卷7，第50页。

至于孤独者对两性的苦恼感情或对爱的不成熟需要,年轻的参与者在社会的变态中由于参与者这一行为本身就做出了明确的决定:男孩是凶猛的男性,女孩是没有柔情的女性。在这种情况下,他们可以既否认爱情,也否认繁殖,把它们看成只是生殖的功能,只能留下一种半反常的假文化。由于同一特征,他们只承认加入这一行动中挑选出来的武断的权威,而抛弃法定世界的一切权威;另一方面,孤独者在抛弃存在的同时,也抛弃了他自己。

重复这些比较的理由出于对忠诚的共同特性:孤独患者的无能追求是对自己的忠实,参与者的努力尝试则是对其团伙和它的徽章、准则的忠实。在此我并不想否认孤独者有病(他的身体和精神症状已经证实),也不想否认参与者会走上犯罪的道路(他的越来越多的行动和选择也已经证实)。然而,如果对忠诚的需要(接受或给予)不被理解,相反,尤其当一些改造或治疗权威用一切行动证实这举止异常的青年会成为未来罪犯或终身病人时,无论是理论或治疗都会缺乏适当的力量。

被迫走到极端的年轻人最后在退缩或犯罪中会比在社会所给予他们的任何事物中找到更大的同一感。然而我们低估了这些青年对整个社会对他们评价的内在敏感性。正如法克纳所说的那样,"有时候我认为并不是我们中间没有人完全疯狂,也并不是我们中间没有人完全神志清醒,一直要到我们用那种平衡方式来谈论他"。如果"我们的平衡"诊断这些青年为精神病患者或罪犯,以便能对他们进行有效的处置,它可能就是消极同一性形成的最后一个步骤了。社会对很大一部分青年仅只提供了这唯一令人信服的"证据",对那些被如此证实了的青年、团伙就自然成了他们的亚社会。

在杜拉的病案中,我曾设法指出有关忠诚需要的现象学。至于少年犯罪者,我则只能再引用一段报纸上的报道,K. T. 埃里克森和我曾用了这个例子作为我们"少年犯罪者的证据"一文中的导言。①

---

① E. H. 埃里克森、K. T. 埃里克森:《少年犯罪者的证据》("Confimation of the Delinquent"),见《芝加哥评论》,卷 10,温特,1957 年,第 15—23 页。

法官因顶嘴强判服路役

上威尔明顿，一个穿着陀螺裤、剃着平头的伶俐小伙子，为了反驳错误的审判，今天起开始服六个月的路役。

米契尔·琼斯，20岁，威尔明顿人。由于超速行车在E.J.罗伯特法官的少年高级法庭被罚以25美元。但他却没能好好地独自离去。

"我懂得像你这样穿着陀螺裤、剃着平头是怎么回事，"罗伯特在确定罚款时说，"你这样下去，我敢预言不出五年你就会进监狱的。"

当琼斯去付他的罚款时，他偷听到监督缓刑犯官员G.史密斯告诉法官，这个"伶俐"的年轻人有多么麻烦。

"我只不过想告诉你我不是一个贼，"琼斯向法官打岔说。

法官对着法庭书记吼了起来，"把判决改为服六个月路役。"

我引用这个故事是为了进一步说明，法官在这个案件中（法官和案件与大量其他案件并无不同）的解释是对权威神圣性的当众侮辱，这也很可能是一种不顾一切的"历史的"否定，企图说明真正的反社会同一性尚未形成，还留有足够的歧视和潜在的忠诚可以由那些想要利用它们的人来加以利用。① 然而相反，这青年和法官所做的很可能封闭了这一不可逆性而巩固了判决。我说很可能，是因为我不知道在这个案件中发生了什么，然而，我们都确实知道，青年犯罪的重犯率高，是因为正当他们在同一性形成的年龄时，社会强迫他们产生了对狠心的罪犯的独一无二的自居。

---

① 1967年1月24日，当我重读这则新闻时，伦敦《泰晤士报》报道了下述对一个否定建议的自我证实。一个有希望继承4万英镑的23岁青年陷入了严重的烦恼。按照他养父的遗嘱，这笔财产可以在他48岁时归他所有。"只要他不判刑并入狱两年或两年以上，"法官说，"这个条件具有使人震惊的效果，使得他对自己和社会变得完全无用了。"这个年轻人确已被判达15个月的徒刑（因为接受偷来的支票），这时刑事上诉法庭明显地注意到这个年轻人身上表现出某种使自己目标不能实现的冲动，遂改判他缓刑三年，但必须送进精神病医院治疗。

但是，哎哟，仅仅两个星期，他就因为在病室分发毒品而被医生患者委员会开除了。裁决说："做这种事的人是不愿意留在此地的。"这个年轻人会成功地实现他的养父的遗嘱吗？

七

青少年的精神病理学可以使我们联想到我们在这一年龄阶段发现的进化和发展方面起作用的一些相同问题。如果我们回顾历史，不可忽视的是，有时候各种不同的政治性秘密组织，能够而且确实不仅利用了任何新一代寻求新主义的那种对忠诚的"确实的"需要，而且还利用了那些因想要发展任何信仰的需要都被完全剥夺而积累起来的愤怒。社会的更新可以利用并挽救社会的病态，正如个人的特殊天赋可以与神经症联系并挽救神经症一样。然而，青年期作为一个中间状态，一切年轻人的忠诚、勇敢和机智都能为蛊惑者所利用，而一切思想意识上的理想主义保持着青少年所特有的成分，这种成分在历史现实发生变化时就仅仅变成了托辞。

忠诚就像有纪律的献身那样，能在青少年所从事的各种经历中获得，只要它们能显示出青少年所要参与的那个时代的某些方面的本质——如传统的受益者和捍卫者、工艺学的实践者和发明者、道德力量的更新者和变革者、破坏旧事物的反叛者和那些有狂热信奉的偏离者。这至少可看成是心理社会进化中青少年的潜能。如果这听来可能像是任何青少年唱高调的自我妄想的合理化认可，任何自我放纵冒充的热忱，或者是对盲目破坏的任何正当借口，则至少可以使随之而来的巨大浪费像任何其他人类适应的机制那样容易被人理解。如前面所提出的，我们对于这些浪费的过程，只有在"临床上"把青年的现象追溯到幼儿期发生的事件、归结到驱力和良心的两分法，才能部分地得到进一步的理解。我们也必须理解青年期在社会和历史上的作用，因为青年的发展包含了与重要人物和意识形态力量的一套新的自居作用过程，从而使这新的自居作用接受了年轻心灵中的力量和（我们现应详细说明的）弱点。

在青少年心中，生命史和历史是交叉的。个人在他们的同一性中得到证实，而社会在其本身的生活方式中得到更新。但是这一过程也包含了一种青年思维方式和对人类历史和思想前景的青春热情的永存，还包含了一种成人理智与理想主义信仰之间的分裂，这在政治和宗教的演说中表现得特别明显。

在第二章中已指出，历史的各个过程在儿童期就已进入了个人的核心。过去的历史一直活在理想的和邪恶的原型之中，它指导着双亲的意象，为神话故事和家庭传说、迷信和闲谈，以及早期识字课本的简单故事增添色彩。历史学家们一般不重视这一点，他们仅仅叙述那些独立存在的历史观念的斗争，而不关心这一事实，即这些观念渗入各代人的生活之中，并且通过年轻人的历史意识的日常知识和训练而再现：经过宗教和政治的、艺术和科学的、戏剧的、电影的、小说的等神话制造家们——所有这一切都有意无意地、负责不负责地对青少年所吸收的历史逻辑做出了贡献。现在至少在美国，我们还要加上精神病学和社会科学，在全世界还要加上报纸，它迫使一切重要的事情公开化，并加上报道的歪曲和编辑的反应。

我们说过，进入历史，每一代青少年都必须找到与他自己童年相一致和与能看得到的历史过程的思想前景相一致的同一性。但是到了青年期，儿童时代依靠的台子慢慢地转动了，已经不再是仅仅由老人来告诉年轻人生活的意义了。现在是年轻人通过他们的反应和行动告诉老年人，呈献给他们的生活是否大有指望，正是青年人有力量说服那些想要说服他们的人，有能力复兴和改革，抵制那些腐败了的东西，以及革新和反抗。

由此便有了一些在这方面或那方面"与青年一致"的"青年领袖"。我曾说过，哈姆雷特是一个夭折的意识形态方面的领袖。他的戏剧综合了形成成功的思想领袖的一切因素：他们常常都是些后期青年，把他们延长了的青年期的矛盾变成感人的超凡魅力的两极，有着深沉矛盾的人通常具有的不可思议的天赋和运气，他们用这些给整代的危机提供了他们个人危机的解决——正如伍德罗·威尔逊（Woodrow Wilson）所说的那样，常常"爱上了大规模活动"，常常感到他们的一条生命应当放在所有的生命中去计算，常常认为使他们作为青年人而心绪不宁的是一种咒语、一种崩溃、一场地震、一次雷电——总之，是一种对他那一代和许多下一代人共有的启示。他们那被选中了的、违反了他们意愿的谦虚说法并不排除一种对普遍权力的希望。50年后，克尔凯郭尔（S. Kierkegaard）在他的精神独白的日记中写道，"全世界会谈到我的日记"。他并没有必要带着一种胜利感，他可能已意识到即将来临的群众意识形态的死结将会引起为类似于孤立、存在主义的思想意识做好准备的真空状态。我们应当研究（我在对青年路德的研究中已提到过）思想领袖们对历史究竟做了些什么这一问题——到底他们是先追求权力然后才面临精神上的不安呢，还是先有了精神上的毁灭才去寻求普遍的影响。他们的回答往往归结到各个转折时期——由于新发明和武器带来的危险，从儿童期典型的时代创伤所引起的焦虑，对自我局限存在的恐慌——使人们，尤其是青年人不安的更为广泛的同一性这一标题之下。

258

试想，要给予这样一个唯一的答复，难道不需要一些勇敢和小心谨慎的特殊感觉吗？难道不可能在这些最热情的思想家中就有一些顽固守旧的青年，在把他们短暂的自我恢复的骄傲时刻、他们战胜生存和历史力量的暂时性胜利传送到他们思想中时，也传送了他们最深刻的孤独病态、他们永葆青春的自我防卫——以及他们对成年期那种平静的畏惧吗？"活过了40岁"，陀思妥耶夫斯基（F. Dostoevsky）的秘密日记中写道，"就不是滋味了"。它保证历史的和心理逻辑的研究看得出某些最有影响的领导者，在中年时是如何背离了他们的父母身份和领导而转向绝望的。

很明显，现在除了具有人本主义传统的知识青年以外，一切对意识形态的需要正开始处于意识形态从属于即使是美国的梦想和马克思主义的革命都即将遇到的工艺学的超同一性之中。如果它们的竞争能在导致两败俱伤之前就停止，很有可能一种新的人类因看到它既可以大规模进行建设、也可以大规模进行破坏，而集中它的智慧（女性和男性一道）于人类世代以来有关伦理问题所做的工作——超越生产、权力和思想。意识形态在过去也包含了一种伦理的纠正，但是一种新的伦理学最终应当超出意识形态和工艺学的联合，因为最大的问题将会是人怎么在伦理和生殖的立场上限制对技术广泛扩张的利用，即使它能在一个时期内提高声誉和利益。

道德规范的生存或迟或早可比自身更为经久，伦理学却绝不可能，这是因为对同一性和忠诚的需要随着每一代而再生所致。道德在道德的意义上可以以迷信和不合理的内在机制为基础表现出来，事实上，它从来就动摇着一代一代人的伦理结构，但是旧的道德只有在新的和更为普遍的伦理学盛行时才逐渐消失。这种智慧是许多宗教力图用语言传达给人的。它顽

259

固地墨守着这些仪式化了的语言，即使它仅仅只能模糊地理解它们，并在行动上完全不顾及它们甚或反其道而行之。但是在这些古老的智慧中，有很多现在可能已变成了知识。

因为在不久的将来，不同种族和有着不同过去的民族最终会联合成为一个人类的同一性，他们只有在科学和技术的工作中才能找到最初的共同语言。这反过来又可以很好地帮助他们，使他们对传统道德的迷信成为可以理解的，并且可以使他们通过一个历史时期迅速前进。在这一时期中，他们必须用无效的新民族主义的超同一性来代替那已被过分使用的历史同一性弱点。但是他们也必须看到现在"建立的"世界的主要意识形态的前景，给它们以仪式般的面具来恐吓和吸引它们。这压倒一切的结果并不是新意识形态的产物，而是由普遍的技术文明中生长出来的普遍伦理学所产生的。这只能由那些既不是思想型的青年也不是道德型的老人的男女来加以促进。但是他们知道从一代到另一代，你所产生的东西的验证就是它所激起的关心。如果有任何机会的话，它只存在于一个比一切说古论今的神话更富于战斗性、更为有效、更受尊敬的世界之中，它存在于历史的现实之中，最后在伦理上受到关注。

第七章 妇女气质和内部空间

一

大量经济的和实际的理由，使妇女在现代世界中的地位引起了严重的忧患意识，但也有更难以理解和更阴暗的理由。那无处不在的核威胁、那对外部空间的介入和不断增加的全球性交往，都使人们对地理空间和历史时间的感觉发生了完全的改变。由此，在人的新的意象中，引起了对性别同一性重新做出评定的必要性。我在此不能用以前那种战争与和平的语调来提及两性之间的联合与对立，这是有待于历史去书写和发现的。但是有一点很清楚，人为的毒害从外层空间潜入妇女子宫中未出生胎儿的骨髓的这种危险，突然带来了一件男性的重要的紧急任务，那就是，要把不时的、较大的、较好的战争所引起的矛盾"解决"在它自己的范围之内。提出的问题是：没有母亲们的代表参加那些制造意象和做出决策的会议，像现在全世界存在着的这样一种毁灭的潜力是否还会存在下去。

核时代的特殊危险明显地把男性领导们带到了适应性的想象的极端。这种优势男性同一性的基础，是喜爱"什么起作用"以及人能制造什么，而不论它是有利于建设还是破坏。正因为这样，仅仅为了保存人类而去牺牲某些技术胜利的高峰或是政治上的霸权，对男性同一性显然是没有吸引力的。确实，一个美国总统不得不说，而且还说得很有感情，"一个儿童并不是一项统计资料"；然而他那迫不及待的恳求中明显地流露出了一种对新的政治和技术伦理学的需要。只要妇女能公开地发表她们私下所维护的进化和历史方面的东西（操持家务中的现实主义、抚育下一代的责任心、保持和平方面的足智多谋和治愈伤痕的忠诚），而且能取得决定权，她们可能会在最广泛的意义上给政治加上一种伦理的约束力量。

　　我想，有许多男人和女人公开地希望这样，还有更多的人秘密地希望着。但是他们的希望与技术文明的主要倾向以及深刻的内部抵抗相冲突。自封的男人在"授予"妇女以相对的解放时，仅仅提供了他那自封的意象作为可与之平等的模型，于是妇女如此赢得的自由，现在大部分似乎被用于限制了的事业竞争、标准化了的消费和紧张的家务操持中了。从而妇女在很多方面，就在唯独男人有机会进行培养和偶像化的类型学和宇宙论中，保持了她的位置，然而平等的权利在妇女最关心找到表达自己的公开影响和她们在权力游戏中的实际作用等方面，绝没有找到相等的表达。鉴于巨大的一边倒优势正威胁着要把人变成他成功的技术的奴隶，现在男人和女人的时髦论题是，妇女是否能够和怎样才能充分变成"充分的人"就真正成了宇宙的拙劣的模仿，从而使人们再次幽默地想起上天众神。到底什么是"充分的人"和谁有权力把它授予谁这一问题本身指出，对人性潜能中男性和女性的讨论应当包括一些很基本的问题。

　　因此，在接近它们时，我们不可避免地要探讨某些情感的反应或妨碍一致讨论的抗力。我们都注意到了这一事实：在讨论妇女的本性或教养时，几乎不可能不引起赞成或反对一切太时新的解放的标语。道德的热情比变化的情况保持得更久，男女平等主义者的猜疑监视着任何人企图对妇女的独特性做出明确的表示，似乎通过独特性他就可以说明天生的不平等了。然而对许多妇女说来，要她们清楚明白地说出她们感受最深的是什么，似乎是一件十分困难的事，她们也很难找到适当的词汇来表达那些对她们说来最现实、最敏锐的问题，不是说得太多就是说得太少，不是带着蔑视就是不断道歉。有些妇女观察和思考问题生动而深刻，却似乎缺少对自己天生智慧的信心，她们似乎害怕在最后的对抗中，别人会发现她们没有"真正的"智慧。甚至一些成功的学术竞争也无法纠正这一点。因此，一当妇女感到不自在的时候，她们仍旧很快地被引诱回到"她们的地方"去了。妇女领导者们之间的相互关系，以及她们和她们的妇女跟随者之间的关系，似乎是另一个主要的问题。我看到"领导的"妇女们太倾向于用一种反复无常的、说教的、尖锐的方式进行领导（似乎她们同意只有特殊的、坚强的女人才能思考），而不情愿去听取那些犹豫不决的妇女们探索着想要说的话、愿意拥护的事物，了解她们希望如何利用她们在世界事务中的平等声音，也不愿意向她们说出自己的意见。

另一方面，许多男人对那些新"男女平等论者"在反应上的犹疑不决，以及其他一些人在反应上的焦躁不安，在许多层次上都做出了解释。无疑，在许多男人中存在着一种诚实的感觉，想要不惜一切代价挽救性别的极性、致命的紧张和最重要的区别，他们害怕这些东西会丧失在过多的相似性、平等和均等以及过多的自我意识的谈话之中，而且男人的防御性（此处应包括那些受到了最良好教育的人）是多方面的。只要男人需要，他们就要去唤醒这种需要，既不同情也不要求同情。只要男人无所需要，他们就发现难以同情，尤其是当这种同情需要在自己身上看到别人，在别人身上看到自己，当这种混乱勾画的恐惧因此容易同时扼杀别人的快乐和对相似性的同情时就更是如此了。还有一个理由是，只要支配的同一性依赖于支配，就难以对被支配者给予真正的平等。最后，只要一个人感到被揭露、被威吓或被逼得走投无路，是难以变得明智的。

这一切都有其久远的心理原因。似乎有一些如此奇特的主题，正常人常会忽视它们而且情愿背离它们。在这些主题中，日常的奇迹、怀孕、生孩子等心理上的变化和情感上的挑战，从儿童期、青年期直到以后都扰乱着每一个人的安宁。在人叙述他的文化和历史时，他仅把这当作一些必要的插曲。他习惯性地把人的生存归于男人们计划的值得骄傲的一致性，而不记得这一事实：当每一计划经受考验和许多计划被付诸实施时，妇女们总是去迎接将某些本质保持在一起、重建和养育重建者的各种挑战。一种新的男性和女性、父亲的和母亲的平衡，不仅在两性相互关系的暂时性变化中预示出来，而且也可以在遍及科学、技术和真正的自我监督的进步的更广泛觉醒中看出来。然而在现代气氛的讨论中，仍要求我们从一开始就认识到，由于想对这些问题获得部分理解，古老立场中的矛盾心理和模棱两可的言语更容易暂时加强而不是减弱。

二

  在对一个叙述得如此不完全而又总是非常现实的问题进行讨论之前，还有一个问题需要考虑。每一个工作者总会而且必须从他的立足点开始。但是每当他开始时，总容易像一位佛蒙特农夫遇到一位问路的车夫时所说的那样："唔，如果我想要到你想去的那地方，我是不会从这儿开始的。"

  我现在在这儿，这就是我必须开始的地方。我在《青年期：变化与挑战》① 一书的序言中指出，那个最初的特别专题集没有能够——然而布鲁诺·贝特尔海姆（Bruno Bettelheim）做了坚决的开端——充分发展女性青年同一性的问题。我感到这是个理论上的严重障碍，因为研究心理发展的学生和精神分析的实习生都知道，整合的女性同一性出现的这一至关重要的生命阶段是从青年期直至成熟的一个步骤。年轻妇女放弃了从双亲那里接受照顾，以便能委身于一个陌生人的爱恋，并对他和他的后代给予关怀和照料。

  我曾指出，忠诚的接受和给予的心理和情感能力标志着青年期的结束，而成人期却是与爱和关怀的接受和给予的能力一道开始的。因为生殖力量（我指的是各种不同人类价值系统的基本倾向）依赖于一个过程，通过这一过程，两性的年轻人发现了他们个人的同一性，在亲密、爱恋和结婚中把它们融合在一起，使他们各自的传统得到新的活力，共同创造和"培育"下一代。早年生活中发展起来的任何性别差异和倾向最后都变得两极分化了，因为它们必须成为标志成人期的整个生产和生育过程的一部分。但是由于妇女的躯体结构蕴含着一个"内在空间"，命中注定了要为某些挑选出来的男人生育后代，并因此而具有生物的、心理的和伦理的义务去照顾婴儿。妇女同一性的形成有什么区别呢？难道承担这种义务的素

---

  ① E. H. 埃里克森编：《青年期：变化与挑战》（*Youth：Change and Challenge*），序言，纽约，基本图书，1963 年。

质（不管它是否与事业相联结，甚或在真正母亲期是否被意识到），不正是女性忠诚的核心问题吗？

妇女的精神分析心理学并不"从这儿开始"。根据它的起源学方向，即从一个问题的起源就努力推测其意义，它是从分化的最早体验开始的。这种分化大部分是从妇女病人与她们的妇女期和似乎是命中注定的永恒不平等的不一致重建起来的。然而，由于精神分析方法只能对严重的患者（不论是成人或儿童）进行工作才能得到发展，所以有必要接受临床观察作为调查研究的出发点，以研究当小女孩观察到性别差异时，她能知道什么是能观察到的事实，她能通过视觉和触觉了解到一些什么，她能感到什么是极度的愉快和不快的紧张，或者通过认知或想象的方式能推断出或直觉到一些什么。我认为下面这种说法是公平的：精神分析对妇女气质的观点强烈地受到临床医生最初的和基本的观察这一事实的影响。他们的工作就是理解病情和提供治疗，在必要时则使用男性的感情移入方法来理解妇女的心灵，提供有启发作用的社会精神气质，即"接受现实"。根据这一历史性的见解，在一些恢复了健康的小女孩的生活中，他们主要看到的，是一种想要观察什么是能看到的和掌握的东西的努力（这是男孩子具有而女孩没有的），以这一观察为基础得出了极富成果的"幼儿性欲论"。

从这一观点出发，两个性别的儿童或迟或早会"知道"有一个性别没有阴茎，代替它的是一个伤痕似的孔，这一最明显的事实导致了妇女本性和教养的一般化。然而，从适应的观点看，除了在极尖锐和短暂的困扰时刻外，要说观察和感情移入能如此集中于并不存在的东西上面似乎并不太合理。在一切情况下，小女孩总倾向于观察比她们大的女孩和妇女及雌性动物来证实有一个内部的身体空间——具有生产的和危险的潜能——这一事实确实存在。人们在此不仅想到了怀孕和生育，同时也想到了哺乳和丰满、温暖、慷慨的女性体格的一切凸出部分。人们很想知道，女孩们对一些观察得到的如怀孕和月经等症状是否会和（某些）男孩那样被弄得不知所措，或者她们是否把这些观察吸收到了女性同一性的雏形之中——除非这些自然现象被有意地隐瞒起来。无疑，现在对儿童期各个阶段的观察资料都将用当时所用到的认知方法加以解释，并将赋予当时最普遍的冲动。

梦幻、神话和迷信证实了阴道（对于两性来说）具有而且一直有一个吞噬的大口、排泄的括约肌和一个流血的伤口这种含义。然而，我相信，成为一个男人或一个女人的累积的经验不能完全依靠可怕的类比和幻想。感官的现实和逻辑的结论是动觉经验和"有意义"的系列记忆所给予的形式，在这整个背景中，一个生产的体内空间安全地被放置在女性形体的中央比那失掉的外部器官有更大的现实性。

如果我从此处开始，那是因为我相信对性别差异的未来阐述，必须最少要包括后弗洛伊德时期的见解，以免屈服于前弗洛伊德时期的压抑和否认。

三

我在此提出一套对孩子们的观察，它可以无言地表达我的观点。这些孩子都是加利福尼亚州的男孩和女孩，年龄是 10、11、12 岁。他们每年两次来加利福尼亚大学的"指导学习班"进行测量、会谈和测验。这个观察表现了这个学习班班主任 J. 麦克法兰（J. Macfarlane）的女性天才。20 多年来，孩子们（和他们的父母）不仅按时来到这里，而且很"热忱地"——用 J. 麦克法兰最喜欢的话说——很少保留地说出他们的思想。这意味着他们确信作为成长的个人被正确评价了，并热衷于表明和证实知道了有用和对别人有帮助的那些东西。由于在加入加利福尼亚学习班之前我已经从事解释游戏行为——一个可以帮助我理解我的小病人无法用言语表示的非言语的方法，我决定要从每一个孩子那里获取若干游戏结构，然后把它们的形式和内容与其他资料相比较。在两年多的时间里，我接见了 150 个男孩和 150 个女孩，每人三次，每次都给他们提出要用玩具在桌上制造"一场戏"的任务。玩具都是很普通的——一个家庭，一些穿制服的人物（警察、飞行员、印第安人、僧侣等等），野兽和家畜，家具，汽车等，但是我还提供大量的积木。孩子们被要求想象这张桌子是一个电影演播室，玩具是演员和道具，而他们自己则是电影导演。他们必须在桌上安排"一场想象电影中的一个激动人心的场面"，然后说出情节。给情节录了音，给场面拍了照，孩子们则受到称赞。还有必要说明：不给"解释"。①

然后观察者将这些个人的结构与这孩子大约10年来的历史资料加以比较，来看它是否能对这孩子的内部发展的主要决定因素提供某些线索。整个说来，它是有帮助的，但它还不是此处要说的重点。这个实验还可以将孩子们相互之间的游戏结构加以比较。

有少数孩子在进行这一工作时带有某些轻蔑的态度，以为这样的事情不值得像他们那样有了十几岁年龄的年轻人来做。但是所有穿着深色裤子和鲜艳的连衣裙的聪明和自愿的年轻人，都被一种想为人服务和想使人高兴的热忱吸引到这一挑战中来了，这种热忱在这个学习班中已蔚然成风。他们一旦卷入，这工作的某些特点就发生作用并指导着他们了。

很明显，在这些特点中，空间特点是主要的。只有一半的场面是"激动人心"的，只有一小部分与电影挂得上号。事实上，故事的结尾都很简短，完全无法跟语言测验那种主题的丰富多彩相比拟。但是孩子们在选择木块和玩具，然后根据空间特点安排这些木块和玩具时的那种小心谨慎的责任感是令人吃惊的。最后，好像感到"现在一切都行了"的完成了的感觉，似乎从一个无言的经历中苏醒了过来，他们会转身对我说"现在我准备好了"——意思是说我已准备好了要告诉你这一切都是指的什么。

我自己不仅对观察这些想象的主题极感兴趣，而且对那些与生命周期阶段有关的一般性的以及特别是前青年期的神经症患者紧张形式的空间完形感兴趣。因此，性别差异就不是我的兴趣的主要集中点了。我集中注意于进行中的结构如何向前移到桌子的边缘或向后退到它后面的墙边；它们如何上升到摇摇晃晃的高度或一直靠近桌面；它们如何扩展到所有能利用的空间或者压缩到那个空间中的一个部分。这一切都能"说明"建造者是"投射技术的公开秘密"。这一点此处也不能加以讨论。但是不久我看出一个事实，即在评价孩子的游戏结构时，我注意到男孩们和女孩们使用空间的方式有所不同。一个性别特别经常使用的结构在另一个性别中很少

---

① 关于游戏结构的概论，见 E. H. 埃里克森：《童年与社会》，第2章，纽约，W. W. 诺顿，1963年第2版。

发现。

这些差别本身是如此简单以至于开始时它们看起来似乎是理所当然的。同时历史也给它提供了一种宣传：女孩子们强调内部空间而男孩子们则强调外部空间。

我很快就能用如此简单的完形名词对这种差异加以说明。当然，不知道构造者性别的观察者（的确也毫不知道我关于这种差异的想法）看到这些构造的照片时，能够依据主要的完形加以分类，而且具有统计上的意义。这些独特的等第评定说明大约有三分之二强的我后来称之为"**男性**"完形，发生在男孩子们构造的场面之中，三分之二强的"**女性**"完形是女孩子们构造的。典型的是：女孩子们的场面是一幢屋子的**内景**，有一些家具完形而没有任何围墙或者就用一些木块做一个简单的围栏来表示。在女孩的场面里，人和动物大部分都在这样的内景或围栏**里面**，而且他们大都是**静止状态**（坐着或站着）。女孩子们的围栏都是矮墙，即仅仅一块积木那么高，偶尔有一个**精心制作的门**。这些不管有墙无墙的屋子内景大部分都表现着**和平**，常常是一个小女孩在弹钢琴。然而，在许多情况中，这种内景常常被野兽或是危险的人物**侵入**了。但有动物入侵的念头并没有导致要加高围墙或把门关上这样的防御措施，相反，大部分这样的入侵还带有一种幽默和愉快的激动成分。

男孩子们的场面是一些有着精心制作的围墙或是正面**突出**着一些锥形或圆柱形代表装饰品或大炮的屋子。有着**很高的堡垒**，还有一些完全是**外景**的场面。在男孩子的构造中，人和动物都在围墙或建筑物的**外面**，有更多**机动**车辆和动物沿着街道和交叉路口**移动**。有一些精心制造的机动车**事故**，但是也有警察来指挥交通或逮捕肇事者。由于**高建筑**在男孩的结构中很流行，**倒塌**的危险经常发生。**毁灭**是男孩构造中无可避免的。

因此，男性和女性的空间分别由高度和倒塌、强烈的运动和它的疏导及逮捕，由静止的敞开或关闭的内景、和平的被侵入等情境支配着。在此，游戏空间组织方面的性别差异似乎与生殖器分化的形态学本身相平行，对某些人说来，这可能是令人吃惊的事，而对另一些人则似乎是理所当然的：在男性方面，外部的器官在性质上是可以直立和入侵的，适宜为精子细胞开辟道路；而在女性方面则是内部器官，有引导到时刻等待着的卵细胞的门厅通道。问题是：在这个方面，什么是真正令人惊异的，什么是太明显的，这两者对有关两性的方面又告诉我们一些什么？

四

自从我在 15 年前初次将这些资料向各个领域的工作者宣布时，还没有任何标准的解释。当然，有一些嘲笑的反应，认为一个精神分析者理所当然地想要在这类资料中看出一些坏的古老象征。的确，弗洛伊德在半个世纪以前就指出过，"一幢屋子总是整个人体在梦中出现的唯一象征"。但是在梦中出现的象征与在实际空间创造出来的完形之间还存着一个方法学上的步骤。然而，纯粹的精神分析和肉体的解释已提出，那些场面反映了青春前期的青少年对自己性器官的关注。

另一方面，纯粹的"社会的"解释否认有必要在这些完形中去考虑任何象征的身体方面的东西。它认为理所当然男孩子喜欢户外而女孩子喜欢户内，或者，不管怎样，他们都各自看出分配在户内或在户外冒险的角色，看出对家庭和孩子的平静的女性之爱和男性的高度抱负。

人们不禁对两种解释都表示同意。当然，无论什么社会任务与体格联系到一起时，都可以作为游戏或艺术的主题表现出来。当然，在身体的某一部分特别紧张或经常使用的情况下，那一部分就会在游戏结构中更易得到承认——游戏疗法就是依据于此的。因此，解剖的和社会解释的代言人如果坚持认为两种可能都不应忽视，它们就都是正确的。但是这也不会使两者都绝对正确。

纯粹用社会任务名词来解释，留下许多问题未能得到答复。如果男孩子们只想到他们现在的和预期的任务，那么，举例说来，为什么警察是他们最喜爱的玩具而交通阻塞是经常发生的场面呢？如果活跃的户外活动是男孩决定性的场面，为什么他们又不在桌面上安排一些游戏场面呢？为什么女孩子们对家庭的爱不产生增高围墙和关上大门这种保障亲密和安全的措施呢？难道在家庭内部弹钢琴这种任务能够真正被认为是这些女孩子（其中有些是热情的骑马爱好者，所有的人都是未来的汽车驾驶者）最想要做或者以为她们应当假装做的事吗？因此，把男孩子们户外的小心谨慎和女孩子们户内的文静善良作为要他们建造激动人心的场面的明确指示语的反应，说明了不能仅仅根据文化和意识任务的理论来解释动力学难度和尖锐的冲突。

我将提出一个范围更为广泛的解释。根据这一解释，在人类身体基本计划的体验方面，两性之间存在着极大的差异。这里强调的是心理倾向和偏爱，而不是绝对的能力，因为两性如果除去成熟和智力，都很容易学会模仿另一性别的空间模式。因此，在我们的说明中，没有任何东西意味着想说明任何一个性别注定是这一种或另一种空间模式，相反，它说明在不是模仿和竞争的背景中，这些模式必定"更为自然地"引起我们感兴趣的那些自然理由。这儿观察到的空间现象表现了安排空间的两个原则，这两个原则是与男性和女性的身体结构原则相符的。这些原则在青年前期可能受到特别的强调，在其他某些生命阶段也可能如此，但是它们在不同的文化时空背景中对两性角色的终身的周密考虑都是有关的。当然，这种解释不能由这儿提供的一种观察便"得到证实"。问题是它是否与在其他环境以及其他阶级中对空间行为的观察一致；它是否可以成为发展理论的一个似乎有理的部分；还有，它是否可以给男性和女性结构和功能密切相关的其他性别差异以更为有说服力的顺序。另一方面，它还不能与下面这些事实相矛盾：即在使用其他手段测验男性和女性的行为时，可能表明在获得由宇宙数学性质所支配的问题的语言或认知一致以及文化传统的言语一致的功能方面，心灵区域中很少或根本没有性别差异。事实上，这种一致可能本身就有一种纠正分化性别体验的功能，就像它也能纠正分别其他阶级人们的那种直觉判断一样。

加利福尼亚伯克利的儿童游戏结构会引导我们考虑若干空间问题，尤其是有关女性的发展和前景方面。这儿我将很少谈到男人，他们在征服地理空间和科学领域方面的成就以及观念的传播已经为他们自己大声疾呼，而且也已奠定了男子气概的传统价值。然而伯克利的男孩子们的游戏构造可能使我们陷入沉思：在世界舞台上，难道我们没有看到一些有特殊天赋又有些孩子气的人们，像做青年前期孩子的游戏那样，以一种令人迷惑的单纯男性模式在玩弄历史和技术吗？难道我们没有看到玩具缩影的那些主题正在支配着扩展的人类空间——高度、穿透度、速度、冲突、爆炸——和宇宙超级警察吗？同时，妇女在对她们身体所提出的关怀中找到了她们的同一性，并认为外部世界属于男人是理所当然的。

五

在由此继续前进之前，我必须回顾我早期说明的某些步骤，认为观察指导了"在不知不觉间似乎证实了某些久已等待的事物"。它们可以澄清许多以前叙述过的有关妇女的精神分析理论的疑团。许多有关妇女气质的精神分析早期结论，都胶着在所谓的阴茎创伤上，那就是：小女孩突然理解到她没有而且永远也不会有一个阴茎这一事实。在妇女中普遍流行嫉妒的假设，未来的婴儿是阴茎的替代物的假设，女孩从母亲转向父亲是因为她发现母亲不但骗去了她的阴茎而且她自己也被骗了的假设，最后，妇女由于"被动受虐狂"倾向而放弃了（男性的）侵略气质的假设等等，所有这一切都依赖于"创伤"，并被用于对妇女的精心解释之中。它们存在于一切妇女的某些地方，它们的存在已被精神分析一再表明。但是应当时常想到总有某种特殊的方法，通过它可以特别真实地暴露某些真理，这里就是隐蔽的愤懑和被压抑的创伤的自由联想的发泄。这些相同的真理假定了女性发展规范理论中恰恰那一部分的真理性质，在这些理论中，它们似乎表现为附属于生产内部的早期优势。那么，这就允许了理论上的重点由失去一个外部器官转移到重要的内部潜能感；从对母亲的可恨的鄙视转移到和她以及其他妇女的团体一致；从"被动地"放弃男性活动转移到有目的地追求一些适合于拥有卵巢、一个子宫和一个阴道的活动；从一种受虐狂的痛苦的愉快转变到有能力忍受（并理解）这种痛苦，把它看作人类的一般体验，尤其是女性角色一个有意义的方面。因此，这就是海伦·杜里舒（Helene Deutsch）这一类知名作者所承认的"女性味十足"的妇女，即使他们的术语与精神病理学的名词"受虐狂"连在一起。"受虐狂"（masochism）这个词来自一个奥地利男人和作家的名字，他描写由性挑起和获得满足的自己承受痛苦的性反常行为〔正如在马奎斯·德·萨德（Marquis de Sade）之后以他命名因性虐待而获得满足的倾向一样]。*

看到了这一点，许多直到现在还是零散的资料就可加以系统化了。不管怎样，一个临床医生应当顺便问问自己，有哪一类思想可以容许这样一个术语和这样一种发展理论，并被知名的女临床医生们所接受。我相信，这种思想不仅可以追溯到精神分析的精神病理学起源，而且可追溯到它所使用的原始的原子分析法。在科学方面，我们原子论的思考能力与物质的本性高度相符，并由此而导致对物质的掌握。但是当我们把原子论思考应用于人时，我们就把它分裂为孤立的碎片而不是一些组合的元素了。事实上，当我们从病理学的情况去看病人时，他已经被分裂了。所以在精神病学中，一个原子化了的心灵可能遇上裂成碎片的情况，并误以为碎片就是原子。在精神分析中，我们为了给自己打气（也作为反对别人的论据），反复说人的本性在部分崩溃的情况下，或者在明显的矛盾之中最好进行研究，因为——我们这样说——一种矛盾可以勾画出界线并弄清猛撞这些界线的力量。正如弗洛伊德所说的那样，只有当一块水晶裂开时我们才能看到它的构造。但是一块水晶和一个组织或者一种人格有所不同，即一个是无生命的，而另一个则是只要一经打破，它的那些部分就会萎缩的有机体。从精神分析的内部连续性的护卫者这个意义上看，自我在病态中其活动多少有些减弱。那就是说，它失掉了组织人格和体验，以及使它自己与其他自我在相互活动中发生联系的能力。在那种情况下，它的非理性的防御，在矛盾和孤独中比一个人的自我在与旁人的积极交往中"更易于研究"。然而我不相信由于理解了自我的机能失调便能完全重建它的功能，我也不相信我们能把一切主要矛盾理解为神经症矛盾。

因此，一种后弗洛伊德的主张可被描绘为：由精神分析首次穿透人性所揭露出来的情结和矛盾被认为是存在的，它们确实威胁着要支配生命的发展和偶然的危机。然而，在生命进程中与解决了的危机同时产生的新鲜而完整的经验，以及由它所引起的机会，能够超越创伤和防御。为了说明这一点，让我简单地陈述一下我经常重复的说明：小女孩在某一既定阶段"转向"她的父亲，而在前面的各个阶段中她主要是依附母亲的。实际上，

---

* "施虐癖"（Sadism）一词即以萨德命名。——译者注

第七章 妇女气质和内部空间

弗洛伊德仅只坚持一个理论上的"力比多"从一个"对象"转向另一个对象,这一理论在一段时期内有其科学的魅力,因为它符合能量的简单性和(在原则上)可测量的移情,从发展的观点看,当女孩已不是主要依赖母亲而成了另一个人的时刻,她才转向她的父亲。她已从她母亲那儿一劳永逸地正常地学会了"对象关系"的性质。她和她父亲的关系因而属于不同的种类,在这种关系中,变得特别有意义的是,这时女孩已学会了信任她的母亲而用不着再来检验这些基本的关系了。她现在可以对某个人发展一种新型的爱,这个人转过来可以使她开始逐渐成为一个富有魅力的女人。因此,这全部过程包含有更多的方面,而不能压缩到仅说这女孩把她的力比多从母亲转移到父亲身上。事实上,这种移情只有在自我减弱了与感情、身体和认知早熟相符合的重新组织经验的某些能力时,才能作为一种孤立的"机制"而得以重建;只有那时才能说,这个女孩转向她的父亲,是因为她母亲好像拒绝了给她一个阴茎而对她感到失望。某些旧的失望和新的期待,无疑在一切从依恋旧人转到依恋新人,或从一个旧活动转到新活动的转变中起着主要作用。但是在一切健康的转变中,新关系所带来的新机会将会超过对旧失望的反复坚持。新的依附无疑也会为新的失望做好准备,因为我们假设的那种雏形的内部生产功能,会在这小妇人的心中引起必然受到压抑和挫折的幻想——举例来说,懂得了没有女儿会给父亲生孩子。内部生产空间的存在,无疑也会使妇女很早就面临一种特殊的孤寂感,或者害怕被一无所有地留下来或被夺去宝藏,害怕没有满足愿望或变得干瘪起来。这和小"厄勒克特拉"(Electra)的努力和失望一样,对人类个人和整个民族都具有与命运有关的后果。就因为这一理由,不应错误地把这些感情全部解释为因为不是男孩或因为缺了某物而产生怨恨。

现在才明白,孩子们的游戏结构在哪些方面是未被料到而又是被等待着的。未被料到的是性别差异对整个空间的支配——超出性器官所可表示的象征能力的支配"领域"。而作为有关整个女性生命周期中"内部空间"重要性的普通印象与非临床和非言语支柱的资料则是被"等待着"的。指导学习班中女学生的生命史如果没有这一假设就会毫无意义,就是各种年龄的女病人的病史也都是如此。因为,正如所指出的临床观察所表明,在女性体验中,"内部空间"处于绝望的中心,正如它是实现潜能的中心一样。空虚是女性沉沦的形式——有时内倾的男人也是如此(我们后面将会讨论),但却是一切妇女的标准体验。对她来说,被遗留就意味着被空虚地留下来,被吸干了体内的血、心中的温暖和生命的元气。女人怎么会被伤害到如此深度对许多男人来说是一个谜,这能引起他的同情的恐惧和拒绝去理解。这种伤害在每次月经来潮时都被重新感受到,这是为悲悼一个孩子而向天呼号,到绝经时就成了永恒的伤痕。从临床上看,这个"空虚感"是如此明显,以致若干代的临床医生都有不去注意它的理由。很可能,正如原始男人们以一种病态恐惧的回避和净化的魔术仪式来禁止它那样,渗透了技术自豪感的有教养的男人们只能解释说,受苦的妇女特别需要男人所有的东西,即外部装备和到外部空间的传统通路。这种女人的嫉妒存在于所有妇女身上,而且在某些文化中还更为严重;但是用男人的话加以解释,或者说这是命里注定而且由于女性装备(feminine equipment)的加倍快乐而得到补偿,这种说法并不能帮助妇女在现代世界中找到她们的地位。因为女子特性有一种普遍存在的补偿性神经症,以辛酸地坚持"恢复"为其特征。

  因此,我要在两个方面加以总结。我承认在精神分析方面,我们没有对性别形态学所固有的生育模型赋予应有的重视,我将设法系统阐述这一假设,生育模型以不同的强度渗透到一切兴奋和灵感状态,而且,如果整合起来可以给予一切经验及其交流以力量。

  为了给生殖通道指定一个中心位置,我似乎也重复了精神分析理论对性象征的不断强调,而忘记了女人和男人一样,除了性以外,都有一套适宜于大部分娱乐和活动的人类有机体。但是如果性压抑和性偏执狂把性欲和人类现实的整个计划**隔离**开来,我们一定会对一度被视为当然的性别差异如何结合到这个计划中来发生兴趣。无论如何,性别差异除了使生活方式产生两极分化并增加相互的最大享受(现在比以往任何时候都更能与生育分开)以外,仍保留了生殖的形态学。现在在圣路易斯一些用药物引起性反应而对内部空间的无耻探索,表露了在一切性行为引起的激动中生殖器官的积极活动。

六

如果"内部空间"是一个有如此深远影响的结构,那么在社会组织进化的开始应当找到它的位置。这儿我们也将求助于视觉资料。

由华施朋和德沃尔(Washburn and de Vore)[①] 在非洲拍摄的电影,生动地说明了狒狒的基本组织形态。这个在一定地域中寻找食物的游动大军组织,把一些怀了孕的和正在喂养小狒狒的雌狒狒藏在一个安全的内部空间里,它们周围由一些强有力的雄狒狒保卫着。雄狒狒眼望远方,引导这支队伍走向有食物的地方并保卫它们以防止潜在的危险。在和平时期,强壮的雄狒狒也保卫"内部圈子"里怀孕的和正在喂奶的雌狒狒,使之不受那些较弱的但又肯定十分讨厌的雄狒狒的侵扰。一旦危险出现,整个游荡的结构便停了下来,团结在一起形成一个内部安全、外部战斗的团体。在中央坐着那些怀孕的和带着新生后代的母亲们;在外围是那些装备得最好的雄性来和捕食者战斗或吓走它们。

我不仅为这些电影的优美和真实所感动,而且能从这丛林结构中看出与伯克利游戏结构的相似之处。然而,这场狒狒电影还可引导我们更进一步。不论雌性和雄性狒狒在骨骼结构、姿势和行为等形态方面的差异如何,从生育的子宫到可保卫的疆界,它们都各自适宜于隐藏和保卫中心圈子的职责。这种"适合"既定需要的形态倾向也因此被基本的社会组织精心制作了。值得强调的是,即使在狒狒中,最强壮的战士也表现了一种骑士精神,它们允许雌性狒狒有较柔弱的肩膀和较少的战斗装备。因此,在前人类和人类生存中,其公式是,一个女性在哪方面被说成是"弱者",并不以各种肌肉、能力和特性的比较测验的基础来决定,而是以每个项目对一个有机体的功能适应而定,反过来,它又适合于分别功能的生态学。

当然,人类和技术也超越了进化的安排,在很大范围内给文化适应的

[①] 采自肯尼亚的三部影片:《狒狒行为》《狒狒的社会组织》和《狒狒生态学》,1959年。

280 胜利以及身体和心理的不适应让出了地盘。但是当我们谈到人类女性生物学方面天生的力量和弱点时，我们仍得承认在衡量一切差异时性别差异这一基本的生物学方面。在这方面，不论条件是否允许她部分地或全部地围绕它来建造自己的生活，妇女生育的内部空间总是一个无可避免的标准。无论如何，从人类男性和女性的"天生"差异可测项目的清单上，可以看出一种有意义的生态学功能，正如任何哺乳类的生态情况那样，人类胎儿必须在子宫内停留一定的月份，婴儿最初必须在一个最好有母亲（这也为了她自己被唤醒了的母性）然后逐渐增加其他妇女的母性世界里哺乳和养育。这里要包含若干年特殊化的妇女工作时间。有意义的是，这个未来卵子怀育者和母性权威的小女孩总能活过她的生育期而变成一个坚强的生物，虽也常常为一些小病所折磨，却能抵抗一些致命的疾病（例如心脏病），从而有更长的寿命。更有意义的是，她比男孩们能更早地在时空方面集中注意力于一些细节，而且自始至终对一些看到、听到和接触到的事物识别得更好。她对这些事物的反应表现得更生动、更有个性、更有热情。她更易受感动，也恢复得更快，在另一地方又能随时准备再反应。说这一切都是对别人，尤其是更弱一些的人的不同需要做出反应的"生物学"作用，并不是没有理由的解释；在使用大肌肉方面，妇女表现出较少的精力、速度和协调，也不是什么可悲的不平等。这个小女孩也学会了更易满足于有限范围内的活动，对控制较少反抗，也较少存在后来导致男孩

281 和男人"犯罪"的那些冲动。所有这一切和更多的"差异"，都能从我们的游戏结构中看出其必然的结果。

现在已经清楚，许多表现为女性的基本图式，以某种形式存在于一切男人，尤其是某些有特殊天赋——或者更软弱一些的人身上。某些艺术型和创造型的男人的精神生活也经常保有那些属于妇女的敏感的内部世界，作为生物学上的补偿。当他们把一些构思的东西付诸实现和进行有训练的创造时，常常容易出现情绪上的周期性摇摆。问题在于这种基本图式存在于大多数妇女之中。因此，当讨论某些例外的男人或女人的基本性别差异时，只谈及他们的偏向和成就，而不包括他们各方面的性格、他们的特殊矛盾和他们的复杂生活历史，那是毫无意义的。另一方面，人们也应强调，连续的生命阶段，为正在生长和成熟的个人在主要的一致性中留有充

分自由变化的余地。

举例来说，妇女的生命也包含一个我将称之为心理社会合法延缓期的青年阶段。这是一个被认可的成人的功能延缓时期。成熟的女孩和年轻妇女与小女孩和成熟的妇人相反，对内部空间的专制相对而言有较多的自由。事实上，她可能带着忍耐和好奇进入"外部空间"，这常常表现为即便不是完全的"阳性"，也有点像两性人。因此在她的空间行为的清单中，就加上了一个特殊的没有固定场所的维度，许多社会对此做出约束处女的特殊规则。然而，只要习俗允许，这年轻女孩就力图寻求对走动的有阳具的男性产生自居作用，甚至不惜成为他的副本和主要吸引力——一种看来矛盾而最终会转变成为积极倾向性和性的个人风格。在所有这一切之中，内部空间一直是主观体验的中心，但只是在坚持的和挑选的吸引力中才公开地流露出来，因为无论这年轻女人是用内部的魅力还是外部的挑战，或者是戏剧性地交替使用，她只能有选择地吸引那些追求她的人。

年轻妇女在她们知道会和谁结婚并为谁组织家庭之前，常常问她们自己是否能"有同一性"。即使这年轻女人的同一性中的某些东西，必须为与她结合的男子以及要带大的儿女们的独特性保持公开，我认为这年轻女人的大部分同一性在她的那种吸引力和她对自己愿意被其追求的男人（或男人们）的挑选中已经被规定了。这当然只是她的同一性的心理性欲的一方面，而当她训练自己成为一个工人和一个公民，以及成为她的时代中的一个人时，它会大大延缓它的结束时期。年轻妇女在她一系列活动中所表现出来的可爱和鲜艳在未来的孩子生育功能中会明显地消失，这乃是一种超越一切目的和目标的美学现象，因此就成为纯粹的自制象征——为此年轻女人在世代的艺术中就成了理想和观念的有形代表，成了创造者的缪斯和不可思议的人。因此，人们不愿对本身如此有意义的事物赋予进一步的意义，而认为内部空间能不言而喻地把一切意义都包含在内了。一个真正的延缓期必须有一个期限和结局：妇女气质的表露，是发生于吸引力和体验都已成功地选择了或被允许成为内部空间"为了保存"而表示欢迎的东西的时候。

因此只有整体的结构研究法——躯体的、历史的、个人的——才能帮助我们在整个背景中，而不是在孤立的、无意义的比较中看出功能作用和体验作用的差异。所以，妇女并不是单纯地因为她的生物的中心功能强迫她或允许她以一种转向内部身体过程的方式进行活动；因为她被赋予以某种感觉的亲密和内在紧张，或者因为她可能选择停留在母性关怀的发挥，可以受到保护的内部圈子里，而比男人"更被动"。她也不因为必须接受内部周期性再加上生育的痛苦就是"更为受虐狂的"，这在《圣经》中被解释为对夏娃犯罪行为的永恒惩罚。在近代，作家如波伏瓦则将此解释为"她自己身体内部的一个敌对成分"，把性生活和母亲气质放在一起来看。很明显，妇女对痛苦的认识使她成为比那些动辄就喊痛苦更为深刻的"受苦者"。她能理解并设法缓解苦难地去"忍受痛苦"，还能训练别人做好预先忍受那不可避免的痛苦的准备。只有当她反常地或报复性地去寻求痛苦时，她才是一个"受虐狂者"，这意味着她已脱离了而不是更深入了她的女性功能。同样的道理，一个妇女只有当她在功效和包括她自己女性活动素质在内的个人整合作用范围内过分被动时，才能称为病态的被动。

然而，有一个论点是难以反驳的。若干世代（至少从父权制家族时代）以来，妇女从不同的角色中使自己助长了受虐狂的潜能的利用，她使自己被禁闭和被禁止活动，受到奴役和剥削，被糟蹋和被当作孩子看待，从那儿得到的是在精神病理学上我们称之为变态优势的"次级获益"。这一事实仅仅在一种新的生物文化的历史范围内才能得到满意的解释，这（正是我的主要观点之一）首先必须克服一种偏见，即认为妇女应当是或者将会是在特定历史条件下她是或者已经是的那种角色。

七

我是在说"解剖就是命运"吗？是的，它是命运，因为它不仅决定心理学的功能和界限的范围和结构，而且在某种程度上决定着人格结构。妇女承担义务和卷入的基本通道自然也反映了她身体的基本计划。我在另一

第七章 妇女气质和内部空间

背景中把"发端"看成是儿童早期生活和游戏中已存在的一种主要通道。①我们很可能在许多生存层次上顺便谈及妇女的能力是积极地去包含去接受,"去获得并握住"——而且还要握住不放(hold on)和忍住。她可能是高度选择性地保护性的和不加区别地过分保护性的。她必须保护是因为她依赖保护——她也可能要求过分保护。的确,她也有一件入侵的器官——喂奶的奶头,她想要救助人的愿望变成了入侵和强迫性的了。事实上,当讨论到妇女气质这种独一无二的潜能时,许多男人——也有女人——想到的就是这种夸张和偏离。

然而,正如指出的那样,要问在任何这些方面一个妇女是否比一个男人"更是如此",在妇女气质方面她变化有多大以及她在她的生命阶段、她的历史的和经济的机遇的可允许范围内怎样利用妇女气质的这一类问题,是没有多少意义的。我只有反复重申生理学的基底既不应否认也不要特别夸大。因为一个人除了有一个身体以外,还是某一个人,他意味着一个看不见的人格和他是某一集团中的成员。从这种意义上说,对于拿破仑的名言"历史是命运",我相信弗洛伊德会用他的名言对照指出命运存在于解剖之中,二者同样是正确的。换句话说,解剖、历史、人格是我们综合的命运。

当然,男人们也分担和照顾了妇女的某些忧虑:每一个性别都能超越它自己去感觉和表示另一性别的忧虑。因为即使是真正的女人也保有一种合法的、补偿的男性气概,因此真正的男人也能分担一些母性的东西——如果有力的习俗允许这样做。

在搜寻沟通生物学和历史的观察时,我想起了一个历史上的最好例子。在这个例子中,妇女把她们的生育功能提到了生活方式的高度,使她们的男人似乎都完全被击败了。

当我有一次参加加勒比人会议和了解加勒比群岛的家庭模式时,这故事在两个场合给了我很大的启示。不仅教士们有理由哀叹,而且人类学家也会哀叹加勒比人的家庭生活模式,把它解释为是非洲的或美洲农场的奴隶时代遗留下来的。这种农场从巴西的东北海岸延伸向加勒比海,绕半个

---

① 《童年与社会》,第88页。

圈子一直到现在美国的东南部。当然，农场是农业工厂，为一些文化和经济同一性根植于上流社会的绅士们所拥有和操纵。它们由奴隶们耕种。那就是说，这些奴隶只能说是一些哪儿需要就随时随地可以拿去使用的人，他们常常要放弃作为他们家庭和社会的主人的机会，像工具般地被使用。因此女人们便被留下来和跟不同的男人们所生的小孩生活在一起。这些男人既不能提供粮食，也不能提供保护，除了作为一种附属人种的同一性外，也不能提供任何同一性，结果是家庭制度只好用文学上有限的名词来加以描述：人与人之间提供"性服务"的只好称为"爱人"；年轻女孩子过着"最最不稳定"的性生活，她们经常把对自己子女的照顾责任"扔给"她们的母亲；母亲们和祖母们决定着"共同行动的标准模式"，完全没有必要把这一群人称为一个家庭。所以这些都是些"同住一家的群体"——由一些分享共同食物的人共同居住的住所，由"母性中心"所支配。这一名词说明了具有无限权威的祖母形象。她鼓励女儿们把婴儿交给她，或者当她们怀孕时和她住在一起。母性由此变成了社会生活，教士们在这儿几乎找不到道德。粗心的观察者看不出任何传统，母亲们和祖母们在某种意义上成了父亲们和祖父们，因为她们在制定不断更新的临时经济责任的规则中发挥了唯一的持续影响，而这种经济责任本应是由作为孩子父亲的男人承担的。她们高举了避免乱伦的戒律。在我看来，尤其重要的是，在男人们变成了奴隶之后，她们提供了唯一的超同一性，那就是，不论其父母身份是什么的一个人类婴儿的价值。

许多白种小绅士们如何从黑人妇女的扩大的养育热情中得到好处是众人皆知的。这种非凡的关怀理所当然地被种族主义者蔑视为纯粹的奴役，而被道德主义者诋毁为非洲的肉欲主义，或被一些从"大陆的"妇女那里逃出的白人避难者崇奉为真正的女性。人们可以从这种母性主义的根源看出人类适应的雄伟姿态，它给予加勒比海这一地域以积极的母性同一性的指望和消极的男性同一性的威胁，因为同一性仅仅依赖出生的价值这一事实无疑会减弱男人经济方面的抱负。

从西蒙·玻利瓦尔（S. Bolivar）的一生就可看出这已成为重要的历史问题。这位"南美的解放者"生于委内瑞拉的沿海地区，这是大加勒比海半圈的一个锚点。1827年，玻利瓦尔解放了加拉加斯，胜利地进入该地。

第七章 妇女气质和内部空间

这时他在人群中认出了黑人希波莉塔，他昔日的奶妈。他跳下马来，"投入了高兴得哭了起来的黑奶妈的怀抱"。两年之前，他曾写信给他的姐姐："我封好了一封给我妈妈希波莉塔的信，你可以把一切她所需要的东西给她，并且要像对待我的母亲那样对待她。她的奶汁抚育了我的生命，除她以外我不知道还有什么别的父亲。"不论玻利瓦尔对希波莉塔那种溢于言表的热情有什么样的个人理由（如他在9岁时丧母等），这一事件在传记上的重要性可以与下面这一事实的历史意义互相辉映：他和希波莉塔这种关系在那特殊种族和起源的意识形态中，可以在他所解放——从他祖先那儿——的大陆上大大有助于对他那种领袖人物的超凡魅力的宣传。

这个大陆在此地与我们没有什么关系。至于加勒比海地区的母性中心制这个主题则基本解释了极端的信赖与主动性的软弱之中的不平衡，这种不平衡可以被本族的独裁者以及外国资方所利用，现在又变成了昔日殖民地的主人们以及各个岛屿被解放了的领袖们所关切之事了。知道了这一点，我们就能理解接收了一个岛屿的那些长胡子的男子汉们表现出的深思熟虑的新型男子气概。他们坚持要证明加勒比海的男子们能够在生产和生育方面赢得自己的价值，而不需要强加的"大陆的"领导或主权了。

这一从五彩缤纷的岛屿领域到一个由妇女建造的内部空间的变化，几乎可以作为一个临床例子而被谨慎地加以利用。然而它只不过是所有地域和年代中有待人们去书写的野史中的一个故事：区域和领地、市场和帝国的历史，被官方历史撕开了的妇女在保存和恢复中的平静创造力的历史。现代的编史工作中有些激动人心的做法，例如想要对某一地区中某一历史时期的日常气象加以仔细地描写，似乎说明了对综合历史的需要的日益增长的认识。

一个真正的问题是，是否有一个领域可以为有关性别差异的有根据的假设提供资料。我们谈到了解剖的、历史的和心理的事实，然而必须明白，这些领域所使用的方法与所获得的事实之间缺少最重要的互相联系。人是一个具有躯体层次同时又具有个人和社会层次的生物。为了避免这些层次与已建立起来的领域等同，让我称呼它们为躯体（Soma）、精神（Psyche）和社会（Polis），因为这样至少可以设法指出身心方面已经存在的和心理政治方面肯定要出现的新的探究。每一层次在保卫着一定的完整性的同时，也提供非强制性或至少是切实可行的选择余地，而人生活于这三者之中，必须制定出它们之间的相互补充和它们之间"永恒的"矛盾。

躯体是有机体度过它的生命周期的原则。但是女性躯体并不仅仅是妇女皮肤之内的东西和服装样式变化所表示的外表变化的折中物；它还包含了进化遗传和社会遗传的调和，通过这种调和，她给每一个孩子创造了身体的、文化的和个人同一性的躯体（肉体方面和感觉方面）的基础。从每一个妇女开始怀上胎儿起，这一使命就必须完成。这是妇女所独有的工作。但是没有一个妇女仅仅生活于或需要生活于这一躯体的范围之内。现代世界给予她不断扩大的余地去有意地、负责地挑选、计划或放弃她的躯体任务，因此她可作出也可忽视她作为一个公民、一个工人和一个人的决定。

在精神范围内，我们曾讨论过称之为自我（ego）的组织原则。只有在自我之中，有个人特色的经验才能有其组织的中心，因为自我是一个人的不可分性的保卫者。自我组织在最广泛的意义上对躯体和个人的经验与政治现实性之间进行调停。为了做到这一点，它使用了两性共同具有的心理机制——这一事实使得理智的交流、相互的理解和社会组织成为可能。好斗的个人主义和平均主义使个性的这个核心膨胀到如此程度，致使它好像不受躯体和社会差异的约束。但可以有理由说，自我的活跃的能力，特别是个性中的同一性需要与使用躯体发育和社会组织的力量。因此，一个女人绝不会成为不是女人这一事实，在她的个性、她的躯体生存、她的社会潜能和要求中产生了一种独一无二的关系，使女性同一性可被研究并被限制于它自己的权益范围之内。

我称呼公民权利和义务的范围为"社会"，因为我想要强调它到达了人们认为是他们的"城市"的边界。现代交通使得这种交往日益扩大——即使不是全球性的。在这一范围内，能看出妇女与男人密切相似的文明倾向以及工作和领导的能力。但是也在这一范围内，妇女的影响一直要到她理直气壮地反映了"内部空间"的事实、潜能和对女性精神的需要时才能得到充分的实现。现在还不能断言，一旦妇女不仅适应了男人在经济和政治方面的工作而且学会了适应于她们自己的工作时，将会是些什么样的工作和任务、社会和专业。如此一种革命的重新估价可能会使人认为，现在称为男性的工作也要强迫男人做出非男人的调整。

应当搞清楚的是，我使用我有关妇女生育禀赋的中心重要性的定义，并不是一种翻新的男性企图把每一个妇女都"注定"于永远的母亲身份并否认她个性的均等和公民权的平等。但是既然一个妇女永远不会成为不是一个妇女，她只能在包含并整合她的自然秉性的活动中看到她的长远目标。我想，一个真正解放了的妇女会拒绝接受与更为"活跃的"男性癖好做比较以衡量她的均势，即便她在大部分成就方面与男人的成就和能力明显地相匹配时也是如此。真正的平等只能意味着独特的创造的权利。

大多数证实了的性别差异（除了有关性欲和生育的内部差异）为每一性别建立一系列对大多数人来说是"天生的"态度和属性，那就是素质、偏爱和倾向性。它们中许多是无须学习的或者只须通过一定努力和特殊才能就可以重新学习的。这是无可否认的，因为技术和教导使得她的选择机会不断增加。唯一的问题是，未来的妇女在她天生的倾向中，有多少和有哪些部分是她觉得最自然地要加以保存和培养的——"自然地"意思是说哪些能被整合并能使之在上述三个方面继续下去。

作为一个身体，妇女在经历生命各阶段时与那些身体和她的身体互相依赖而存在的人们的生命是相互联结的。但是作为一个工人，在一个由数学法则构成的领域中，妇女跟任何男人一样要对间性（intersexual）的或超性别的根据的准则负责任。最后，作为个人，她利用她的（生物学上某种）倾向和她的（技术上和政治上某种）机会做出决策，以便使得她的生命获得最好的延续和有意义而又不丧失作为母亲和公民的职能。问题是生命的这三个方面怎么才能互相渗透——肯定不是永远没有矛盾和紧张，却有有目的的连续性。

总的来说，要考虑到妇女工作的新领域之一：例如工程和科学的性质就已很少有工作的性别差异了，正如科学训练也多少适合于妇女和母亲一样。我有理由相信，由女人制作出来的计算机绝不会显露出"女性逻辑"（我不知道这种合理性是如何合理，因为妇女并未关心计算机的发明）。计算机的逻辑，不论好坏，都是超性别的。但是什么要问那些怪物，什么不问，什么时候相信它们，什么时候不相信——我想，训练有素的妇女对人本主义的科学思维的不同应用方面，会有一种新的远见。

我还要更进一步。我们知道如果妇女真正在科学领域或其他领域——不是仅仅有几个光辉的例外，而是表现为众多的科学杰出人物，会发生什么情况吗？这一点我们能真正知道吗？难道科学的灵感真正是如此非人力的和为方法所束缚的，致使个性在科学创造中不起作用吗？如果我们承认一个女人即使变成了最好的科学家或合作者也永远不会不是女人，为什么我们要那么起劲地否认可能在科学的某些领域中（在某些工作中处于科学边缘，在另一些工作中则正是科学核心），妇女的远见和创造力可以引导人们虽然不是去证实某些新定律，却可以引导到探索和应用的新领域呢？我认为这样一种可能性，只有当妇女被充分引入科学，以使她们能对其任务和角色不感到紧张而能使自己适应那些未知的工作和任务时，才可以加以肯定或否定。

我的主要论点是：只要限制被打破，妇女还可以被指望来培养生物方面和解剖方面所特有的东西。她们可以在活动的新领域中平衡男人杂乱无章的努力，使他们在民族的技术扩张的外部空间的统治更为完善。对变化条件中的两种性别的新的联合调节可能有许多困难，但是它们并不能说明不让人类的一半参加计划和做出决策这种偏见是合理的，尤其另一半由于它在技术进程的竞争中的逐步升级和加速，已经把我们和我们的子女带到了富裕生活世界的巨大边缘。

适应的新力量总是在解放了的个人能量与新技术和社会秩序的潜能相汇合的历史时期发展起来的。新的世代从发展的技术和历史的眼光的新自由的连续性中获得充分的生命力。同时个人的综合性加强了，人的美德也随之增加了，孩子们都会感觉到这些，即使在母性范围内需要新的调节也是如此。社会的创造性和新知识能在一个确信自己价值的社会中帮助计划得到必要的调节。如果没有这些价值，行为科学就不可能有什么贡献。

因此我们可以希望，在妇女特殊的创造力中有某些东西。她在等待着澄清她与男人气概的关系，以便在那些重要的人类事务中担负起她那一份领导责任。这些事务迄今为止一直留在那些有才能和活动的男人手中，也常常会留在那些领导天才常常会屈从于无情的自我扩张的男人手中。人类现在明显地依靠新型的社会创造和制度，这些制度保卫并培养着孕育和繁殖、关怀和容忍、包含和保留。

第七章 妇女气质和内部空间

在我最后一次和保尔·蒂利赫（Paul Tillick）谈话时，他对"适应的自我"的临床偏见表示了不安，他觉得这种自我会支持（这些是我的话）进一步制造一种感到如此"适应"以至于不能面对"最终关怀"（ultimate concern）的人类。我同意精神分析正处于变成这种虚荣的现代化生存的危险之中，但是它的起源和本质是想使人能**自由**地获得"最终关怀"。因为这类关怀只有在神经症愤懑结束和仅有的再调节被超过了的稀有时刻和地方，才能开始成为终极的。我想他同意了。我们还可以补充说，人的"终极"（Ultimate）往往也作为一种无限（infinity）而被形象化了，这种无限开始于男性对外部空间的征服宣告结束之处，也开始于"甚至更为"全能和全知的上帝必须被谦恭地承认的地方。然而，"终极"也可以发现存在于直觉（Immediate）之中，这种直觉一直是妇女的广大范围和内心世界的广泛领域。

第八章　种族和更广泛的同一性

一

同一性这个概念或者至少这个名词，似乎渗透在美国有关奴隶革命的许多文学作品之中，在其他国家里，它也代表了那些想从殖民统治的思想残余中求得解放的有色人种和民族革命的心理核心。不论这个词暗示了什么，它的确似乎是许多严肃的观察家在这一历史的交叉点上对这种情况的说明。譬如尼赫鲁说，"甘地给了印度一种同一性"，他明显地把这一名词放置在宗教和政治的非暴力方法发展的中心，通过这种方法，甘地努力在印度人中建造了一个唯一的集体，同时又坚持完全团结于英帝国联邦之内。但是尼赫鲁的意思是什么呢？

罗伯特·潘恩·华伦（Robert Penn Warren）在他的《谁为黑人说话？》（*Who Speaks for the Negro?*）一书中，在对一个给他提供情报的人首次使用这一词时的反应中声称：

> 我抓住了"同一性"这一名词。这是一个关键词，你一再地听到过它。围绕着这个词，会凝结一打的问题，互相转变、彼此遮掩，疏远他所出生的世界和他作为一个公民的国家，却仍然被新世界和新国家的成功价值所包围，黑人怎么界说他自己呢？①

---

① R. P. 华伦：《谁为黑人说话？》（*Who Speaks for the Negro?*），纽约，伦道姆书屋，1965 年，第 17 页。

第八章　种族和更广泛的同一性

当然，也不可能说清楚单纯使用"同一性"这个名词到底有多少次包含着我们所指定的那种涵义。当"危机"这一名词与它联合使用时，就更像一种叠合的意义了。确实，一个民族或一个种族的危机常常暗指着引起人民革命的觉醒。在印度和在别的地方一样，其背景是人民从由殖民主义所造成的、甘地所称的"四重毁灭"——政治和经济、文化和精神的毁灭——中觉醒过来。

因此，重新说明同一性问题的某些方面，并使之与美国黑人的民族觉醒联系起来，似乎是合理的。

从传记方面开始，在此书的开头我曾指出过，W.詹姆士和弗洛伊德有关他们内部的团结感和围绕他们外部世界的某些想象丰富的说明和严肃的承认，都很难期望黑人作家会以同样的真诚和热情来为我们称之为同一性的心理社会过程的可憎结果做出系统的阐述。黑人作家的相应说明隐含于如此消极的声明之中，以致开始时他们暗示说没有同一性，或者差不多全部是消极同一性成分。譬如杜波依斯（Du Bois）关于黑人的"听不见"的宣言。我们应该记住，这个杜波依斯作为"受平等待遇的黑人"，实际上在伯克郡城过着任何美国黑人孩子都能要求到的不错的生活，然而下面是他的文章：

> 很难让别人充分看到种族隔离的心理意义。就好像一个人在一座陡峭的悬崖边的黑暗山洞里往外张望一样，他看到世界在旁边经过并对它说话，说得很有礼貌和很有说服力，向他们表示这些埋葬了的灵魂如何在他们的自然行动、表达和发展方面受到了阻碍，他们从牢狱中得到解放，这不仅对他们是一种礼貌、同情和帮助，而且还对全世界有所帮助。他就用这种方式平稳地和富有逻辑地说下去，但是注意到那些过路人群甚至头也不回，或者即使回头也只是好奇地看一眼，又继续前进了。这些囚犯的头脑里慢慢地明白了，过路的人们没有听见，有某种很厚的、看不见、可摸得着的平板玻璃把他们和世界隔开了。他们激动起来，声音更高了，并且做着手势。某些路过的人好奇地停了下来，这些手势似乎毫无所指，他们笑了笑，又继续前进。他们或者是根本没听见，或者是听得很模糊，即使听到了些什么，他们

也不理解。然后在里面的人变得歇斯底里了。他们可能尖叫并猛烈地撞击围墙，在他们的困惑中很少意识到他们是在一个听不见的真空里，他们的古怪动作让那些从外面往里看的人觉得滑稽可笑。他们可能在这儿或那儿被碰得头破血流和变了形，发现他们自己面对着一群被吓坏了的、不宽容的和不知所措的人群，这个人群正是由于他们自己的存在而被吓坏的。①

从杜波依斯的听不见的黑人到鲍德温（Baldwin）和埃利生所暗示的无形、无名和无脸的标题之间只有一步之遥。但是我并不想把这些题目解释为单纯的美国黑人的"无足轻重"感的哀号——一种属于他们的传统的社会角色。相反，我愿将这些有创造力的男人的绝望而坚决的对无形的专注解释为想要被听见和被看见、被承认和被看作是有选择的个人的最活跃和最有力的要求，而不是以其肤色为标志的人们的要求。他们以一种坚持不懈的方式保卫那确实存在但在某些方面却是无声的同一性，以反对那藏匿它的陈规陋习。他们从事于要为人民取得胜利的战斗，但首先要为他们自己，这就是万·伍德瓦德（Vann Wood-ward）所说的"投降了的同一性"。我喜欢这个名词，因为它并不说明完全缺乏，像如今的许多作品那样——某些被寻求和被发现、被允诺或被给予、被创造或被组建的东西——却是某些被掩盖了的东西。这一点必须强调，因为隐藏的东西能变成生动的现实，由此而成为过去与未来的桥梁。

因此，对同一性的普遍的偏见不仅可看作"精神错乱"的症状，还可看作是历史改革的纠正的倾向。可能就是为了这个原因，革命的作家与少数民族和种族的作家们（如爱尔兰的流放者或我们的黑人和犹太作家）就成为了同一性混乱的预言家和艺术的代言人。艺术创造超过了抱怨和揭露，它包含了道德的决定，认为某种痛苦的同一性意识必须被容忍，以便为人类良心提供批评的条件，提供治愈他所受到的深刻的分割和威胁（即他被分配到我们称之为**假种**的部分）所必需的领悟和概念。

---

① W. E. B. 杜波依斯：《黎明的黄昏》（*Dusk of Dawn*），纽约，布莱斯公司，1940年，第130、131页。

第八章 种族和更广泛的同一性

在这一新的领域中，从前没有意识到或未用文字表达的事实，都以一种类似于精神分析过程的方式被表示出来了。但是这一"个案"却被人类的反叛所超越，与历史现实紧密接触而导致内部重新组合。其结果，这些作家们不也宣称一种苦恼的同一性远远超过了那些就像一个平淡的郊区家庭那样既安全又遥远的诸多同一性吗？

现在，最紧迫的问题是认清人种的事实和任务。伟大的宗教领袖们曾努力想要冲破对这种觉醒的抵抗，然而他们的教堂却倾向于参加而不是拒绝我们现在所想到的发展，即人类认为有某些天意使得他的部落、种族、社会等级甚至他的宗教都"自然而然"地超越别人的那种根深蒂固的观念。我们指出过，这一点似乎是心理社会进化的一部分，通过这种进化发展到了**假种**。当然，这一事实根源于部族的生活，而且是以实现人的进化特色为基础的。他的延长的儿童期就是这些特色之一。在这一时期中，这个新生儿是"天生的"、为一切动物中最"有多方面才能"的，适应于各种不同的环境，从他"内部世界"与社会环境的相互复杂影响中变成人类集体中的一个成员。他接受了一种观念，认为只有他的"种"是单独由全能的上帝设计，在特殊的宇宙事件中创造，由历史指定在挑选出来的杰出人物领导之下保卫人性的唯一真正副本。现在"假"就意味着说假话，一种至少可以暂时相信的谎言。的确，人的进步本身驱使他在各种发展的联合中前进，而在这种联合中简直难以鼓舞起理性和人性，来反对那些再也不配称为神话的谎言和偏见了。当然，我的意思是说，那种危险的技术专门化（包括武器设计制造学）、道德的正确性以及我们称之为同一性的区域性，这一切都使得狼人远远超过狼中之狼。① 因为人一旦被致命的武器制造、道德的伪善和同一性的恐慌的联合体所掌握，就不仅容易丧失一切"种"的感觉，而且会转入到另一种不同于"社会的"动物世界的那种残忍的亚集团之中。在生存需要本身似乎强有力地要求更普遍、更广泛的人类同一性时，技术复杂性也似乎使得问题逐步升级了（这一点好像并非巧合）。国家社会主义的德国就是大规模屠杀降落到现代民族的公然表现

---

① E. H. 埃里克森：《精神分析与前进的历史：同一性问题，仇恨与非暴力》，《美国精神病学杂志》，卷122，1965年，第241—250页。

形式。

当我们都存在着把我们的同一性固着于某些假种的倾向时，在我们的骨子里也感到第二次世界大战掠走了一切天真的自我放纵，感到第三次大战的任何威胁都会导致人的适应天才的失败。但是看到"紧密的大多数"继续在否认和掩饰什么的那些人，也应当努力去理解为了使人认识自己的种性，并为他的假种更换一个更为广泛的同一性，他不仅应当创造一个新的和共享的技术宇宙，而且还应当超越过去同一性中普遍存在的偏见。因为每一个积极的同一性总是为消极的意象所限制，所以我们现在必须讨论我们的上帝所赐予的同一性常常是靠别人的退化而存在这一令人不愉快的事实了。

二

为了坚持我对黑人作家强调消极和混乱有其积极作用的意见，我几乎引用了埃利生的作品，说他的作品确实是力图"像那些忧郁的美国黑人民歌超越了它们所处的痛苦境况"一样超越了他的境况，但是我遏制了我自己：我现在引用他的作品是想表明我们称之为同一性意识的那种加强了的自我意识的困难性。除了某些特别清醒的对话时刻以外，那些曾经是美国黑人世界与我们的世界相互交流的整个意象，尤其像看来似乎天真无邪的项目，如那些忧郁的黑人民歌，其价值都以万花筒变换的速度般在我们眼前一时被降低，一时被抬高，变化不断。那些忧郁的民歌有一个时期曾是对积极同一性和高度独特性的肯定，正如它们处理压抑和绝望的感情那样。现代的作家没有人不使用或不同意使用到现在已成为歧视标志的那些古老意象，似乎人们的意思是说黑人最好坚持他们的忧郁寡欢或者适合奴隶后期的某些没有什么思想内容的东西。但是，从前在白人方面的无意识的犯罪与害怕的交织和黑人方面的仇恨与恐惧的交织，现在正在被一种更有意识然而也并不很现实的忏悔与不信任的感情所代替。这时我们除了与这些成见和感情打交道之外别无他法：与之对抗驳倒了其中一部分，历史解决其余的部分。同时，像同一性意识这类概念也可能对这一问题产生影

第八章 种族和更广泛的同一性

响,使万花筒除了显示出令人迷惑的变化以外,还显露出一些模式。

当然,同一性意识只能由在行动中获得的同一性所克服。只有"知道他往哪儿去和谁同他一道去"的人,才能准确无误地说明外表和本质的联合和光辉。然而,正当一个人从一切外表看来似乎"找到自己"时,在新的任务中他也可以被说成是"正在失掉他自己":他超越了同一性意识。在任何革命的早期中肯定是如此。在黑人革命的青年案例中也是如此,这些黑人青年发现他们自己,实际上,是发现他们那一代在紧张的战斗中决心丧失他们自己。在此,同一性意识被现实所吸收了。对这种情况有生动和感人的描绘,霍华德·津恩(Howard Zinn)对学生非暴力统一行动委员会的初期的描写是其中最为突出的。① 在那之后,这些以前的无名英雄们面对加倍的自我意识(一种在历史舞台上先是吃惊后来才恍然大悟的感觉),现在必须为革命的觉醒牺牲那天真的生存联合了。

这种"心理化作用"不常受欢迎是很容易理解的。在要求非自我意识行动时不得不诉诸理论总不是舒服的事情。对一个给约翰逊总统的冗长而最初是秘密的"莫伊尼汉"报告的争论结果,使总统认识到了在如此众多的低层黑人家庭中没有父亲的恶果,把这种抵抗引向了行动。不管使用的方法如何,帕特里克·莫伊尼汉(Patrick Moynihan)的动机却是无可怀疑的。但是在关键时刻,对过去几乎是不可逆转的历史结果的任何解释都可被视为具有致命地排斥未来的效果——就像种族偏见所做的那样。

也不应该忽视的是,这些只不过是在我们所有人身上所表现的,对我们的同一性问题在更多潜意识方面的突然觉醒一事的增强的抵抗。即便是最迫切要求开导和最富有无拘束探究精神的学生们也不禁要问:如果潜意识的决定作用在我们有关自身的感觉和我们的价值因素中确实起作用的话,难道不会把问题的决定推向自由意志和道德选择似乎成为虚幻的地步吗?或者,如果一个人的个人同一性被说成是与社会同一性联系着的,难道我们不会碰到另一种隐蔽的马克思主义,恰恰把人的命运感变成历史辩证法的盲目功能吗?最后,如果这种潜意识决定因素真的能被证实,这种

---

① H. 津恩:《学生全国统一行动委员会,新废除主义》(SNCC, *The New Abolitionists*),波士顿,比科恩出版社,1964年。

觉知对我们有好处吗？

哲学家们对这些问题无疑都可做出回答。但是必须弄清楚，没有人能回避这种迟疑不决，它们实际上只不过是从达尔文发现我们的动物祖先和马克思发现受阶级制约的行为直到弗洛伊德对潜意识的系统解释的整个范围中，在仔细研究人的整个动机时更为广泛趋向中的一个部分而已。

三

在最近一次对黑人家庭的讨论会上，一位知名的、有影响的美国犹太人谈到了他的伦理上的怀疑："某些本能的感觉告诉每一位犹太母亲必须让她的孩子学习，他的知识就是他走向未来的通行证，为什么一位黑人母亲不关心呢？为什么她没有这种同样的本能感觉呢？"我认为，根据美国过去的历史，这同样的"本能感觉"可能告诉大部分黑人母亲阻止她们的孩子，尤其是那些有天赋的和好问的孩子去参加那些无益的和危险的斗争——那就是说，为了生存的原因，把他们留在被那个漠不关心的和可恨的"紧密的大多数"所规定的地方。

这个人提到"母亲"，立即提出了我们即将讨论的黑人同一性所面临的问题之一。他脑子中的犹太母亲可以期望得到她们丈夫的支持，或期望她们的丈夫代表她们，许多黑人的母亲却不可能。黑人的母亲容易培养出若干世代以来强加于黑人身上的"投降的同一性"。这一点正如文学上所说的那样，使许多黑人处身于"消极的"承认想法之中，它就像若干无穷尽的歪曲形象的镜子把他们包围了起来。他们的积极同一性遭到了严重的、有系统的毁坏——首先由北美的说不出来的奴隶制度，然后由南方的农业和北方的都市所永恒化了的奴役制度——被广泛地、仔细地、毁灭性地用文件记载下来了。

消极同一性概念在此可能有助于澄清许多复杂的问题。

如我们所总结的那样，每一个人的心理社会同一性都有其积极和消极成分的层次，后者是由于个人在整个儿童期生长过程中都会碰到邪恶的和理想的原型。我们说这些在文化上是有关联的：在一个智力成就突出的犹太背景中是不乏某些像"懒汉"这样的反面角色的。事实上,当个人被警告不要去变成他平日也无意去变成的人时,他就能学会预先看出什么是该避免的了。因此积极同一性绝不会是特性或角色的静止不变的聚集物,总是要与必须生活下来的过去以及必须加以防止的潜在未来不断地矛盾着的。

属于被压迫和被剥削的少数人的个人,意识到了优势的文化理想,但却被禁止去获得它们,容易把占统治地位的大多数给予他的消极印象与在他自己集团中培养起来的消极同一性融合在一起。这使我们想起了一个黑人可以称呼另一个黑人为"黑鬼"。

这种可剥削性的理由(以及对剥削的诱惑)就存在于人作为假种的进化和发展之中。大量证据说明,在一切少数人的集团中有着"自卑"感觉和病态的自恨情绪,而且为迫使美国黑奴陷入和保持防止他们想要获得独立境况所使用的种种正当的和残忍的有效方法,现在仍广泛地和根深蒂固地存在着,反对他们在即使被"允许"的情况下利用平等。再者,文学作品大量地描述黑人怎样从音乐和精神世界中寻求逃避,或者用诸如顽固的温和、夸张的孩子气,或者表面的屈从等讥讽的漫画式行为来表达他们的反抗。然而,"黑人"不总是经常被人概括地、专一地用这种方式进行讨论,认为他的消极同一性仅仅限制在他对占统治地位的白人大多数的防御性适应的措辞上吗?我们知道(我们能知道)黑人人格内部和黑人社会内部的积极和消极因素的关系吗?只有这一点才能揭露出消极是怎么消极、积极是怎么积极的。

但是进一步的事实是,压迫者在被压迫者的消极同一性中有一种既得利益,因为那种消极同一性正是他自己不自觉的消极同一性的投射——一种使他感到优越但也脆弱地感到完整的投射。假种的讨论可能对这一问题的某些方面做出理论性的说明,但是一次历史性的出现又强迫立即应用到了他自己身上。

一个多数民族突然意识到因为曾使一个少数民族遭到几乎是致命的分裂这一事实而导致自身的重大分裂时,可能在一种突然的热情中想要重新获得道德地位并"面对现实",就粗心大意地想要进一步确定这少数民族自己的消极意象,这样做时就不免过分停留在,甚至自我沉溺于这多数民族的罪过之上了。一个临床医生由于询问了关于过分的道德热情对康复的价值，可能会被原有。举例来说，如果人们意识到贫民区孩子被剥夺中层阶级文化，同时也剥夺了使白人孩子可以免于神经症失调的许多经验时，"文化被剥夺"这一说法就显得有些讽刺意味了。历史的事实胜于诗意的公正，许多年轻白人深深感到被剥夺了，因为在其家庭"文化"背景下成长起来的他们，在与那些据说是由于缺乏这种文化而被剥夺的人生活和工作在一起时却找到了同一性和一致性。这些对抗在产生一种更广泛的同一性过程中当然是一个重要的步骤，而我在自己的一生中，除了在学习中学过的早期甘地主义对印度群众的发现之外，从未听到过任何接近当今南方故事中所揭露出来的普遍人类经验的直接性。

四

即使一个忏悔的多数也必须注意它是否会无意识地坚持习惯性的模式。隐藏的偏见似乎甚至潜入到可以衡量伤害的测量之中。必须记住，诊断决定了预后。

托马斯·佩蒂格鲁（Thomas Pettigrew）在他值得称赞的《美国黑人侧影》（*A Profile of the Negro American*）一书中，仅仅顺便地使用了同一性名称。他提供了大量有关黑人智慧被荒废和黑人家庭被瓦解等方面有力而令人震惊的证据。如果我从佩蒂格鲁的报道中选择了一个最有问题然而却是有趣的例子，目的只是想说明某一个人的**特点**与人民历史之间的关系。

佩蒂格鲁继伯顿（Burton）和惠廷（Whiting）之后，对这个问题是这样讨论的：

没有父亲的家庭中的（男孩子们）在仅有一个双亲模范——他们的母亲——的基础上建立了最初的自我意象之后，在他们的儿童后期还必须痛苦地获得一种男性自我意象。好几个研究都指出了这种下层阶级黑人男性的性别同一性问题的适用性。

第八章 种族和更广泛的同一性

他报道说：

> 从具有广泛差异的集体——阿拉巴马监狱的囚犯和威斯康星患肺病的老工人——的两个客观测验评定中，发现在女人气质的量度这一项上，黑人男性的得分高于白人男性……这个量度是明尼苏达多重人格调查表（MMPI）的一部分。该表是一种著名的心理学工具，需要自己对500个以上简单陈述的适用性判断做出反映。在这些样本中，黑人对"女性的"选项一般往往同意"我想做一个歌手"和"我认为当时我比大多数人更为紧张"。①

佩蒂格鲁聪明地将"女性的"放在引号之内。我们可以假设，明尼苏达多重人格调查表，正如它所宣称的那样，是一个包括了阿拉巴马监狱囚犯和肺病隔离室的病人的"具有广泛差异的集体的客观测验评估"，也可假设偶然测验最终可能有损于统计的"真相"。其总的结论都确实指向黑人和白人、男性标志和女性标志之间的重要区别。然而，一个仅凭"想做一个歌手"和"认为比大多数人更紧张"就定性为"女性的"这样的测验，暗示着测验项目的选择和由它们而得的结论不仅说明了测验的被试，同时也说明了测验和测验者。"想做一个歌手"和"感到紧张"似乎在那个测验首先制定和标准化的应试者中仅仅具有女性特性的男人才承认。但是人们想要知道，为什么一个被关在监狱里或肺病隔离室的低阶层的黑人就不能承认想做一个像西德利·波伊蒂尔（Sidney Poitier）或者哈里·贝拉方特（Harry Belafonte）那样的人，并承认自己在现在的环境中比大多数人更紧张呢？如果你生活在一个南方的黑人城市（就此而论，或者在那不勒斯），想成为一个歌手和感到紧张，可能会被愉快地承认为男性理想，而不作此想的人在大多数人中会被认为是有缺点。事实上，在哈莱姆和在那不勒斯强调艺术的自我表现和紧张感觉可能正靠近了个人积极同一性的核心。用"整合"的方式使之失去或减弱这种强调，可能使人成为可调整

---

① T. F. 佩蒂格鲁：《美国黑人侧影》（*A Profile of Negro American*），普林斯顿，范诺斯特兰德，1964年，第19页。

"角色"的苍茫大海中的一个漂泊者。在紧密的白人大多数中，否认"紧张感"可能变成消极同一性问题的一部分，正是这一部分消极同一性主要构成了否认黑人紧张性的偏见。停留于类似区别的测验可能提供种族差异的"客观的"证据，然而也可能成为它们的症状。如果完全忽视了这一点，测验将只是强调，测验者只是报道，而报道的读者（黑人或白人）仅能看到黑人的"瓦解了的"自我意象与被假定为白人的"整合了的"自我意象之间的距离。

佩蒂格鲁在另一测验中，把自己放在被试黑人儿童的地位上，清楚地说明：

> ……智力测验毕竟是中层阶级的白人工具，它是白人用来证实他们的才能并在白人世界中进行的一种说明。获得高的测验分数对一个低级地位的黑人儿童的意义是不同的。它的含义甚至包含着对个人的威胁。在这种意义上说，智力测量上得低分可能是某些有天分的黑人儿童对可见危险的合理反应。①

因此整个**测验事件**本身说明了历史的和社会的相互依存，而这种相互依存只有根据不同的同一性完形的现实才能讲得清楚。由于这一理由，绝不能肯定地说一个正在经历这种程序的小孩子与当他逃过了这种测验程序困境而在操场上或街道角落里和他的伙伴们一起游戏的小孩就是同一个人。另一方面，理所当然，**调查者**和他的同一性矛盾在无形中掺入他的测验方法之中，即便他自己是属于白人中高度的、可能是防御性的文字亚组（verbal subgroup），而且被那些近乎文盲或来自文盲背景的被试（有意无意地）这样看待时也是如此。

在此，我愿引用肯尼思·克拉克（Kennth Clark）对"黑人区边境年轻人"性生活特点的动人描写。作为一个有责任感的父亲形象，他知道他不应当容忍然而他又必须防御的陈规陋习。

---

① T. F. 佩蒂格鲁：《美国黑人侧影》（*A Profile of Negro American*），普林斯顿，范诺斯特兰德，1964 年，第 115 页。

第八章 种族和更广泛的同一性

在犹太区，非法性不能用惩罚性敌对这样的名词来加以解释或处理，像未婚的母亲如果重复违法就要取消福利那样。这些方法用空洞的有时是伪善的道德化模糊了青年对被接纳和对同一性的渴求，对想要哪怕是在短期内为别人所需要而不包含效忠和永恒的保证那种绝望的渴求……使自己在持久和忠诚的关系中去冒进一步遭遇失败的危险实在是太大了。这种关系的内在价值是它的唯一价值，因为再没有其他的了。①

这就将合法的或道德的项目放置在它的"现实的"背景之中，这种背景也常常揭示出，只做出判断和墨守成规而不去理解的那些人的某些问题：因为那种关系的内在价值，不也正是那些经受令人迷惑的强烈的多元价值痛苦的某些更有特权的青年所失掉的项目吗？②

五

现在再转向新的黑人青年："我的上帝，"一个黑人女学生前天在一个小会议上说，"我被设想是由什么整合出来的呢？我笑得像我祖母——如果不像她那样笑，我情愿死去"。接着是一阵沉默，在这沉默中你可以听到旧框架在那里咔嗒作响，因为即使是笑，现在也成了黑人文化和黑人人格被怀疑为屈从与宿命论、欺骗与逃避的标记了。但是这位年轻女孩并没有急于用"当然，我这样做的意思并不……"等抱歉的话来表示她的屈

---

① K. B. 克拉克：《黑暗的犹太人区》（Dark Gretto），纽约，哈珀-罗，1965 年，第 73 页。

② 新的定型最容易进入最富有思想的人的意象，在《白人和黑人的危机》（Crisis in Black and White）（纽约，伦道姆书屋，1964 年）中，C. E. 西尔伯曼讨论了 S. M. 埃尔金的《奴役》（Slavery）一书，以半引半编的方式使用了"儿童般"的定型作为黑人性格和集中营同居囚犯的暂时退化的含义。与真正的儿童的品质一道，如愚蠢，我们发现奉承、奴态、不诚实、作假、利己主义、惯窃等所有行为加起来可列在"儿童般的"行为名下（第 76 页），此处"儿童般的"代替了"幼稚的"或"倒退的"，如同"女性的"往往代替了"娇气的"，它对真正字眼的意象既有误解也有破坏性。

服，这种沉默意味着同一性矛盾变得已到刻不容缓的地步。接着是一阵大笑——困惑的、感到有趣的、挑战性的。

在我看来，这女孩表达了一种想要迅速重组同一性元素的焦虑，"被设想"反映了一种丧失了主动的、选择角色的感觉，而这种感觉正是联系生动的过去和可预见的未来的同一感的主要因素。我曾指出过行为或意象的个别项目在新的同一性完形中可以改变其性质，然而就是在当时曾经表示可能的内部整合的那些同样标志，已"被设想"为黑人变换为一种不明确的外部整合了。取消种族隔离、补偿、平衡、和解——难道它们不都是往往以一种连黑人自己也不知道会留给他们多少东西的吸收为代价来拯救黑人的吗？因此，埃利生称之为黑人作家的"同一性的复杂肯定和否定"有着更为简单的前提，而这种单纯同样也是悲剧性的。

这年轻女人的呐喊提醒了我们同一性发展有其时间性，或者说有两种时间：一是个人生命的**发展阶段**，一是历史的**时期**。我们曾指出，生命史和历史是互为补充的。除非受到早熟和灾难性的挑拨（黑人作家的传记和对黑人儿童的直接观察证明了这种悲剧性的早熟），同一性危机在开始之前是不可能发生的，正如其在青年期结束之后是不可避免的一样。这时身体已发育完全，个人的外表已经成形；这时已达到性成熟，寻求肉欲游戏中的伴侣，迟早成为父母；这时心灵已充分发展，可以在历史的前景中面对个人的事业——在少数族群儿童的案例中，所有这些特性的发展都很快表现为如此之多的矛盾。

但是青少年的危机同时也是一个世代的危机以及它的社会意识形态健全的危机：在同一性与意识形态之间，也有一种相互补偿的关系。如果我们说在某一时代，一部分青年能把他们的忠诚投入到与诸如商业活动、殖民主义或者工业化等新技术和经济扩张相联系的意识形态倾向之中，这一部分青年的危机就最不显著，我们就认识到了成体系地排斥在这些倾向之外的悲剧性后果了。迫切想要获得社会中占优势的技术，却又找不到获得它的道路，青少年不仅会对社会感到疏远，在性方面也会感到骚乱，而大多数人都不能建设性地运用攻击性。可能现在很多黑人青少年以及一部分艺术型人本主义的白人青少年感到处境不利，因此逐渐发展了某种与"危机"和"革命"有关的团结：因为有特权的中产阶级家庭的年轻人和没有特权的黑人家庭的年轻人一样，可能在整个发展过程中缺少那种既可构成祖母的温暖，又可构成同一世界中单纯的技术渴求的那种一致性和连续性。

在个人和在社会中，同一性都包含了对过去和未来的互补性：它连接了生动的过去实际和有希望的未来实际。任何对过去的浪漫化和对创造未来"形势"的游说都不能解决问题。它符合佩蒂格鲁的"侧影"（Profile）中所没有列举出来的诸如好交朋友、幽默、母性、音乐、淫荡、灵性和运动等项目的精神。它们都被设想为是由白人加以浪漫化了的一种调和的特性。但这就使得现在可用的这些"侧影"成了漫画的真正改正版而甚至不是一张肖像的素描了。同时，人们可以询问，一种新的或是更新了的同一性，能从改正了的漫画中产生出来吗？人们想到不能获得同一性的那些人，在最不利的情况下"接受现实"，对他们说来，一切旧完形的暴露可能更进一步加深了对无价值和无助的证实。

就在这种背景中，我必须对一个事实提出问题：在许多索引中，黑人父亲仅只在"缺"那项标题下出现。同时，家庭中的关系分崩离析，没有父亲，与一切社会和精神病理症状的关系大量存在。"缺少父亲"确实存在于每一索引和与民族有关的记事册中，但是**仅仅**作为有关父亲和母亲身份的唯一项目，难道它不是对许许多多的母亲和至少是一部分父亲的严重不公平吗？从委内瑞拉经加勒比海到我们南方这整个半圈的移民文化中，不论历史的、社会学的和法律的解释如何，难道这一项目可以从传统的黑人同一性清单中被抹掉吗？黑人文化能把"坚强的母亲"作为一种责任而原始地意象化（stereotyped）吗？因为一个人的和一个民族的同一性是从婴儿期的仪式开始的，当时母亲们用许多前文化的方法弄清楚出生是件好事，一个孩子（让这坏世界说它是有色的或者把它归入非法的清单之中吧）应得到温暖。甚至"隐身人"也说：

> 除了玛丽，我没有朋友，我也不希望有朋友。我也不把玛丽看作朋友，她超越了朋友——是一种力量，一种稳固的、亲密的力量，像是从我的过去中得来，可以使我不致陷入那种我不敢面对的陌生东西的力量。这是一种极为痛苦的处境，因为同时，玛丽时刻使我想到有某些事

情期望于我，某些领导的行为，某些值得报道的成就，我就在因此而对她产生的怨恨与由她引起的模糊希望而对她所产生的爱中被撕裂了。①

另一方面，对黑人男性像对家畜一样的系统剥削，同时又剥夺了他作为负责任的父亲的身份，是基督教民族历史中最可羞的两章。因为父母亲的不平衡存在从来不是一件好事，而当小孩日益长大时就变得更坏，因为婴儿期建立起来的对世界的信任可能会使他更为失望。在都市和工业的情况下，它可能变成人格瓦解的最严重因素。而且，黑人家庭的"瓦解"不能单纯用它和那些有着独家住屋的合法的、宗教正统化了的白人或黑人中等家庭的距离来衡量。解体必须作为**传统**的、常常是作为非正规的**黑人家庭模式**的畸变来加以衡量和理解。传统的母亲智慧是需要的，在充分意义上真正成为父亲的黑人男子的帮助也是需要的。

同时，双亲功能的问题，各自都有强有力的方式，每当最需要时双方都能温和地出现在家庭中，这是个任何地方、任何工业社会的家庭所面临的问题。整个伟大的社会应当发展行业以提供平等的就业机会，也要有不同的方式允许让父亲们和母亲们对他们的孩子尽到他们应尽的责任。从母亲和父亲的角度，也很能说明每一发展阶段都需要它的最适合的环境这一事实，在母亲和父亲的力量之间寻找平衡意味着在孩子的生命中分配给父母各一段占优势的时期。母亲的时期是最早的，因而也是最基本的。我们看到，在最初跟母亲肉体和感觉的交往——最初的认知——中体验到的同一性与当青年期所有早期的自居作用都已聚集，年轻人走入社会和他的历史时代的最后整合之间，存在着一种深刻的关系。

六

华伦在《谁为黑人说话？》一书中记录了另一个年轻女学生的话：

---

① R. 埃利生：《隐身人》（*Invisible Man*），纽约，伦道姆书屋，1947 年，第 225 页。

第八章 种族和更广泛的同一性

……礼堂里坐满了人——大部分是黑人，但也零散地坐了些白人。一个脸色苍白的年轻女孩，女学生打扮，穿着节日的服装，站在讲台上。高跟鞋使她的身体稍向前倾，由于内心的激动和某些紧张的热忱，她用一种带着特殊颤抖的奇怪而不规则的语调说："——而且我告诉你们我发现了一个伟大的真理。我发现了极大的愉快。我发现了我是黑人。我是黑人！你们外面的那些人——啊，你们可能有黑的脸，但是你们的心是白的，你们的头脑是白的，你们被涂白了！"

华伦报道了一个白人妇女对这一爆发的反应，并推测说如果这位妇女

在那时听到了她头脑中的任何语言，它们大都会像马尔科姆十世（Malcolm X）的话的回声："白魔鬼。"如果她看到任何面孔，它一定是马尔科姆十世带着讽刺必然性的龇牙咧嘴的不高兴脸色。①

虽然她只看到马尔科姆许多面孔中的一个，但我想我们是理解这种恐惧的。她目睹了我们称之为意象的"全体性的"重新安排，这种重新安排的确是近代历史某些意识形态运动的基础。由于我们把"全体主义"（totalism）描写为意象内部的重新集合，差不多是一种消极的转变，在这种重新集合中，过去的消极同一性因素占完全优势，而过去的积极因素则被全部排除了。②我们说过，这种情况能够以一种过渡的方式发生在各种肤色的许多年轻人身上，他们既反叛又联合，到处游荡或者孤立自己；它能够在发展的风暴中沉沦到底或者引导到完全尽责的境地。根据历史的、社会的条件，这一进程有其有害的潜能，这在"证实了的"性欲变态犯罪者或奇特的极端主义分子的心灵状态和行为方式等例子中可以看到。

这一过程所能给予我们的政治方面的战栗要回溯到《凡尔赛条约》之后的历史震惊感，曾一度对外国的评论如此敏感的德国青年，这时却从对

---

① R. P. 华伦：《谁为黑人说话？》，第 20、21 页。
② 见 R. J. 利夫顿：《思想改造与全体主义心理学》（Thought Reform and the Psychology of Totalism），纽约，W. W. 诺顿，1961 年。

并没有真实同一性的文化之爱中弹跳回来，迷恋上了过高评价的纳粹文明价值。这昙花一现的纳粹同一性是以激进的**排外**、尤其是以**排犹**为标志的极权主义为基础的。它没有能整合德意志民族的丰富的同一性因素，相反却达到了历史的假逻辑的歧途。很明显，带着燃烧的十字架的激进种族隔离主义和黑人穆斯林两者，都是这种现象在美国的副本。在马尔科姆十世这一人物身上，他那由于同一性发展失掉了传统保证的完整性而引起的特殊愤怒是被戏剧性地加以描绘的，虽然作为一个人和一位领袖，这个有强烈吸引力的人明显地指向于超越他所发起的运动。然而，黑人穆斯林也能号召那些感到"被包括在内"的个人的某些最好的潜能。

然而，作为一个整体来说，美国对这种全体性的转变并没有敌意，那些反抗的青少年不能、实际上也不愿得出意识形态方面的系统结论，其本身就是一个重要的历史事实。我们还缺乏可以把激进主义与统治欲望联结起来的有意义的"忠诚的对抗"的组成部分。加利福尼亚州的"自由言论运动"暂时性地退化为反对"脏"话，可能是无能的全体主义向有希望的激进主义的一种入侵。因为受到为政治意识形态服务的管辖所产生的不满，使那些被剥夺了基本权利的青少年的潜在狂暴对于个人的统一能产生更大的破坏，偶然也要波及"法律和秩序"。但是也要注意，在南方某些县里，当黑人居民被卷入社会抗议之后，犯罪和少年犯罪率据说是显著下降了。不幸的是，一个暴力的社会把非暴力看成软弱，并且要强制执行暴力的解决。

我们曾说过，排外的全体主义的替换物是**范围更广的同一性**的整体性。美国的黑人可以指望什么样的**历史真实**和什么样更广泛的同一性来允许他自信是一个黑人（或黑人后代）并且可以整合为一个美国人呢？因为我们知道，当一切现实都被调查并归类，一切研究都被评估以后，问题仍然是：一种发展中的同一性能指望什么样的**历史真实**？

为了再一次强调生命史与历史的互补作用，我有点不耐烦地申明，我从未把同一性这一名词用"我是谁"这样的问题来加以说明过。除了多少处于一种暂时性的病态，或者是引起的自我敌对，或者是在青年期中两者并发的状态之下，这一问题是没有人会问他自己的。因此，当我偶然发现一个学生说他处于"同一性危机"时，我便问他到底是诉苦呢，还是吹牛。这一中肯的问题如果真能用第一人称来问的话，将会是这样的："我

第八章 种族和更广泛的同一性

想要使自己成为什么样的人?我必须用什么工作?"但是这种内部动机的觉醒对用现实的目标去代替幼儿的希望和青年期的幻想是最为有用的。而且,唯有恢复了的和训练较好的历史真实感,才能引导那些既激发潜在发展又被潜在发展所激发的能力得以展开。潜在的发展怎样变成历史事实,可以通过"文化上被剥夺了的"黑人孩子突然遇到需要惊人的尊严和刚毅的历史使命这一方式而加以说明。罗伯特·科尔斯(Robert Coles)通过对黑人儿童早期"被整合"的生命史的研究,对这一问题做出了重大的贡献。如果根据广泛的精神病学用法来解释,这些可用的"资料"可以轻易地引导我们预言,在一个十分不正常的背景中,单独一个黑人男孩,想要在一个十分敌对的中学里体现取消种族隔离这一任务,定会遭到不可避免和可以原谅的失败。但是科尔斯作为一个新型的"观察参与者",描写他目睹了这个男孩令人难忘地挺立起来并一直坚持到毕业。①

在世界的许多地方,现在的斗争是为了期待着的和**更为广泛的同一性**:曾经是革命和改革、建造教堂和建立帝国的驱力现在变成了同时发生的世界性的竞争。革命的教义允许各国青年有一种工农的同一性,而这种同一性必须克服他们部落的、封建的和殖民的过去:新的民族企图吸收地区、新的市场和民族,而世界空间也扩张到了包括外部空间作为全世界技术同一性的适当"环境"了。

在这一点上,我们超出了一位忏悔的或受惊的殖民主义者如何可能分配他改善了的福利以平息对更广泛的同一性的需求这一问题了(在这一问题上至少甘地对英国人有很多教益)。问题是他怎么把自己包括于更广泛的模式之中,因为更广泛的同一性是一种发展,原先依靠相互之间的消极同一性(生活在传统的相互敌对或一方有剥削的情境中)的两个集体,通过这种发展,把他们的同一性用一种可以使双方潜能都能得到激发的方式联合起来。

那么,什么样的同一性能胜任美国黑人所承担的义务呢?有些似乎太宽,难以成为"实际",有些又太窄。我把按照近日人本主义自我陶醉的

---

① R. 科尔斯:《危机的儿童:勇气和恐惧的研究》(*Children of Crisis: A Saudy of Courage and Fear*),波士顿,布朗,1967年,第2部分,第4章。

奇怪习惯将人赋予人、病人、女人、黑人等等的"人类"同一性，看成是太宽了。这种作为"人类"的奇怪措辞有时表现出对假种精神的真正超越，它也常常意味着发言者有着某些揭露方面的困难，他处于一种将人类的成员资格授予其他人的处境。我对我们的黑人同事和朋友常常在我们"最好的"人身上都能体会出那种文化的殖民主义残余并不感到惊讶，但是它有助于从"人的"关系中抽取出一切特性。因为即使在更广泛的同一性中，人与人也总是在各种范畴中相遇的（不论他们是成人或孩子、男人或女人、雇主或被雇者、领导或从属、多数或少数），"人"的相互关系只有在其被区分的功能或在对其所固有的特殊心理矛盾的具体克服中才能得到真正唯一的表现。这就是我为什么要系统阐述箴言（Goden Rule）的理由，因为它要求我们行动时，行动者和被行动者双方的同一性都应有所加强。

现今世界潜在的最广泛和最有吸引力的同一性，可能就是工艺技术的同一性。这无疑就是列宁所鼓吹的首先要把音乐放在货车上的意思，他的意思是把它看作无产阶级意识同一性的准备。但时至今日，它所指的意思就更多了，那就是，参与把现代人证实为工人或设计者的工作和经验的领域（不论好坏，我认为我触及了这两种潜能）。当一个人证明了自己没有机械才能而把**自己排除**在这种证实之外是一回事，但**被排除**在这种证实之外，举例来说，由于文化方面的要求妨碍了证明他有机械天赋，或者证明了他有这种天赋，但由于使用上的错误而妨碍了这种天赋的使用，那又是另一回事。以色列，一个有使同一性再生天才的小国家，证明了可以把军队当作一个教育机构来使用，在允许的独特条件下，无知可以在一个把人们放在他们感觉自己被需要的进程中而得到改正，而战斗的作风正是适合它的东西。

如哈罗德·伊萨克斯（H. Isaacs）所提出的那样，**非洲同一性**是美国黑人同一性的强有力的竞争者。它提供了黑色皮肤团结一致的高度实际的背景，还可能给美国黑人提供了和美国其他人一样值得夸耀或者如果他们愿意还可以拒绝承认的同等权利：一个即便那么遥远的家乡。因为与非洲分离开了的美国黑人的方式甚至剥夺了他"**移民**"同一性的要素。对非洲人来说，一个美国黑人到底是更黑些还是更美国气些，一个美国黑人在与非洲人接触时是更想成为美国人还是更想成为黑人，似乎是一个问题。黑人穆斯林甚至称自己是伊斯兰教的成员，以强调一切全体主义所要求的那种更为广阔的神秘联合（注意：德国人统称自己为"雅利安人"）。

对于作为消费者同一性提供者的**中产阶级**，佩蒂格鲁为他们开的"金钱和尊严"似乎是最为合适的处方了。许多人对它的局限性进行了讨论。中产阶级预先占有了财产和生活资料、地位和形势，会包含越来越多有天分的人和幸运儿，但是如果它不服从更为广泛的美国同一性，它明显地会在这些少数人与黑人群众之间设置新的障碍，黑人与白人竞争的距离只会增大。如果工作由于提供了"生活"资金和对能力的挑战而使人感到尊严，那么"工作和尊严"可能是最贴切的口号。因为缺少这两者，一切机会都是奴役的永恒化。

但是和其他任何地方一样，美国黑人同一性问题也无形地渐渐渗透到这一问题之中了：美国人在未来的技术学中要使自己成为什么样的人。在这一意义上，在黑人方面最大的收获可能莫过于豪瓦德大学的博士们所讨论的**亲社会行为**（prosocial actions）了。① 我指的事实是：黑人尽可能做到的符合非暴力精神然而却明显反对社会化的法律和习惯的抗议，已被国内许多人接受为美国化的了。当局的雄辩以及司法和立法机关的行动努力想要在大范围内吸收"革命"。但是吸收可能仅仅是适应性的和事实上防御性的，或者它也可能是适应性和创造性的，这就要留待以后再看了。

同时，亲社会行为的成功，又绝不能遮掩美国黑人自传中被贴切而详细描述的有意义的**反社会**（antisocial）成分——我指的是被指定为少年犯罪和犯罪的青少年的悲剧性的牺牲。无疑，他们常常通过唯一对他们开放的造反方式，来保卫他们可以得到的那些同一性成分——一种凶险的但却是唯一能表明自我尊重和团结的方式。像美国的先驱那些被流放的英雄们一样，黑人中反社会的典型也是不能从他们人民的历史上抹杀掉的。

然而我们的真正人本主义的青少年会继续把一种**宗教的同一性成分**扩张到种族的关系中去，因为同一性的一切未来问题中将会包括人的技术努

---

① 见 J. 菲什曼、F. 所罗门：《青年期与社会行动》，《社会问题研究》，卷 20，1964 年，第 1—27 页。

力和伦理的、最终关怀范围内的平衡。我相信（但是你们不要告诉他们，因为他们怀疑这些话），这些原来完全不知名却直接进入我们国家事务的青少年，一定保有允许人类有假种那更为自由态度的新宗教成分：那种被全世界的宗教宣称为最有价值的目标的乌托邦一致性，却总是被埋葬在转变为新假种或与新假种联合的教条主义的新王国里。教堂也看出了尘世的偏见——无论是狂热的或是隐藏在冷漠之下的——流进了现在使人成为勒伦·艾斯莱（Loren Eiseley）所说的宇宙中"致命因素"的死一般的联合之中。我们已看到，这种因素将无边际的技术野心与陈腐道德教条的伪善紧捆在相互排斥同一性领域之内。对抗力量、非暴力仅仅在关键时刻可能成为强烈的和创造性的现实，而且只是为了那些"社会中坚"。甘地在把曾经是纯粹的宗教原则应用到世界性的政治方面迈出了第一步。

后殖民主义和有色人种同一性的世界命运，在非洲和亚洲民族利益的冲突中难以预言。人们在此不能忽视美国在越南的持续行动可能蕴含着有色人种对越南革命者露骨的英雄主义的世界性的自居作用。要求越南屈服于拥有大量致命武器的超级组织的攻击，只能使人想起那一般殖民扩张的炮火功能、特殊的警察力量，以及认为"土著"必须屈服于自认为是坚不可摧的主人民族的某种（未明言的轻视）态度。很明显，美国国内对于美国在亚洲军事卷入的不同看法，不仅是这一方面或那一方面对事实的错误理解或是缺乏道德方面的耐力，也是大规模的同一性冲突。美国同一性占优势的政治技术核心，期望这种现在能释放的能（power）可以被有限度地加以有益的利用，并能对不可想象的战争爆发形成内部防御力量。自相矛盾的是，黑人中有相当大一部分从下面的事实中获得了同一性的利益，即许多黑人士兵在战场上和军事服务工作中证明了他们自己，而他们的国家却拒绝在非军事机会中这样做。

在本书的开头，我曾允诺要说明在病案史、生命史和历史中"同一性"和"同一性混乱"这些概念的必不可少性。在我立论的地方，我可能已将我的读者引到了非常实际的问题，因此讨论到半途而废似乎是太不应该了。然而绝大部分的概念使用表明，从精神分析学家也想做出一份贡献的专题讨论会式的论文集中是得不出结论的。这种参与本身就是一个"时代的标志"——但是有待做出贡献的方面依旧未变。甚至当转到共同讨论

第八章 种族和更广泛的同一性

的一些问题上,从而更接近于历史的"表面"和各参加者的偏见时,精神分析的观点仍然集中于:正当一种新的觉醒照亮了人的经验以前被忽略了的方面时,是什么最容易变成或者保留为潜意识。经仔细考察的新的觉知过程中出现的那些概念,我已经在本书较多理论性的章节中探索性地指出过了。但是即使用于对社会问题的评估,我们的研究在方法论上仍然是临床性质的:就是说,它只能用于对交叉学科组合的集中思考。在临床方面,对同一性问题的评估要求"接受历史"、对分裂的定位和诊断的鉴定、对未动用的资源的测验、暂时的预后,以及估量可能行动的方向——每一项都根据研究方法而且往往根据气质的特性而定。社会的应用同样要求类似的各种方法。与临床的和发展的情况一样,社会的和历史的努力彼此更为接近。有些新的名词是需要的,但是一个概念的好处仅相当于一个初步的秩序,处理使用不当,就会产生令人迷惑和似乎没有联系的现象——建立秩序的好处还在于在混乱状态的危机中显示出恢复的力量。

本书根据的著作

第一章

《同一性专题讨论会文本》（Transcript of a Workshop on Identity），旧金山精神分析研究所，1966 年。

《致 2000 年委员会的信》（Letter to the Committee on the Year 2000），1967 年。

第二章

《自我发展与历史变化》（Ego Development and Historical Change），1946 年。

《论内部同一性的意义》（On the Sense of Inner Identity），1951 年。

《整体和全体》（Wholeness and Totality），1954 年。

第三章

《"健康的"人格的生长和危机》（Growth and Crisis of the "Healthy" Personality），1950 年。

第四章

《自我同一性问题》（The Problem of Ego Identity），1956 年。

《精神分析样梦》（The Dream Specimen of Psychoanalysis），1954 年。

《同一性混乱综合征》（The Syndrome of Identity Confusion），1955 年。

《自我同一性与心理社会合法延缓期》（Ego Identity and Psychosocial Moratorium），1956 年。

《中学生情绪问题》序言（Preface to *Emotional Problems of the Student*），1961 年。

第五章

《自我同一性问题》（1956 年）与未出版注释。

第六章

《青年期：忠诚与歧异》（Youth：Fidelity and Divorsity），1962 年。

第七章

《内部和外部空间：妇女气质的反思》（The Inner and the Outer Space：Reflections On Womanhood），1964 年。

第八章

《民族关系中的同一性概念》（The Concept of Identity in Race Relations），1966 年。

索 引

本索引页码均指英文版原著页码，请按中文版边码检索。

A

Action，ethos of，行动的精神气质，120—21

Adler，A.，阿德勒，225

Adolesence，青年期，128—35，155—58

 Compupulsive person in，强迫性的人，111—12

 diffuson of time perspective in，时间前景的散乱，169—70，181—82

 female，女性，265—66，282—83

 final stage of identity formation in，同一性形成最后阶段，163—65

 function in history of，历史功能，257—58

 gangs and cligues in，团伙和帮派，253—55

Adulthood，成人期

 new definition of，新定义，33

 young，division of，年轻人，的划分，38—39

African identity as contender for American Negroidentity，非洲人同一性是美国黑人同一性的竞争者，317

Aging，老年，38

Ambulatory stage，步行阶段，118—20

America，美国

 grammar school education in，文法学校教育，126—27

 mass transformation in，大的变化，104

 trust in fale in，信任命运，103

American identity, threat to tranditional, 对传统的美国同一性的威胁, 69

American Indians, 见 Indians

American soldiers, 美国士兵

 Negro, 黑人, 319—20

 Sense of identity of, 同一感, 67—68

Amnesia, childhood, 儿童期健忘, 76

Anality, 肛欲色情, 107—13

Anatomy as destiny, 解剖学是命运, 285

Anglo-Saxon cultural identity, 盎格鲁-撒克逊文化同一性, 61

Anirma, 阿尼玛, 59

Animus, 阿尼姆斯, 59

Anticipatory rivalry, 预期的竞争, 118—19

Apprenticeship, sense of, 学徒身份感, 185

Armed forces, 见 Military identity

Autobiography of an Unknown Indion（Chaudhuri），《一个无名的印度人自传》(乔德赫里), 25

Automobiles, youth and, 青少年与汽车, 244

B

Baboon organization, morphology of, 狒狒组织形态学, 279—80

Baldwin, J., 鲍德温, 297

Bassetto, Como di, as namde plume of Shaw, 萧的笔名卡罗·第·巴塞托, 147—48

Beauvoir, S., de, 波伏瓦, 284

Benedek, T., 本尼狄克, 102

Bettleheim, B., 贝特尔海姆, 265

 in Concentration Camp, 在集中营, 326

Bibring, E., 毕布林, 169

Biological process, 生物过程, 73

Bisexual Confusion, 两性混乱, 27, 186—87, 254

Black Muslims, 黑人穆斯林, 313, 317

Blues, Negro, 忧郁的黑人民歌, 300

Body self,身体自身,211,218

Bolivar, S.,玻利瓦尔,287—88

Breast feeding,喂奶,101

    among Indians,在印第安人中,50—51,99

Breuer, J.,布洛伊尔,198

Brown, N.,布朗,42

Brumer, J. S.,布鲁纳,245

C

Caribbean family life,加勒比人的家庭生活,286—88

Castration complex,阉割情结,119

"Character Structure","性格结构",326

Child training in primitive societies,原始社会的儿童训练,47—51

Childhood,儿童期

    anticipation of roles and,角色预期与,115—22

    identification in,自居作用,158—59

    predisposition to totalitarianism in,极权主义的先天倾向,75—79,82—83,85—90

    specific factors of identity confusion in,同一性混乱的特殊因素,176—79

    will to be oneself in early,儿童早期表现的自主意志,107—15

Children at play, study of,儿童游戏研究,268—72

Citizenship,公民身份、公民的权利与义务,290

Civil disobedience,有礼貌的不服从,35

Civil rights movement,公民权利运动,36

Clark, K., on sexual life in ghettos,克拉克论黑人区的性生活,307—8

Cliques, adolescent,青年帮派,253—55

Clothing, trend toward distinctive,与众不同的服饰倾向,183—84

Coles, R.,科尔斯,315

Colored identity,有色人种同一性,319(又见 Negroes)

Communism, Soviet,苏维埃共产主义,85

Competence, in school age,学龄期的胜任,234

Compulsive type,强迫性类型,108,111—12

索引

Concentration camp, Bettelheim's experien in, 贝特尔海姆在集中营中的经验, 326

Conceptualization, habits of, 概念化习惯, 225

Confusion, 见 identity

Conscience, 良心, 119

    crecocious, 早熟的, 111

Consciousness expansion, 意识的扩张, 37

"Craft-idiocy", "手艺白痴", 127

Creative confusion, 创造性混乱

    William James's, 威廉·詹姆士, 150—55

    Shaw on, 萧伯纳论~, 142—50

Criminal identity, potential, 潜在的犯罪同一性, 28

Cultural conditions in psychoanalysis, 精神分析中的文化条件, 223

Cultural consolidation, 文化巩固, 31—33

Culture diffusion, 文化扩散, 212

D

Daedalus, Youth issue of, 《青年期：变化与挑战》序言, 265

Dance styles, newest, 最新跳舞风格, 244—45

Darwin, C., 达尔文, 25, 152, 302

Death of a salesman (play), 《推销员之死》（戏剧）, 131

Delinquents, 少年犯罪者, 157—58, 254—56

    disbelief in self of, 不信任自己, 185

    identity confusion in, 同一性混乱, 17

    negative identity of, 消极同一性, 88

    Negro, 黑人, 318

Democracy, adolescents and, 青年与民主, 133

Despair, 失望, 140

    female experience of "inner space" and, "内部空间"的女性体验与~, 278

Destiny as anatomy, history and personity, 解剖学、历史和人格的命运, 285

Deutsch, H., 杜里舒, 275

de Vore (film maker), 德沃尔（电影制片人）, 279

Disgust，厌恶，140

Distantiation，远离，136，168

Divorce，离婚，79—80

Dollard，J.，多拉德，227

Dora（Freud's patient），杜拉（弗洛伊德的病人），251—52

Dostoevsky，F.，陀思妥耶夫斯基，259

Doubt，疑虑，109，112

 self-conscious，自我意识，183

Dreams，梦，64

 in cripples，跛子的梦，60

 Freud's dream of Irma，弗洛伊德关于爱玛的梦，197—204

 house as symbol in，房屋象征，271—72

 William James's terminal dream，詹姆士的最后的梦，204—7

Du Bois，W. E. B.，on Negro's in audibility，杜波依斯论黑人的听不见，296—97

E

Eden，Garden of，伊甸园，40

Education，见 school age Ego 自我

 Communality of，集体性，221—29

 concept in America of，美国的概念，69—70

 environment and，环境与~，208—12，218，219，221—23（又见 I）

Ego ideal，自我理想，209—11，217

Ego identity，自我同一性，208—12

 group identity and，集体同一性与~，45—53

 loss in World War II of，在第二次世界大战中的丧失，17

 regression and，退化与~，213

Ego organization，自我组织，289—90

Ego pathology，historical change and，历史变化与自我病理学，53—70

Ego theory，Social progress and，社会进步与自我理论，170—74

Eiseley，L.，艾斯莱，319

Eliot，C. W.，艾略特（剑桥校长），152

Eliot, T. S., on Hamlet's madness, 艾略特论哈姆雷特的疯狂, 237

Elites, 杰出人物, 194, 328

Ellison, R., 埃利生, 25, 297, 300, 309

Emancipation of Women, 妇女解放, 262—63

Emptiness, female, 女性的空虚, 278

Environment, 环境
    ego and, 自我与~, 208—12, 218, 219, 221—23
    identity and, 同一性与~, 24
    newer concepts of, 较新的概念, 233

Epigenetic principle, 渐成原则, 92

Erikson, K. T., 埃里克森, 179, 255

Ethical sense, 道德感, 136

Ethinic prototypes, 种族原型, 57—58

Ethos of action, 行动的精神气质, 120—21

F

Fate, American trust in, 美国人信任命运, 103

Faulkner, W., 法克纳, 254—55

Federn, P., 费登, 9, 209

Female logic, 女性逻辑, 291

Femininity, 女人气质
    man's, 男人的~, 59（又见 Womanhood）

Fetishes, child's, 儿童的物恋, 79

Fidelity, 忠诚, 233, 235, 256

Fliess, W., 弗利斯, 198, 199, 202

Followship, assuming of, 充当追随者, 187

Free Speech Movement (California), "自由言论运动"（加利福尼亚）, 314

Free will, sense of, 自由意志感, 109

Fremont-Smith, F., 弗里蒙特-史密斯, 113

Freud, Anna, 安娜·弗洛伊德, 73, 178, 229—30

Freud, S., 弗洛伊德, 24, 28, 50, 52, 173, 91, 218, 229, 276, 285, 302

dream of Irma of, 关于爱玛的梦, 197—204
formulations concerning ego by, 关于自我的系统阐述, 45—47
hysteria and, 癔症与～, 198, 250—52
on infantile sexuality, 论幼儿期性欲, 116—17, 121
William James and, 威廉·詹姆士与～, 150—51
Jewish nature of, 犹太人本性, 20—22, 58—59
latency stage and, 潜伏期与～, 126
love and, 爱与～, 136
Marx – Freud polarization, 马克思—弗洛伊德的两极分化, 226
morality and, 道德与～, 25, 33
on source of self-esteem, 论自尊的来源, 70
on superego, 论超我, 46, 86, 209—10, 228
on symbolism of house in dreams, 论梦中房屋的象征, 271—72

G

Gandhi, M. K., 圣雄甘地, 12, 35, 290, 295, 315, 319
Gangs, adolescent, 青年团伙, 253—55
Garden of Eden, 伊甸园, 40
Generational issue, identity formation as, 同一性形成是世代问题, 29—30
Generativity, 繁殖, 138—39
Genital love, 性爱, 71—72
Genital maturation, 生殖器成熟 242—43
Genital truma in women, 妇女的生殖器创伤, 274—75
Genitality, 生殖力, 136—37
Germans, 德国人
    historical prototype of, 历史原型, 57
    identity loss in, 同一性丧失, 192
    military identity and, 军事同一性与～, 55
    Nazism, 纳粹主义, 54, 313
Ghettos, sexual life in Negro, 犹太社区, 黑人区的性生活, 307—8
God, 上帝

identity and，同一性与～，40

　　Moses and，摩西与～，220

Goether's "Ode to Nature"，歌德的《自然颂》，203

Grammar school education, American，美国文法学校教育，126—27

Group identity，集体同一性

　　ego identity and，自我同一性与～，45—53

　　negative，消极的，196

Guilt，罪疚，110，118

　　Oedipal，俄狄浦斯情结的，184

H

Hamlet，哈姆雷特，236—40，246，258

Hartmann, H.，哈特曼，209，211，217，222，223

Healthy personality, Marie Jahoda's definition，玛丽·耶和达的健康人格的定义，92

Hendrick I.，韩德里克，49

Hindu greeting，印度人打招呼，220—21

Hipolita (Bolivar's wetnurse)，希波莉塔（玻利瓦尔的乳母），287—88

Historical Change, ego pathology and，自我病理学与历史变化，53—70

History, function of adolescence in，青年期在历史中的功能，257—58

Hitler, A.，希特勒，192

Holmes, O. W.，霍尔姆斯，151，246

Homosexuality, latent, on submarines，潜水艇上的潜伏同性恋，53

Hope，希望，233

Horatio，霍拉狄奥，246

Hospital setting, patient's progress in，病人在医院环境中的进步，215—16

Hysteria，癔症，28—29

　　collective，集体的，134

　　Freud's study of，弗洛伊德的研究，198，250—52

Hysterical denial，癔症性否认，120

I

I, meaning of，我的意义，216—18，220—21

Id，本我，218—219

Ideal self，理想自身，211，217

Identification, identity and，同一性与自居作用，155—65

Identity confusion，同一性混乱，131，212

 acute，急性的，214—15

 severe，激烈的，165—88

Identity-Consciousness，同一性意识，183—186

 Negro and，黑人与~，300—1

Identity crisis, definition of，同一性危机的定义，15—19

Identity diffusion，同一性扩散，212

Identity formation，同一性形成，159—65

Identity resistance，同一性抵抗，214

Identity strength, contemporary source of，同一性力量的现代根源，30—39

Ideological commitment，意识形态的信奉，188

Ideology，意识形态，133—34，189—91

 Freud's use of term，弗洛伊德对该词的应用，210

 in Israel，在以色列，193—95

 theory and，理论与~，225—31

 totalistic reversal and，全体主义的倒退与~，313—14

Illegitimacy in ghettos，黑人区的非法性，307—8

Incorporative stage，合并性阶段，98

India, identity of，印度同一性，25，295，296

Indians (American)，美国印第安人

 child training among，儿童训练，50—51，99

 identity of Sioux，苏族人同一性，48—51

 ritual atonement among Yurok，尤罗克人的赎罪仪式，51

Industry，勤奋

 diffusion of，~的散乱，170—72，184—185

senes of，~感，123—24，125

Infancy，mutuality of recognition and，互相承认与婴儿期，96—107

Infantile narcissism，healthy residue of，幼稚自恋的健康残余物，70，71

Infantile sexuality，幼儿性欲，116—19

Infatuation，迷恋，71

Inferiority，sense of，自卑感，124

Inherited prototype，Jung's theory of，荣格的遗传原型说，58—59

Initiative stage，主动性阶段，121—22

    conscience as governor of，良心是统治者，119

    sense of，主动感，115

Inner space，womanhood and，妇女气质与内部空间，261—94

Integrity，整合，139—40

Intimacy，亲密，135—36

    problem of，~问题，167—69

Introjection，心力内投，159

Intrusive mode，侵入性模式，116

Irma（Fread's patient）Freud's dream of，弗洛伊德关于爱玛（弗洛伊德的病人）的梦，197—204

Isaacs，H.，伊萨克斯，317

Isolation，sense of，孤独感，136

Israel，identity of，以色列的同一性，193—95

J

Jahoda，M.，definition of healthy personality by，耶和达对健康人格的定义，92

James，H.，詹姆士，151，153—55

James，W.，詹姆士，24，150，246

    Statement on identity by，关于同一性的言论，19—20，22

    terminal dream of，最后的梦，204—7

Jealous rage，嫉妒的狂怒，118—19

Jews，犹太人

    in Concentration camp，在集中营，326

evil identity of，邪恶的同一性，57，60，303

Freud's attraction to，弗洛伊德的吸引力，20—22，58—59

identity of Israel，以色列的同一性，193—95

Jewish mother，犹太母亲，302

Johnson，L. B. ，约翰逊，301

Jones，E. ，琼斯，237

Jones，M. A. ，琼斯，255

Jung，C. ，theory of inherited prototypes of，荣格的遗传原型说，58—59

Juvenile delinguency，见 Delinguents

K

Kant，I. ，康德，46

Keats，J. ，济慈，135

Kibbutz movement，以色列集体农庄运动，193—94

Kierkegaard，S. ，克尔凯郭尔，258

Kris，E. ，克里斯，213，223

L

Latency period，潜伏期，156

Law and Order，Principle of，法律和秩序原则，113

Leadership，taking of，充当领袖，187

Leary，T. ，利里，42

Le Bon，G. ，勒庞，45

Lee（singing teacher），李（音乐教师），146

Legal Commitment，法律上承担义务，236

Lenin，N. ，列宁，316

Libido，object，对象力比多，70，71—72

Life cycle，生命周期，91—142

adolescence，青年期，128—35

childhood and anticipation of roles，儿童期与角色预期，115—22

early childhood and will to be oneself，儿童早期与自主的意志，107—15

Infancy and mutuality of recognition，婴儿期与互相承认，96—107

school age and taskidentification，学龄期与任务自居作用，122—28

Loewenstein，R. M.，洛温斯坦，223

Logic，female，女性逻辑，291

Love，爱

 adolescent，青年，132

 genital，性爱，71—72

 mutuality and，相互关系与～，219

 selectivity of，选择性的，137

Loyalty，忠诚，236

Luther，M.，路德，249，258

M

McCarthyism，麦卡锡主义，36

MacFarlane，J. W.，麦克法兰，268

Malcolm X，马尔科姆十世，312—13

Marx，K.，马克思，25，127，302

Marx–Freud polarization，马克思—弗洛伊德的两极分化，226

Masculinity，woman's，妇女的男子气概，59

Masochism，passive，in women，妇女的被动受虐狂，274—75，284

Masses，Le Bon's，勒庞的群众，45

Materialist trend，唯物主义倾向，35—36

Matthiessen，F. O.，on William James，麦西森论威廉·詹姆士，151

Mead，M.，米德，227

Medis，reflection of youth in，青少年在"宣传工具"中的反映，30，232

Mekeel，H. S.，麦奇尔，48，227

Menopause，绝经，278

Menstruation，月经，267，278

Middle class，identity formation and，同一性形成与中产阶级，24，25，317

Military identity，军事同一性的

of American soldiers，美国兵士的，67—68

of Germans，德国人的，55

Miller, A.，米勒，131

Mistrust，不信任

basic，基本～，82—83，84，97，101—2（又见 Trust）

Morality，道德，119—20，235，259—60

Freud on，弗洛伊德论～，25，33

Moses，摩西，220

Mother – Child relationship，母子关系，221—22

Motion pictures，youth and，青少年与电影，244

Motor Cars，youth and，青少年与摩托车，244

Motorcycle youths，骑摩托车的青少年，28

Moynihan, P.，莫伊尼汉，301

Moynihan Report，莫伊尼汉报告，301

Mutuality，相互关系，共鸣，219

N

Napoleon，拿破仑，285

Narcissism，healthy residue of infantile，幼稚自恋的健康残余物，70，71

Narcissus，纳西斯，218

Nazism，纳粹主义，54，313

Negative identity，消极同一性

choice of，～的选择，172—176，195—196

of delinquents，少年犯罪者的，88

patient's insistence that，therapist accept，治疗者接受的病人的坚持，215

totalistic reversal of，全体主义的倒退，313—14

Negroes，黑人

African identity of，非洲人同一性，317

Black Muslims，黑人穆斯林，313，317

blues and，忧郁民歌，300

family pattern and，家庭模型与～，311—12

revolution of,～革命，295—98，300—20

 as soldiers，兵士，319—20

 as writers，作家，25，296—98，300，309

Nehru, J.，尼赫鲁，295

Neohumanism，新人本主义，35—39

Neurotics，神经症患者，253

New Left，新左翼分子，37

Nonviolence，非暴力，35，319

Nuclear age, dangers of，核时代的危险，261—62

Nursery-school age，幼儿园年龄，123

O

Object libido，对象力比多，70，71

Object representation，对象表象，209

Occupational identity, inability to settle on，无力安排职业同一性，132

"Occupational therapy"，"职业疗法"，216

Oedipal father image，俄狄浦斯情结的父亲意象，62

Oedipal stage，俄狄浦斯情结阶段，171—72，184

 totalitarianism and，极权主义与～，85—86

Oedipal tragedy Shaw's，萧伯纳的俄狄浦斯情结悲剧，145—46

Oedipus complex，俄狄浦斯情结，117，121

 of Hamlet，哈姆雷特的～，237

Omnipotence, infantile sense of，幼稚的全能感，70，71

Oral Character，口唇性格，102—3

Oral sadism，口唇施虐癖，102

Oral stages，口唇阶段

 first，第一阶段，98

 second，第二阶段，100—2

Orgasm，情欲高潮

 climactic mutuality of，极点共鸣，137

 Greek term for，希腊名词，198

Otto（Froud's colleague），奥托（弗洛伊德的同事），199—201

P

Passive masochism in women，妇女的被动受虐狂，274—75

Parents，父母

 neurotic fixation on，神经症固结，72

 rejection of，排除~，28，30，246—47

Peace Corps，和平队，36

Peaceniks，反战运动分子，35

Penis，woman's lack of，妇女缺少的阴茎，274—75，277

Penis envy，阴茎羡妒，57

Persona，Jung's，荣格的"人格面具"，59

Personal identity，denial of，个人同一性的否认，174

Personality，人格

 development of，~的发展，93—96

Perversions，性倒错，37

Petigrew，T.，佩蒂格鲁，317

 on ser-identity of Negro males，论黑人男性的性别同一性，305—7

Phallic stage，男性生殖器阶段，116—18

Piaget，J.，皮亚杰，245，247

Pinsk－Minsk mechanism，平斯克—明斯克机制，29

Polis，社会，289，290

Political undergrounds，政治性秘密组织，259

Polonius，波乐纽斯，236—37，239

Postcolonial identities，后殖民地同一性，319

Precocious Conscience，早熟的良心，111

Pregnancy，妊娠，267

Premarital sex，婚前性生活，242—43

Primitive societies，原始社会

 anal behavior in，肛门行为，107—8

 child training in，儿童训练，47—51，99

puberty rites in，青春期仪式，87

Profile of the Negro American, A（Pettigrew），《美国黑人侧影》（佩蒂格鲁），305

Prototypes, Jung's theory of，荣格的原型说，58—59

Pseudospecies，假种，41—42，241，298—99，319

Psyche，精神，289—90

Psychoanalysis，精神分析，212—16

    biological orientation of，生物学方向，221

    cultural conditions in，文化条件，223

    goal of，目标，74

    nature of，性质，226—27

    resistances to，抵抗，214—15，225—31

    training for，训练，230

    fronsference in，移情，80，215

Psychosexual crisis，心理性欲危机，161—62

Psychosocial moratorium，心理社会合法延缓期，156—58，242

    in women，妇女的，282—83

Puberty rites in primitive societies，原始社会的青春期仪式，87

R

Race，民族，种族

    wider identity and，（又见 Negroes）更广泛的同一性与～，295—321

Rage, jealous，嫉妒的狂怒，118—19

Realignments total，全体改组，79—80

Reality, as term，现实一词，229

Rebels，背叛，248—49

    identity Confusion in，同一性混乱，17

Reciprocal negation，相互否定，219—20

Recognition, infancy and mutuality of，婴儿期与互相承认，96—107

Regression，退化

    in psychotherapy，精神治疗中，212—14

    radical，根本的，92

Reider, N., 里德尔, 17—18

Religion, 宗教, 298

    race relations and, 种族关系与~, 318—19

    sense of trust and, 信任感与~, 106

    totalness in, 全体性, 83—84

Resistance to therapy, 抵抗治疗, 214—15, 225—31

    elentive-eliminative modes, 保持和排除方式, 109

Rieff, P., 里夫, 33

Ritual atonement among Indians, 印第安人中的赎罪仪式, 51

Rivalry, anticipatory, 预期的竞争, 118—19

Roberts, F. J., 罗伯特, 255

Role fixation, 角色固着, 184

Roles, childhood and anticipation of, 儿童期与角色预期, 115—22

S

Sade, M., 萨德, 275

Sadism, oral, 口唇施虐癖, 102

Schilder, P., 希尔德, 209

Schizoids, dishelief in self in, 类精神分裂症中对自己的不信任, 185

School age, 学龄期, 171—72

    strengths and weaknesses, 优点和弱点, 234

    task idenification and, 任务自居作用与~, 122—28

Second World War, 见 World War II

Self-certainty, 自我确定, 183—184

Self-Consciousness as typical for youth, 青少年典型的自我意识, 165, 183

Self-doubt in adolescence, 青少年的自我疑虑, 112

Self-esteem, 自尊, 209

    Child's development of, 儿童的发展, 49

    sources of, 来源, 70—72

Self-identity, 自身同一性, 211

Self-image, preoccupation with, 自我意象的预先占有, 165

索　引

Self-representation，自我表象，209

Self-restriction，自我约束，120

Sexual difference, polarization of，性别差异的极化，186—87

Sexual identity，性的同一性，性别同一性

 loosening of，松懈的，167—68

 of lower class Negro males，下层阶级黑人男性的，305—7

Sexual intimacy，性的亲密，135

Sexuality，性欲

 bisexuality，两性，27，186—87，254

 genitality，生殖力，136—37

 in ghettos，黑人区，307—8

 infantile，幼儿的，116—19

 latent homosexuality on submarines，潜水艇上潜伏的同性恋，53

 penis envy，阴茎羡妒，57

 perversions，性倒错，37

 premarital sex，婚前性生活，242—43

 traditional typing of，传统的型式，26

 womanhood and inner space，妇女气质与内部空间，261—94

Shakespeare, W., Hamlet，莎士比亚的《哈姆雷特》，236—40，246，258

Shame，羞愧，110—12

Shaw, G. B.，萧伯纳，125

 on his youth，论他的青年时代，142—50，185—89

Sioux Indians, identity of，苏族印第安人的同一性，48—51

Smith, G.，史密斯，255

SNCC (Student Nonviolent Coordinating Committee)，学生非暴力统一行动委员会，301

Social order, from individual Confusion to，从个人混乱到社会秩序，179

Social processes, ego theory of，社会过程的自我理论，70—74

Socrates，苏格拉底，33

Soma，躯体，289

Soviet Communism，苏联共产主义，185

Speech, Child's learning of，儿童的言语学习，161—62

Spock, B.，斯帕克，104

Stagnation, sense of, 停滞感, 138

Streicher, J., 斯特里彻, 60

Studies in Hysteria (Breuer and Freud),《癔症研究》(布洛伊尔和弗洛伊德), 198

Submarines life on, 潜水艇上的生活, 52—53

Suicidal wish, 自杀愿望, 170

Sun dance (Indian), 日光舞（印第安人）, 51

Superego, 超我

    as counterplayer of ego, 自我的对立物, 218—19

    Freud on, 弗洛伊德论~, 46, 86, 209—10, 228

    in psychoanalytic treatment, 精神分析治疗, 74

    as term, 作为名词, 228—29

T

Task identitication, school age and, 学龄期与任务自居作用, 122—28

Teachers, 教师, 124—25

Techonological ethos, sense of, 技术社会特性感, 126

Techonology, 技术, 工艺学

    identity and, 同一性与~, 31—35, 38—39

    school life and, 学校生活与~, 126

    women and, 妇女与~, 291—93

Teeth, child's development of, 儿童的牙齿发展, 100

Therapeutic orientation, 治疗方向, 33

Tillich, P., 蒂利赫, 293

Time perspective, diffusion of, 时间前景的散乱, 169—70, 181—82

Tojlet training, 见 anality

Totalitarianism, 极权主义, 74—90, 133

Totality as a Gestalt, 作为完形的全体, 81

Transference to therapists, 对治疗者的移情, 80, 215

Trust, 信任

    senes of basic, 基本信任感, 82, 96—97, 103—4, 106（又见 Mistrust）

U

Undergrounds, politica, 政治的秘密组织, 256

Uniforms, trend toward, 制服的趋向, 183—84

Unite state, 见 America

Vigina, Connotations of, 阴道的含义, 267

 alues, Confusion of, 价值的混乱, 188

Varieties of Religious Experience（James）,《宗教经验种种》（詹姆士）, 152—53

Veterans, loss of ego syntheis in, 老兵的自我综合的丧失, 66—69

Vietnam, 越南, 34, 36, 319

Vital virtues, 主要德行, 233—35, 330

W

Walking by child, 儿童步行, 115—16

Warren, R. P., 华伦, 295, 312—13

Wars, womanhood and, 妇女气质与战争, 261

Washburn（film maker）, 华许朋（电影制片人）, 279

Weaning, 断奶, 101

Wheelwright, J., 威尔怀特, 17

Who Speaks for the Negro?（Warren）,《谁为黑人说话?》（华伦）, 295, 312—13

Wholeness as a Gestalt, 作为完形的整体, 80—81

Wilson, W., 威尔逊, 258

Windholz, E., 温德霍尔兹, 17

Wisdom, 智慧, 140, 233

Womanhood, 妇女气质

 adolescence and, 青年期与~, 265—66, 282—83

 despair and, 失望与~, 278

 female logic, 女性逻辑, 291

 genital trauma of, 生殖器创伤, 274—75

 inner space and, 内部空间与~, 261—94

masculinity of，～的男子气概，59

passive masochism in，被动受虐狂，274—75，284

Woodward，C. V.，伍德沃德，297

Work，见 Industry

World War II，第二次世界大战，299

loss of ego identity in，自我同一性的丧失，17

Y

Young Man Luther（Erikson），《青年路德》（埃里克森），12，249

Youth，青少年，青年期

identity formation in，同一性形成，17，18—19，26—39，265—66（又见 Adolescence, Childhood）

Youth leaders，青年领袖，258—59

Yurok Indians，riful atonement among，尤罗克印第安人的赎罪仪式，51

Z

Zinn，H.，津恩，301

Zionists，犹太复国主义者，193—94

Identity: Youth and Crisis
By Erik H. Erikson
Copyright © 1968 by W. W. Norton & Company, Inc.
Simplified Chinese edition copyright © 2015 by Central Compilation and Translation Press
Published by arrangement with W. W. Norton & Company, Inc.
Through Bardon-Chinese Media Agency
All rights reserved.

图书在版编目（CIP）数据

同一性：青少年认同机制／（美）埃里克·H. 埃里克森著；孙名之译. —2版. —北京：中央编译出版社，2018.10
ISBN 978-7-5117-3505-8

Ⅰ. ①同…
Ⅱ. ①埃… ②孙…
Ⅲ. ①青少年心理学
Ⅳ. ①B844.2

中国版本图书馆 CIP 数据核字（2018）第 007118 号

同一性：青少年认同机制

出 版 人：	葛海彦
出版统筹：	贾宇琰
责任编辑：	王　琳
执行编辑：	景淑娥
责任印制：	刘　慧
出版发行：	中央编译出版社
地　　址：	北京西城区车公庄大街乙5号鸿儒大厦B座（100044）
电　　话：	（010）52612345（总编室）　　（010）52612341（编辑室） （010）52612316（发行部）　　（010）52612346（馆配部）
传　　真：	（010）66515838
经　　销：	全国新华书店
印　　刷：	河北下花园光华印刷有限责任公司
开　　本：	710毫米×1000毫米　1/16
字　　数：	280千字
印　　张：	18.25
版　　次：	2018年10月第2版
印　　次：	2018年10月第1次印刷
定　　价：	68.00元
网　　址：	www.cctphome.com　　邮　箱：cctp@cctphome.com
新浪微博：	@中央编译出版社　　微　信：中央编译出版社（ID：cctphome）
淘宝店铺：	中央编译出版社直销店（http://shop108367160.taobao.com） （010）55626985

本社常年法律顾问：北京市吴栾赵阎律师事务所律师　　闫军　　梁勤
凡有印装质量问题，本社负责调换，电话：（010）55626985